KB080814

온라인 독자 설문 의견도 보내고 선물도 받고!

오른쪽 QR코드를 스캔하여 이 책에 대한 의견을 보내 주세요. 독자 여러분의 칭찬과
격려는 큰 힘이 됩니다. 더 좋은 책을 만들도록 노력하겠습니다.

의견을 남겨 주신 분께 드리는 혜택 6가지!

❶ 추첨을 통해 소정의 선물 증정   ❷ 이 책의 업데이트 정보 및 개정 안내

❸ 저자가 보내는 새로운 소식   ❹ 출간될 도서의 베타테스트 참여 기회

❺ 출판사 이벤트 소식   ❻ 이지스 소식지 구독 기회

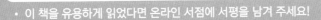

• 이 책을 유용하게 읽었다면 온라인 서점에 서평을 남겨 주세요!

아윤 쌤의 핵심 강의!

10가지만 만들 수 있으면 신입 디자이너 된다!
책으로 배우고 실습하면 완성!

06
카드 뉴스 디자인
– 포토샵 전체 과정 따라하기

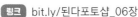

링크 bit.ly/된다포토샵_06장

08
레스토랑 메뉴판 디자인
– 음식 이미지 배치하기

링크 bit.ly/된다포토샵_08장

12
제품 상세 이미지
– 음료 색상 보정하기

링크 bit.ly/된다포토샵_12장

15
인물 사진 웹툰화
– 필터 갤러리 사용하기

링크 bit.ly/된다포토샵_15장

QR코드를 스캔하면 아윤 쌤의
핵심 동영상 강의를 볼 수 있습니다!

전체 재생 목록
bit.ly/된다포토샵_동영상

화장품 홍보 디자인
– 그림자로 자연스러움 살리기

링크 bit.ly/된다포토샵_17장

SNS 카드 뉴스
메인 디자인

링크 bit.ly/된다포토샵_proj1

프로젝트 02

유튜브 섬네일 디자인

링크 bit.ly/된다포토샵_proj2

프로젝트 03

온라인 홍보 이벤트 배너 및 팝업 디자인

링크 bit.ly/된다포토샵_proj3

프로젝트 04

제품 홍보 디자인

링크 bit.ly/된다포토샵_proj4

프로젝트 05

디지털 아트워크 디자인

링크 bit.ly/된다포토샵_proj5

능력과 가치를
높이고 싶다면
된다!

최신 버전 한글판!

기본 기능부터 실무 예제까지
빈 바탕에서 만들 줄 알아야 진짜 실력자!

된다!

포토샵
디자인 수업

요즘 디자이너들의 실무 디자인 총집합!

강아윤 지음

이지스 퍼블리싱

능력과 가치를 높이고 싶다면
된다! 시리즈를 만나 보세요.
성장하려는 당신을 돕겠습니다.

된다! 포토샵 디자인 수업 — 요즘 디자이너들의 실무 디자인 총집합!
Gotcha! Photoshop Design Class

초판 발행 • 2022년 9월 7일
초판 3쇄 • 2024년 2월 1일

지은이 • 강아윤
펴낸이 • 이지연
펴낸곳 • 이지스퍼블리싱(주)
출판사 등록번호 • 제313-2010-123호
주소 • 서울특별시 마포구 잔다리로 109 이지스빌딩 4층(우편번호 04003)
대표전화 • 02-325-1722 | **팩스 •** 02-326-1723
홈페이지 • www.easyspub.co.kr | **페이스북 •** www.facebook.com/easyspub
Do it! 스터디룸 카페 • cafe.naver.com/doitstudyroom | **인스타그램 •** instagram.com/easyspub_it

기획 • 최윤미 | **책임편집 •** 이수진, 이수경 | **IT 1팀 •** 임승빈, 이수경, 지수민 | **삽화 •** 안유미 | **교정교열 •** 안종군
표지 및 본문 디자인 • 정우영, 트인글터 | **인쇄 •** 명지북프린팅
마케팅 • 박정현, 한송이, 이나리 | **독자지원 •** 박애림, 오경신 | **영업 및 교재 문의 •** 이주동, 김요한(support@easyspub.co.kr)

• 잘못된 책은 구입한 서점에서 바꿔 드립니다.
• 이 책에 실린 모든 내용, 디자인, 이미지, 편집 구성의 저작권은 이지스퍼블리싱(주)와 지은이에게 있습니다.

이 책을 저작권자의 허락 없이 무단 복제 및 전재(복사, 스캔, PDF 파일 공유)하는 행위는 모두
저작권법 위반입니다.
저작권법 제136조에 따라 **5년** 이하의 징역 또는 **5천만 원** 이하의 벌금을 부과할 수 있습니다.
무단 게재나 불법 스캔본 등을 발견하면 출판사나 한국저작권보호원에 신고해 주십시오(불법
복제 신고 https://www.copy112.or.kr).

ISBN 979-11-6303-396-7 13000
가격 25,000원

유용해요! # GTQ에도 도움! # 100점 만점에 100점 강의 # 너무 재밌어요!

온라인 클래스 B사
최고 매출 펀딩을 달성한 그 강의!

아윤 쌤이 왔다! 포토샵이 된다!

"여태 들은 포토샵 강의 중 가장 유용한 느낌" - 수* 님

"실무에 뛰어들 자신감이 생겼습니다" - D***u 님

"GTQ 자격증 준비하면서 함께 봤는데, 솔직히
자격증 공부보다 더 많이 배운 것 같아요!" - 디** 님

디자인 몰라도, 포토샵 몰라도 일단 시작하면 된다!

실무 예제 10개를 완성하면
당신도 '좋아요'를 받는 요즘 디자이너가 된다!

아윤 쌤의 첫 번째 교육 철학
즐겁게, 재미있게, 장난감을 가지고 노는 것처럼!

많은 분들이 포토샵을 전문가 또는 디자인 전공자들이 사용하는 프로그램이라고 생각합니다.

"포토샵, 너무 어렵지 않을까?"

"일할 때 필요한 건 알겠는데 어떻게 시작해야 할지 막막해."

시작도 하기 전에 잔뜩 긴장하는 분들을 정말 많이 봤습니다.

그런데 저는 달랐어요! 처음 포토샵을 접했을 때도 정말 재미있는 프로그램이라고 생각했답니다.
마치 아이들이 재미있는 장난감을 발견한 것처럼 마냥 신기하고 재미있어서 요리조리 가지고 놀
았던 기억이 나요. 이 책은 '포토샵을 저처럼 시작한다면 입문자도 재미있게 가지고 놀 수 있지 않을
까?' 하는 생각에서 출발했습니다.

첫인상, 첫 단추가 중요하다는 말이 있죠? 이 책으로 여러분의 포토샵 첫걸음이 '즐거운 기억'으로
남을 수 있도록 새 파일 만들기부터 인물 사진을 1초 만에 웹툰 느낌으로 바꾸는 신박한 방법까지
담았습니다. '공부'가 아니라 '놀이'를 한다는 마음으로 즐겁게 시작해 보세요!

10가지 실전 프로젝트, 빈 바탕부터 시작!
따라 하기만 해도 '디자이너 1년치 경험'이 흡수됩니다!

어찌저찌 포토샵 기본 기능은 익혔는데, 막상 화면만 켜면 마우스를 쥔 손이 움직이질 않나요?
그 이유는 바로 '실무에서 어떻게 활용하는지를 모르기 때문'이에요!

이 책의 모든 예제는 제가 디자인실에서 근무하거나 프리랜서로 일하면서 직접 만들었던 실무 자
료를 토대로 구성했습니다. 또한 지금 SNS를 켜면 바로 보이는 디자인부터 '이거 어떻게 만든 거
지?'라며 궁금증을 자아내는 디자인까지 모두 모아 만들었습니다. 가장 '힙'한 실무 디자인 10가지
를 처음부터 끝까지 만들어 보면서 실전 감각을 최대로 끌어올려 보세요.

이 책을 덮고 나면 포토샵 아이콘을 자신 있게 클릭하는 스스로를 만날 수 있을 거예요!

"저 같은 왕초보가
과연 할 수 있을까 생각했는데,
웬걸… 너무너무 재밌습니다."

- 수강생 ***댕냥이 님

 직장인부터 N잡러까지 무조건 배워야 하는 프로그램
핀터레스트, SNS에 있는 '트렌디한 디자인'으로 배우세요!

포토샵은 이제 더 이상 전문가만 사용하는 프로그램이 아닙니다. 스마트폰을 기본으로 사용하는 시대에 우리는 모바일에서 소통은 물론 비즈니스까지 하고 있습니다. 특히 인스타그램과 유튜브 채널 운영으로 수익을 많이 창출하는데, 이때 사용할 콘텐츠를 만들려면 포토샵을 반드시 다룰 줄 알아야 합니다. 사람들의 눈길을 사로잡는 콘텐츠를 만들 때 가장 효과적인 프로그램이 포토샵이기 때문입니다. 네이버 스마트 스토어 등 개인 판매를 할 때도 상품을 깔끔하게 보정하고 이미지를 연출하기 위해 포토샵을 독보적으로 많이 사용합니다.

"이 책을 읽으면 저도 포토샵 실무를 잘할 수 있을까요?"라고 묻는다면 그 대답은 당연히 "YES!" 입니다. 포토샵을 처음 시작했던 분도 이 책으로 유튜브 섬네일을 3일 만에 제작했습니다.

부디 이 책을 통해 많은 사람들이 포토샵을 '즐거움'과 '신기함'으로 대하고, 더 나아가 이 책이 일상과 업무에서도 도움되길 바랍니다.

이 책을 만드는 데 많은 분들의 도움이 있었습니다

가장 큰 힘이 되어 준 친구들 강주영, 모은정, 제세영, 김민서, 문나애, 박현지, 서원진 다들 묵묵히 응원해 줘서 정말 고마워. 이준범 대표님, 항상 감사하고 존경합니다. 통영 새댁 김민정 고맙다! 늘 옆에서 훌륭한 선배가 되어 준 융융디자인 안유미 대표님, 우리 평생 함께해요~

저의 가능성을 먼저 알아봐 주신 빛광희 님께 가장 감사합니다. 저를 알아봐 주지 않으셨다면 지금 이 자리에 있지 못했을 거예요. 강사로서 더욱 발전할 수 있는 기회를 주신 텐덤 유원일 대표님, 베어유 담당자분들 감사합니다! 부산동구여성인력개발센터 담당자분들도 감사합니다. 웹제작소 길민정, 김기한, 김창규 대표님 그리고 강상훈 대표님, 늘 웃게 해주셔서 감사드려요! 아이디엔서 유기창 대표님, 후배들을 아껴 주셔서 감사합니다.

제 인생 첫 책을 집필하게 해주신 이지스퍼블리싱 이지연 대표님, 저를 알아봐 주시고 기회를 주신 최윤미 팀장님, 집필이 처음이라 서툰 저를 가장 응원하시고 끝까지 애써 주신 이수진 팀장님, 정말 감사합니다!

마지막으로 저를 멋지게 키워 주신 부모님, 천안에 있는 원미 언니, 효진 형부 늘 감사합니다. 그리고 사랑하는 조카 정서원! 너무너무 사랑한다. 자랑스러운 이모가 될게.

강아윤 드림

첫째마당 | **포토샵, 처음이라면? 기본기 빠르게 다지기**

포토샵 화면을 구경하며 시작해요.

둘째마당 | **디자이너가 매일 쓰는 포토샵의 주요 기능**

꼭 알아야 하는 필수 기능만 쏙쏙!

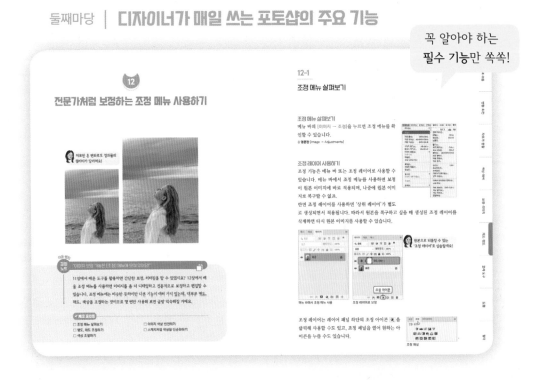

고품질 이미지를 만들 때
반드시 필요한 기능!

요즘 신입 디자이너의
실무 프로젝트 과제 수록!

프로젝트만 모아서 보고 싶다면
특별판 PDF를 참고하세요!

첫째 마당 포토샵, 처음이라면? 기본기 빠르게 다지기

01 포토샵, 처음이에요

01-1 포토샵의 쓰임과 다양한 활용 ········ 17

01-2 포토샵 무료 체험판 설치하기 ········ 20

01-3 포토샵 무료 체험판 결제 취소하기 ···· 25

02 포토샵 화면 구경하기

02-1 포토샵 CC 2022 시작 화면 만나기 ··· 28

02-2 포토샵 CC 2022 작업 화면 만나기 ··· 30

02-3 포토샵 도구 바와 패널 살펴보기 ······ 32

03 파일 관리하기

03-1 새 파일 만들기 ··················· 47

03-2 이미지 불러오기 ·················· 49

03-3 이미지 크기 조절하기 ············· 50

03-4 이미지 파일 형식에 따라 저장하기 ···· 56

03-5 포토샵이 지원하는 파일 확장자 ······· 58

03-6 포토샵 종료하기 ················· 60

04 레이어 이해하기

04-1 레이어 개념 이해하기 ············· 62

04-2 레이어 순서 변경하기 ············· 64

04-3 레이어 새로 만들고 사용하기 ······· 65

04-4 레이어 복사하기 ················· 68

04-5 레이어 이름 수정하기 ············· 71

04-6 레이어 삭제하기, 숨기기 ··········· 72

05 포토샵 사용 전 알아야 할 그래픽 기초 상식

05-1 비트맵과 벡터 ···················· 75

05-2 RGB와 CMYK 색상 모드 ·········· 76

05-3 작업물에 따른 이미지 해상도 ········ 79

05-4 색의 3속성 — 색상, 채도, 명도 ···· 80

05-5 알아 두면 유용한 디자인 관련 웹사이트 ···························· 81

06 포토샵 전체 과정 빠르게 익히기 – 카드 뉴스 만들기 ················ 88

스페셜 포토샵 CC 2022 신기능 ······· 104

첫째마당만 끝내도 카드 뉴스는 된다!

07 포토샵의 기본 동작, 선택하고 이동하기

07-1 [이동 도구]로 선택하고 이동하기 ··· 109

07-2 [선택 윤곽 도구]로 선택하기 ······· 113

07-3 선택 영역의 테두리 수정하기 ······· 117

07-4 자유롭게 선택하는 [올가미 도구] ··· 122

07-5 클릭, 드래그로 빠르게 선택하는
[개체 선택 도구] ·················· 124

07-6 영역을 꼼꼼하게 선택하는 [빠른 마스크
모드] ························· 128

07-7 같은 색상만 선택하는 [색상 범위] ··· 132

07-8 아웃 포커싱 사진에서 초점이 맞는 부분만
추출하는 [초점 영역] ············· 134

07-9 [펜 도구]로 디테일하게 선택하기 ··· 136

08 이미지의 기본 변형, 회전·반전·왜곡하기

08-1 이미지 크기 조절하기 ············ 145

08-2 이미지 회전하기, 반전하기 ········ 149

08-3 이미지 기울여 왜곡하기 ·········· 152

실무 레스토랑 메뉴판 완성하기 ········ 153

09 이미지 자르기·분할하기

09-1 이미지의 일부분을 싹둑 자르는
[자르기 도구] ·················· 163

09-2 원근감으로 기울어진 부분을 자르는
[원근 자르기 도구] ··············· 164

09-3 이미지를 여러 개로 자르는
[분할 영역 도구] ················ 165

10 멋진 색감을 만들어 줄 채색 도구 8가지

10-1 포토샵 색상의 기본! 전경색, 배경색 ··· 172

10-2 [브러시 도구]와 [연필 도구]로 그리기 ··· 176

10-3 [색상 대체 도구]로 다른 색감 입히기
·························· 181

10-4 [혼합 브러시 도구]로 유화처럼 이미지
색상 섞기 ······················ 182

10-5 무료 브러시 파일 내려받아 설치하기
·························· 183

10-6 [지우개 도구]로 지우기 ··········· 186

10-7 [그레이디언트 도구]로 여러 색상 한 번에
사용하기 ······················ 190

10-8 [페인트 통 도구]로 채색하기 ······· 192

10-9 패턴으로 배경 채우기 ············ 195

10-10 패턴 만들어 등록하고 사용하기 ···· 196

10-11 [스포이드 도구]로 색상 추출하기 ··· 199

이미지 배치 & 크기
조절은 기본 중의 기본!

11 이미지 보정하고 리터칭하기

11-1 선명도를 조절하는 [흐림 효과 도구],
　　　[선명 효과 도구], [손가락 도구] ····· 201

11-2 밝기를 조절하는 [닷지 도구], [번 도구],
　　　[스펀지 도구] ···················· 203

11-3 잡티를 쉽게 지우는 [스팟 복구 브러시
　　　도구] ·························· 205

11-4 깔끔하게 복제하는 [패치 도구], [내용 인식
　　　이동 도구], [적목 현상 도구] ······· 207

11-5 특정 영역을 복제하는 [복제 도장 도구]
　　　···························· 213

12 전문가처럼 보정하는 조정 메뉴 사용하기

12-1 조정 메뉴 살펴보기 ·············· 215

12-2 명도를 조절하는 [레벨], [곡선], [노출]
　　　···························· 216

12-3 색상과 채도를 조절하는 [활기],
　　　[색조/채도], [흑백], [포토 필터] ···· 223

12-4 효과를 사용해 보정하는 [반전],
　　　[포스터화], [그레이디언트 맵] ····· 231

실무 음료를 상큼하고 맛있게 색상 보정하기
　　　···························· 238

13 [문자 도구] 사용하기

13-1 문자 입력하기 ················· 244

13-2 문자 정렬하기 ················· 250

13-3 문자를 따라 테두리를 만드는
　　　[문자 마스크 도구] ············· 252

13-4 문자 뒤틀기, 왜곡하기 ··········· 255

13-5 패스 선을 따라 문자 입력하기 ····· 258

14 [모양 도구]로 다양한 벡터 도형 만들기

14-1 벡터 방식과 [모양 도구] ········· 261

14-2 [모양 도구] 사용하기 ··········· 262

14-3 [펜 도구]로 셰이프 기능 사용하기 ··· 264

15 필터로 특수 효과 적용하기

15-1 필터 메뉴와 신기능 뉴럴 필터 ······ 266

15-2 [필터 갤러리]의 다양한 효과 미리 보기
　　　···························· 273

15-3 그 밖의 필터 살펴보기 ·········· 283

실무 인물 사진을 웹툰처럼 만들기 ······· 290

16 포토샵 편리하게 사용하기

16-1 포토샵 환경 설정하기 ··········· 299

16-2 작업 화면 확대/축소, 이동하기,
　　　가이드라인 사용하기 ·········· 302

필터로 인물 사진을 1초 만에
웹툰화할 수 있어요!

진짜 많이 쓰는 레이어 스타일!
유튜브 섬네일 만들기로 배워요!

17　다양한 레이어 기능 사용하기

17-1　블렌딩 모드 사용하기 · · · · · · · · · · · · 310

17-2　실무에서 자주 사용하는 블렌딩 모드
· 319

17-3　레이어 스타일 사용하기 · · · · · · · · · 323

17-4　실무에서 자주 사용하는 레이어 스타일
· 329

17-5　클리핑 마스크로 합성하기 · · · · · · · · 339

17-6　레이어 마스크로 합성하기 · · · · · · · · 342

17-7　채널과 알파 채널 · · · · · · · · · · · · · · · 347

실무　화장품 홍보 디자인을 자연스럽게
표현하기 · · · · · · · · · · · · · · · 358

18　인물에 바로 적용하는 이미지 보정 기술

18-1　SNS 감성으로 이미지 보정하기 · · · 376

18-2　턱선과 몸매를 날씬하게 보정하기 · · · 384

18-3　피부 미인처럼 보정하기 · · · · · · · · · · 391

18-4　다리 길게 보정하기 · · · · · · · · · · · · · 401

19　상황별로 유용한 누끼 따는 방법

19-1　[빠른 마스크 모드]를 활용한 누끼 따기
· 405

19-2　채널을 활용한 누끼 따기 · · · · · · · · · · 410

19-3　[펜 도구]를 활용한 누끼 따기 · · · · · · 420

19-4　머리카락 한 올 한 올 누끼 따기 · · · · 429

넷째 마당 **도전! 실전 디자인 프로젝트 — 포토샵 실무 체험하기**

프로젝트 01 SNS 카드 뉴스 메인 디자인 ········· 436

프로젝트 02 유튜브 섬네일 디자인 ············· 446

프로젝트 03 온라인 홍보 이벤트 배너 및 팝업 디자인 ·· 474

프로젝트 04 제품 메인 디자인 ················· 502

프로젝트 05 디지털 아트워크 디자인 ············ 528

실전 프로젝트까지 만들면
나도 디자이너!

책 속의 책 **찾기 쉽다! 포토샵 기능 사전**

찾기 쉬운 기능 사전

옵션 바 ··························· 567

대화상자 창 ······················ 580

패널 ···························· 586

필수 단축키 ······················ 596

찾아보기 ··· 598

"하루 100분, 16회 만에 끝내자!"

이 책을 16회 안에 배우고 싶다면 다음 안내를 따라 학습하세요.

중간중간에 있는 [회사 실무 문제]는 실무 상황에서 필요한 문제 해결 능력을 높여 줄 거예요!

회차	주제	학습 범위	학습일
1회차	포토샵 화면 구경하기 파일 관리하기	01~03장	____월 ____일
2회차	레이어 이해하기 그래픽 기초 상식	04장, 05장	____월 ____일
3회차	전체 과정 빠르게 익히기 ― 카드 뉴스 만들기	06장	____월 ____일
4회차	포토샵의 기본 동작, 선택하고 이동하기 이미지 회전/반전/왜곡하기, 이미지 분할하기 회사 실무 문제 | 메뉴판 완성하기	07~09장	____월 ____일
5회차	멋진 색감을 만들어 줄 채색 도구 8가지	10장	____월 ____일
6회차	이미지 보정 ① 세밀한 보정, 리터칭 이미지 보정 ② 전문가처럼 보정하는 조정 메뉴 회사 실무 문제 | 맛있는 음료 색상으로 보정하기	11장, 12장	____월 ____일
7회차	문자 입력하기 벡터 도형 만들기	13장, 14장	____월 ____일
8회차	중간고사		____월 ____일
9회차	필터로 특수 효과 적용하기 회사 실무 문제 | 인물 사진을 웹툰처럼 만들기	15장, 16장	____월 ____일
10회차	레이어 응용 기능 배우기 회사 실무 문제 | 화장품 홍보 디자인 완성하기	17장	____월 ____일
11회차	실무에 바로 적용하는 이미지 보정 기술 상황별 누끼 따기	18장, 19장	____월 ____일
12회차	SNS 카드 뉴스 만들기 유튜브 섬네일 만들기	프로젝트 1 프로젝트 2	____월 ____일
13회차	온라인 홍보 이벤트 배너 및 팝업 디자인 만들기	프로젝트 3	____월 ____일
14회차	제품 홍보 디자인 만들기	프로젝트 4	____월 ____일
15회차	디지털 아트워크 만들기	프로젝트 5	____월 ____일
16회차	기말고사		____월 ____일

아윤 쌤의 포토샵 클래스 10강 무료!

책으로만 공부하기 힘들다면 스마트폰으로 QR코드를 스캔해 보세요!
이 책의 저자 아윤 쌤이 '장 끝 실무 문제'와 '실전 프로젝트'를 만드는 전 과정을 친절히 설명해 드립니다.

• 동영상 재생 목록 bit.ly/된다포토샵_동영상

 예제 파일을 내려받으세요!

이지스퍼블리싱 홈페이지(www.easyspub.co.kr)의 [자료실]에서 책 제목을 검색해서 예제 파일을 내려받으세요!

 독자 커뮤니티에서 함께 만나요!

Do it! 스터디룸(cafe.naver.com/doitstudyroom)에 방문해 보세요. 공부 계획을 세우고 완주하면 책 선물을 드립니다.

이지스퍼블리싱 공식 인스타그램(instagram.com/easyspub_it)을 팔로우하고 다양한 소식과 이벤트를 만나 보세요!

공부하면 책 선물 주는
'Do it! 공부단' 상시 모집 중!

• 질문 답변 [된다! 시리즈 → 포토샵] 게시판

포토샵, 처음이라면?
기본기 빠르게 다지기

우리는 지금 모바일 사용률이 90%에 이르는
모바일 온라인 시대를 살고 있습니다.
국내 1위 포털 사이트인 네이버에서도 온라인 광고와
온라인 쇼핑의 모바일 유입자가 압도적으로 높죠.
이렇듯 포토샵은 전문가뿐 아니라
일반 사람도 사용하는 필수 프로그램이 됐습니다.
딱 6일만 투자해 포토샵의 기본 흐름을 익혀 보세요.
여러분도 SNS에 올리는 작업물을
내 손으로 만들 수 있습니다!

01 포토샵, 처음이에요

02 포토샵 화면 구경하기

03 파일 관리하기

04 레이어 이해하기

05 포토샵 사용 전 알아야 할 그래픽 기초 상식

06 포토샵 전체 과정 빠르게 익히기 – 카드뉴스 만들기

[스페셜] 포토샵 CC 2022 신기능

포토샵, 처음이에요

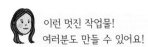
이런 멋진 작업물!
여러분도 만들 수 있어요!

아윤쌤의

강의노트 "두려워하지 말고 시작해 보세요!"

포토샵이 처음인 여러분! 포토샵은 절대 어려운 프로그램이 아니랍니다. 물론 처음에는 생소하게 느낄 수 있지만, 간단한 기능만 알면 포토샵이 무척 재밌어질 거에요. 우선 포토샵은 어떤 프로그램인지, 어떤 분야에 활용되는지를 알아보겠습니다. 또한 포토샵 프로그램은 어떻게 설치하는지도 알아보겠습니다.

✔ 체크 포인트

☐ 포토샵이 활용되는 분야 이해하기   ☐ 포토샵 체험판 설치하기

☐ 포토샵 유료 결제 취소하기

01-1

포토샵의 쓰임과 다양한 활용

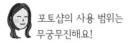
포토샵의 사용 범위는 무궁무진해요!

인터넷, SNS 등으로 정보 공유와 소통이 활발해진 최근에는 카드 뉴스, 이벤트 페이지, 포스터, 상세 페이지와 같은 디자인 콘텐츠 제작에도 포토샵이 활용되고 있습니다. 주로 어떤 작업을 할 때 포토샵이 필요한지 알아보겠습니다.

이미지 편집과 합성

디지털카메라 또는 핸드폰으로 촬영한 사진을 보정하거나 수정할 때 사용합니다. 기본적으로는 이미지를 SNS에 올릴 때, 제품 상세 페이지에서 어두운 제품 이미지를 밝게 보정할 때, 촬영한 이미지가 실제 색상과 다를 때 사용하고 좀 더 전문적으로는 이미지를 합성해 재미있게 표현하고자 할 때 사용합니다.

그래픽 디자인

그래픽 디자인은 '시각 디자인' 또는 '커뮤니케이션 디자인'이라고도 합니다. 그래픽 디자인의 영역은 아이덴티티 디자인(로고 디자인, 브랜드 디자인 등), 웹 디자인, 인쇄 출력과 관련된 편집 디자인(잡지, 신문, 포스터, 책 표지), 광고·포장 디자인 등을 포함할 정도로 매우 광범위합니다.

타이포그래피

타이포그래피는 글자를 이용해 메시지를 전달
하고 싶을 때 사용하는 디자인의 한 유형입니
다. 주로 포스터 광고, 표지 디자인 등에서 글
자의 크기, 두께, 색상 등의 조화를 활용해 작
업합니다.

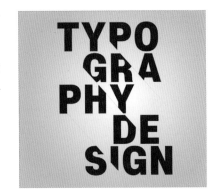

매트 페인팅

배경이 무척 화려한 영화나 게임을 본 적이 있
나요? 이러한 배경은 바로 컴퓨터 그래픽으로
만들어집니다. 매트(matte)란 영화 촬영 시 배
경으로 쓰는 판에서 유래한 말인데요. 이렇게
포토샵은 컴퓨터 그래픽 작업을 할 때도 활용
됩니다.

웹·앱 디자인

인터넷의 등장으로 웹사이트, 모바일 앱이 우
리의 삶에 필수로 자리 잡았습니다. 이러한 웹·
앱 디자인을 할 때 'UX·UI 디자인'을 꼭 염두
에 둬야 하죠. UX·UI 디자인이란 제작자 중
심이 아닌 사용자 중심의 인터페이스 디자인
을 말하는데요. 인터페이스 디자인은 사용자
가 컴퓨터 또는 모바일 서비스를 쉽고 편리하
게 이용할 수 있도록 하는 디자인을 말합니다.

🍂 UX(user experience)는 사용자 경험을, UI(user interface)는
사용자 환경을 의미합니다.

첫째마당

포토샵 시작

화면 구성

파일 관리

레이어

그래픽 상식

전체 과정 익히기

신기능

온라인 콘텐츠 디자인

포토샵이 필수 프로그램이 된 이유 중 하나는 바로 '온라인 콘텐츠 디자인'에 사용되기 때문입니다. SNS, 유튜브 등이 급부상하면서 자신이 올리는 콘텐츠가 눈에 잘 띄도록 하기 위해 포토샵을 활용하는 사람들이 늘어나고 있습니다.

광고 디자인

광고 디자인은 상업 활동에 없어서는 안 되는 분야입니다. 광고 디자인의 목적은 '홍보'이기 때문에 눈에 잘 띄어야 하고 메시지를 잘 전달해야 합니다. 포토샵은 제품 또는 서비스 홍보 메시지를 멋지고 아름답게 표현하는 데 활용됩니다.

이렇게 다양한 분야에 사용되는 포토샵, 설치부터 시작해 기본 기능을 하나하나 배워 보아요.

아윤 쌤! 질문 있어요! | 포토샵과 일러스트레이터는 무엇이 다른가요?

포토샵

일러스트레이터

포토샵은 이미지 보정, 합성 등 이미지를 편집하는 데 특화된 프로그램으로, 수많은 점으로 구성된 픽셀을 기본 단위로 사용하는 '비트맵 방식'을 지원합니다.

반면 **일러스트레이터**는 로고, 캐릭터, 출력, 인쇄에 특화된 프로그램으로, 도형을 수학적 수치로 만들어 내는 '벡터 방식'을 지원합니다.

두 프로그램의 차이점은 이미지를 확대해 보면 쉽게 알 수 있습니다. 비트맵 방식은 점들이 픽셀로 이뤄져 있기 때문에 이미지를 확대했을 때 깨져 보이지만, 벡터 방식은 수학적 수치로 나타내기 때문에 확대하거나 줄여도 깨져 보이지 않습니다. 포토샵은 웹이나 영상 매체, 일러스트레이터는 출력이나 인쇄물에 주로 사용합니다.

💧 비트맵과 벡터의 차이는 05-1절을 참조하세요.

01-2

포토샵 무료 체험판 설치하기

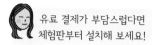

유료 결제가 부담스럽다면
체험판부터 설치해 보세요!

포토샵 CC 2022 정품을 구매하기 전에 7일 무료 체험판을 사용할 수 있습니다.
어도비 홈페이지에서 내려받아 설치할 수 있고 설치 후 7일이 지나면 결제가 자동으
로 진행됩니다. 만약 구매할 의사가 없다면 설치한 후 7일 안에 취소하면 됩니다.

**지금
하면 된다! › 포토샵 무료 체험판 설치하기**

01 어도비 홈페이지(www.
adobe.com/kr)에 접속한 후 메
뉴에서 [도움말 및 지원 → 다운로
드 및 설치]를 클릭합니다.

02 여러 프로그램 중에서
[Photoshop]의 [무료 체험판]을
클릭합니다.

**아윤 쌤!
질문 있어요! | 'Creative Cloud 모든 앱'은 무엇인가요?**

'Creative Cloud 모든 앱'은 어도비의 모든 앱을 관리하며, 원하는 프로그램을 골라 사
용할 수 있는 앱입니다. 'Creative Cloud 모든 앱'을 설치하면 특정 프로그램을 내려
받기 위해 어도비 사의 홈페이지에 접속하지 않아도 됩니다. 클릭 한 번으로 어도비 사
의 모든 프로그램을 쉽게 내려받아 사용할 수 있습니다.

03 포토샵의 사용 목적을 선택합니다.

여기서는 ❶ [개인 사용자용]을 선택하고 ❷ [계속]을 클릭합니다.

04 플랜을 선택합니다.

여기서는 ❶ [Photoshop]을 선택하고 ❷ [계속]을 클릭합니다.

05 구독 유형을 선택합니다.

무료 체험판을 사용할 것이기 때문에 어떤 것을 선택해도 상관없습니다.

여기서는 ❶ [연간 약정]을 선택하겠습니다.

❷ [계속]을 클릭합니다.

06 [아니요]를 클릭하세요.

07
❶ 이메일 주소를 입력한 후
❷ 필수 항목에 체크 표시를 하고
❸ [계속]을 클릭합니다.

08
7일 무료 체험이 끝나면 자동으로 결제되기 때문에 추가 결제 정보를 입력해야 합니다.
❶ 결제 정보를 입력한 후
❷ [무료 체험기간 시작]을 클릭합니다.

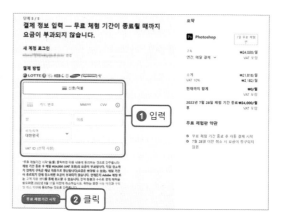

09
[내 암호 만들기]를 클릭합니다.

10
❶ 암호를 입력한 후
❷ [계정 완성]을 클릭합니다.

첫째마당

포토샵 시작

화면 구성

파일 관리

레이어

그래픽 상식

전체 과정 익히기

신기능

11 ❶ 결제 정보가 올바르게 입력됐는지 확인한 후 ❷ [무료 체험기간 시작]을 클릭하세요.

12 ❶ Adobe Creative Cloud의 메뉴에서 [앱]을 클릭한 후 ❷ Photoshop의 [설치]를 클릭합니다.

**아윤 쌤!
질문 있어요!** | 포토샵의 언어는 어떻게 변경하나요?

01. [Adobe Creative Cloud] 앱을 실행한 후 위쪽에 있는 ❶ [계정 🔵]을 클릭하고 ❷ [환경 설정]을 선택합니다.

02. [환경 설정] 대화상자의 [앱] 메뉴를 클릭합니다.

03. ❶ [기본 설치 언어] 항목을 클릭하면 다양한 언어가 나타납니다. ❷ 원하는 언어를 선택한 후 ❸ [완료]를 클릭합니다. 이 책은 한글 버전을 사용하므로 [한국어]를 그대로 사용하겠습니다.

04. 언어를 변경하면 포토샵 설치가 다시 활성화됩니다. 변경된 언어를 사용하기 위해 [설치]를 클릭해 재설치하세요.

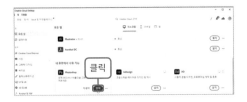

05. 포토샵 프로그램에서 사용할 언어를 설정해 보겠습니다.
포토샵 메뉴 바에서 [편집 → 환경 설정 → 인터페이스]를 선택합니다.

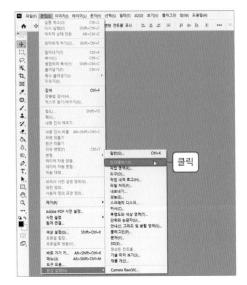

06. ❶ [프레젠테이션] 항목의 [UI 언어]에서 원하는 언어를 설정한 후 ❷ [확인]을 클릭합니다.
포토샵 프로그램을 종료한 후 포토샵을 다시 실행하면 언어가 변경됩니다.

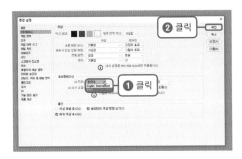

01-3

포토샵 무료 체험판 결제 취소하기

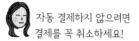
자동 결제하지 않으려면
결제를 꼭 취소하세요!

**지금
하면 된다!** 〉 포토샵 무료 체험판 결제 취소하기

01 어도비 홈페이지에서 위쪽에 있는 ❶ [계정 🔵]을 클릭한 후 ❷ [계정 보기]를 클릭하세요.

02 [플랜 관리]를 클릭합니다.

03 [플랜 관리] 대화상자에서 [플랜 취소]를 클릭합니다.

04 ❶ 암호를 입력한 후 ❷ [계속]을 클릭합니다.

05 플랜 취소 여부 관련 문항에서 [계속]을 클릭합니다.

06 해당 문항에서는 [아니요]와 [확인]을 클릭합니다.

07 마지막으로 [완료]를 클릭하면 결제 취소가 완료됩니다.

포토샵 화면 구경하기

포토샵 화면을
하나하나 뜯어 볼게요!

포토샵 시작

화면 구성

파일 관리

레이어

그래픽 상식

전체 과정 익히기

신기능

아윤 쌤의

**강의
노트** "포토샵 화면을 차분히 살펴볼게요!"

포토샵을 시작할 준비를 마쳤으니 본격적으로 시작해 볼까요? 포토샵 프로그램을 처음 실행하면 도무지 뭐가 뭔지 알 수 없을 거예요. 포토샵의 화면 구성을 차근차근 살펴보면서 포토샵 수업을 시작해 볼게요!

✔ **체크 포인트**

☐ 포토샵 화면 구성 이해하기 ☐ 포토샵 패널 살펴보기
☐ 포토샵 도구 바 살펴보기

02-1

포토샵 CC 2022 시작 화면 만나기

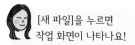
[새 파일]을 누르면
작업 화면이 나타나요!

포토샵 CC 2022를 실행하면 포토샵 시작 화면이 나타납니다.
보통은 [새 파일] 또는 [열기]를 눌러 작업을 시작합니다.

❶ 홈

포토샵의 처음 화면으로 이동합니다.

❷ 학습

포토샵의 기능을 숙지하는 데 도움이 되는
영상 콘텐츠와 튜토리얼을 제공합니다.

❸ 내 파일

포토샵에서 작업한 파일을 어도비 클라
우드 문서에 저장하면 자동으로 동기화
됩니다. 클라우드 문서와 동기화된 모든
파일은 데스크톱, 노트북, 스마트폰, 태
블릿 PC와 연동해 사용할 수 있습니다.

❹ 나와 공유됨

어도비 계정을 소유한 사용자와 공동 작
업을 할 수 있습니다. 포토샵 작업을 공
유할 수 있습니다.

❺ Lightroom 사진

모바일에 라이트룸 앱을 설치한 후 포토
샵과 연동하면 라이트룸에서 사용한 이
미지를 포토샵으로 가져와 편집할 수 있
습니다.

포토샵 시작

화면 구성

파일 관리

레이어

그래픽 상식

전체 과정 익히기

신기능

▲ 제안 숨기기

사진 편집에 대해 알아보기

튜토리얼 검색

❻ 삭제된 항목

어도비 클라우드 문서에서 삭제된 파일을 보관하는 곳으로, 복원하거나 영구 삭제할 수 있습니다.

❼ 튜토리얼 시작

포토샵의 간략한 가이드를 튜토리얼로 제공합니다.

❽ 이미지 드래그 앤 드롭

이미지를 드래그해 가져오는 영역입니다. 포토샵을 처음 실행했을 때만 나타나며 한 번 이상 작업하면 이 영역에 최근 항목이 나타납니다.

❾ 최근 항목

포토샵을 여러 번 작업하면 나타나는 영역입니다. 최근에 작업했던 파일이 나타납니다.

이미지 드래그 앤 드롭

퓨터에서 선택하여 시작하십시오.

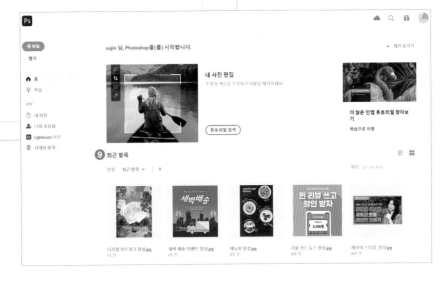

02-2

포토샵 CC 2022 작업 화면 만나기

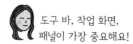
도구 바, 작업 화면,
패널이 가장 중요해요!

포토샵의 작업 화면은 크게 메뉴 바, 옵션 바, 도구 바, 작업 화면, 패널로 구성됩니다.
이 책을 실습하며 각 명칭이 자주 언급되므로 위치를 확인하고 넘어가세요.

❶ 메뉴 바

포토샵의 모든 기능을 기능별로 분류해 모아 놓은 곳입니다.

❷ 옵션 바

도구 바에서 선택하는 도구의 옵션을 조절합니다. 선택한 도구마다 옵션이 다르게 구성됩니다.

❸ 도구 바

포토샵에서 가장 많이 사용하는 도구의 집합입니다. 포토샵에서 도구 바만 이해하면 포토샵의 70%는 사용할 수 있으므로 반드시 숙지해야 해요.

❹ 작업 화면

여러분이 작업할 화면입니다. 모든 작업은 이곳에서 이뤄집니다.

❺ 패널

포토샵의 특정 기능, 예를 들어 그림을 그리기 위해 필요한 붓, 물감 등을 모아 놓은 곳입니다. 패널은 작업자의 작업 스타일과 환경에 따라 다르게 구성할 수 있습니다.

메뉴 바에 있는 [창]을 눌러 자주 사용하는 패널을 꺼내 놓고 사용할 수도 있습니다.

❻ 이미지 공유

연동돼 있는 앱이나 메일을 사용해 jpg 이미지를 메일로 보낼 수 있습니다.

❼ 검색 🔍

포토샵 기능, 도구, 학습, 튜토리얼 등을 검색하면 관련된 정보가 나타납니다.

❽ 작업 영역 선택 ▣

포토샵으로 어떤 유형의 작업을 할 것인지 선택하면 그에 맞는 화면 구성으로 변경됩니다.

포토샵 도구 바와 패널 살펴보기

도구 바와 패널은 포토샵으로 작업할 때 가장 많이 사용하는 부분입니다. 두 부분에 익숙해지면 포토샵 작업이 매우 쉬워지죠! 굳이 외우려 하지 말고 구경하듯 읽어 보세요. 실습을 하다 보면 저절로 외워질 거예요.

도구 바가 무엇인가요?

평소 그림을 그리거나 뭔가를 만들 때 도구를 사용하죠? 도구 바는 포토샵 작업을 하는 데 필요한 도구를 모아 놓은 박스입니다. 포토샵 작업 화면의 왼쪽에 있으며, 아이콘으로 돼 있어서 각 도구의 기능을 어느 정도 짐작할 수 있어요.

포토샵의 주요 기능이 도구 바에 모여 있기 때문에 포토샵을 처음 배울 때는 도구 바의 기능을 가장 먼저 이해하는 것이 좋습니다. 도구 바를 다룰 줄 알면 포토샵의 70%는 배웠다고 할 수 있어요! 지금부터 도구 바의 기능을 하나씩 살펴보겠습니다.

❶ [이동 도구 ⊕]: 이미지, 선택한 영역, 레이어를 이동하는 도구

❷ [선택 윤곽 도구 ⬚]: 특정 영역을 선택하는 도구

❸ [올가미 도구 ◯]: 드래그해서 원하는 모양을 자유롭게 선택하는 도구

❹ [개체 선택 도구 ▦]: 드래그 한 번으로 영역을 자동으로 잡아 주는 도구

❺ [자르기 도구 ◱]: 원하는 부분만 남기고 자르는 도구

❻ [프레임 도구 ⊠]: 이미지 영역을 만든 후 해당 영역에만 이미지를 넣어 사용하는 도구

❼ [스포이드 도구 ✐]: 클릭 한 번으로 색상을 빠르게 추출하는 도구

❽ [스팟 복구 브러시 도구 ⬗]: 잡티나 흠집을 자연스럽게 복구하는 도구

❾ [브러시 도구 ✎]: 드로잉을 하면서 그림을 그리는 도구

❿ [복제 도장 도구 ♟]: 도장처럼 찍듯이 똑같은 이미지를 다른 위치에 복사하는 도구

⓫ [작업 내역 브러시 도구 ✔]: 작업을 잘못했을 때 이전 단계로 복구하는 도구

⓬ [지우개 도구 ⬗]: 드래그하면 해당 부분이 지워지는 도구

⓭ [그레이디언트 도구 ▦]: 여러 가지 색상을 자연스럽게 사용하는 도구

⓮ [흐림 효과 도구 ◌]: 이미지를 흐리게 또는 선명하게 하는 도구

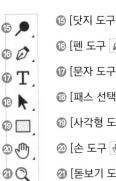

⑮ [닷지 도구 🔍]: 이미지를 밝게 또는 어둡게 하는 도구

⑯ [펜 도구 ✎]: 패스 기능으로 디테일하게 그리는 도구

⑰ [문자 도구 T]: 글자를 입력할 때 사용하는 도구

⑱ [패스 선택 도구 ▶]: 패스를 선택해 이동하는 도구

⑲ [사각형 도구 ▢]: 패스가 기반인 도형을 만드는 도구

⑳ [손 도구 ✋]: 작업 화면을 확대했을 때 드래그해 화면을 이동하는 도구

㉑ [돋보기 도구 🔍]: 이미지를 확대/축소하는 도구

㉒ [도구 모음 편집 ⋯]: 도구 모음을 내가 원하는 대로 설정하는 부분

㉓ [전경색, 배경색 ▣]: 전경색과 배경색의 색상을 설정하는 부분

㉔ [빠른 마스크 모드 ▣]: 브러시와 선택 도구로 영역을 빠르게 선택하는 모드

㉕ [화면 모드 변경 ⬓]: 작업 화면 모드를 변경하는 부분

도구 바의 기능 파헤치기

★중요 부분만 먼저 보세요!

도구 바의 기능을 좀 더 자세히 살펴보겠습니다. 포토샵에서 가장 중요한 기능이지만 한 번에 모두 외우기는 어렵겠죠? ★중요 기능을 우선적으로 숙지하면 포토샵을 훨씬 더 빠르게 익힐 수 있습니다.

❶ [이동 도구 ✛] ★중요

이미지나 선택한 영역을 원하는 위치로 이동합니다.

- [이동 도구 ✛]: 개체를 드래그해 원하는 위치로 이동합니다.
- [대지 도구 ⬚]: 하나의 작업 화면에서 여러 캔버스 화면을 만들어 사용할 수 있습니다.

❷ [선택 윤곽 도구 ⬚] ★중요

특정 영역을 선택합니다.

- [사각형 선택 윤곽 도구 ⬚]: 영역을 사각형 모양으로 선택합니다.
- [원형 선택 윤곽 도구 ◯]: 영역을 원형 모양으로 선택합니다.
- [단일 행 선택 윤곽 도구 ⚏]: 영역을 가로 방향으로 선택합니다.
- [단일 열 선택 윤곽 도구 ┃]: 영역을 세로 방향으로 선택합니다.

❸ [올가미 도구 ⏣] ★중요

원하는 부분을 드래그해 자유로운 모양으로 선택합니다.

- **[올가미 도구 ⏣]**: 원하는 영역을 드로잉하듯이 자유롭게 드래그해 선택합니다.

- **[다각형 올가미 도구 ⏣]**: 영역을 마우스 클릭을 이용해 직선으로 점을 찍듯이 이어나가면서 선택합니다.

- **[자석 올가미 도구 ⏣]**: 이미지의 경계를 자동으로 인식해 영역을 자동으로 선택합니다.

❹ [개체 선택 도구 ⏣] ★중요

특정 영역을 톤 색상을 기준으로 자동 인식해 영역을 빠르게 선택합니다.

- **[개체 선택 도구 ⏣]**: 인물, 사물 등과 같은 단일 개체의 전부 또는 일부를 클릭, 드래그하면 자동으로 인식돼 선택됩니다. 개체의 윤곽이 뚜렷하면 영역이 좀 더 정확하게 선택됩니다.

- **[빠른 선택 도구 ⏣]**: 클릭, 드래그 한 번으로 영역을 자동으로 선택합니다. [개체 선택 도구 ⏣]와 달리, 브러시 모양의 도구로 사용합니다.

- **[자동 선택 도구 ⏣]**: 개체를 클릭하면 같은 색상을 자동으로 인식합니다. '마술봉 도구' 라고도 불립니다.

❺ [자르기 도구 ⏣]

이미지나 레이어의 크기를 자릅니다.

- **[자르기 도구 ⏣]**: 원하는 영역을 제외한 나머지의 영역을 드래그로 잘라 냅니다.

- **[원근 자르기 도구 ⏣]**: 원근감을 적용해 이미지를 잘라 냅니다.

- **[분할 영역 도구 ⏣]**: 이미지를 여러 개의 영역으로 분할해 잘라 냅니다. 보통 웹디자인에서 많이 사용합니다.

- **[분할 영역 선택 도구 ⏣]**: 분할된 여러 영역을 선택해 이동, 편집 등을 할 수 있습니다.

❻ [프레임 도구 ⏣]

이미지 영역을 만든 후 해당 영역에만 이미지를 넣어 사용합니다. 레이어 마스크 기능을 빠르게 사용할 수 있는 도구이기도 합니다.

❼ [스포이드 도구 ] ★중요

원하는 색채를 추출합니다. 개체를 클릭하면 클릭한 색상이 전경색으로 설정되는 매우 유용한 도구입니다.

- **[스포이드 도구]**: 이미지의 색상을 추출합니다.
- **[3D 재질 스포이드 도구]**: 3D 효과에 나오는 재질을 추출합니다.
- **[색상 샘플러 도구]**: 이미지의 색상 정보를 알려 줍니다. 색상 정보를 최대 10개까지 확인할 수 있습니다.
- **[눈금자 도구]**: 마우스로 드래그한 부분의 X, Y축의 값, 너비, 높이, 각도 등을 파악합니다.
- **[노트 도구]**: 필기를 합니다.
- **[카운트 도구]**: 마우스로 클릭해 특정 이미지의 개수를 세거나 번호를 입력해 순서대로 표시할 때 사용합니다.

❽ [스팟 복구 브러시 도구]

이미지의 작은 점, 잡티, 결점 등을 보정하는 기능으로, 사진 촬영 이미지를 보정할 때 많이 사용합니다. 특히 인물 사진을 잡티 없는 무결점의 예쁜 피부로 보정할 때 유용합니다.

- **[스팟 복구 브러시 도구]**: 사진 이미지에서 먼지, 인물의 반점 등 작은 크기의 결점을 신속하게 제거합니다.
- **[복구 브러시 도구]**: [스팟 복구 브러시 도구]와 비슷하지만, 자동으로 결점을 없애는 것이 아니라 비슷한 이미지 영역 부분을 직접 클릭한 후 복사해 사용합니다. 복사한 이미지를 사용해 결점 부분을 조화롭게 만들어 준다는 차이점이 있습니다.
- **[패치 도구]**: 이미지의 특정 영역을 드래그해 영역을 지정한 후 다른 위치로 이동해 이미지를 교체하는 기능입니다. 지정한 위치에 이동한 위치의 영역 이미지가 대체돼 조화롭게 합성됩니다.
- **[내용 인식 이동 도구]**: 특정 이미지 영역을 지정해 이동할 때 이동한 빈 자리의 배경을 자동으로 주변 배경과 어울리게 채워 줍니다.
- **[적목 현상 도구]**: 카메라의 적목 현상으로 망막이 붉게 찍혔을 때 눈동자를 검은색으로 변경합니다.

❾ [브러시 도구] ★중요

드로잉과 같은 선을 그리거나 색칠할 때 자주 사용합니다. 다른 도구를 이용할 때도 브러시 모양의 도구로 드래그하는 작업이 많으므로 반드시 익혀 두는 것이 좋습니다.

- [브러시 도구 ✏️]: 드래그하면서 선 또는 면을 그립니다.
- [연필 도구 ✏️]: [브러시 도구 ✏️]가 부드럽게 표현된다면 [연필 도구 ✏️]는 조금 거칠게 표현됩니다.
- [색상 대체 도구 ✏️]: 이미지의 특정 부분을 클릭하면 클릭한 부분만 전경색으로 변경합니다.
- [혼합 브러시 도구 ✏️]: 색상을 섞어 유화, 아크릴, 수채화 효과 등을 표현할 수 있습니다.

⑩ [복제 도장 도구 🔏]

도장을 찍듯이 똑같은 모양을 만들어 냅니다. 예를 들어 이미지의 특정 부분을 클릭한 후 다른 부분을 클릭하면 처음에 클릭했던 부분이 복사돼 보입니다. 복사 및 붙여 넣기와 비슷한 기능으로, 이미지를 합성하거나 보정할 때 많이 사용합니다.

- [복제 도장 도구 🔏]: 원하는 부분을 도장처럼 찍은 후 다른 영역에 찍어 복사합니다.
- [패턴 도장 도구 🔏]: 등록된 패턴을 넣어 사용합니다.

⑪ [작업 내역 브러시 도구 ✏️]

포토샵 작업 전의 원본 상태로 되돌려 줍니다.

- [작업 내역 브러시 도구 ✏️]: 포토샵에서 작업한 이미지를 원본으로 되돌려 줍니다.
- [미술 작업 내역 브러시 도구 ✏️]: 아트적인 느낌의 다양한 브러시를 이용해 원본 형태로 되돌려 줍니다.

⑫ [지우개 도구 🧽]

이미지를 지웁니다.

- [지우개 도구 🧽]: 브러시 모양의 도구로, 배경색에 지정된 색으로 지웁니다.
- [배경 지우개 도구 🧽]: 배경을 자동 인식해 지웁니다.
- [자동 지우개 도구 🧽]: 클릭한 색상을 자동으로 인식해 지웁니다.

⑬ [그레이디언트 도구 ▨] ★중요

여러 가지의 색을 조화롭게 사용하거나 특정 영역에 색을 넣는 등 다양한 색상으로 칠합니다.

- [그레이디언트 도구 ▨]: 다양한 색상의 그러데이션을 사용합니다.
- [페인트 통 도구 🪣]: 전경색을 기준으로 색상을 넣습니다.
- [3D 재질 놓기 도구 🪣]: 3D로 모델링한 그림 작업물에 다양한 질감의 텍스처를 적용합니다.

⑭ [흐림 효과 도구 △.]

이미지를 흐릿하게 또는 선명하게 만듭니다. 인물 보정에 많이 사용합니다.

- **[흐림 효과 도구 △.]**: 이미지를 흐리게 만듭니다.
- **[선명 효과 도구 △.]**: 이미지를 선명하게 만듭니다.
- **[손가락 도구 ☜.]**: 손으로 문지르듯이 사용하며 이미지를 변형, 왜곡합니다.

⑮ [닷지 도구 ♪.]

이미지를 밝게 또는 어둡게 보정합니다.

- **[닷지 도구 ♪.]**: 이미지를 밝게 하며 브러시 형태로 사용합니다. 옵션 바의 [Range]에서 어두운 영역, 중간 영역, 밝은 영역을 선택해 사용할 수 있습니다.
- **[번 도구 ☜.]**: 이미지를 어둡게 만듭니다. [닷지 도구 ♪.]와 마찬가지로 옵션에서 [Range]의 종류를 선택해 적용할 톤을 설정할 수 있습니다.
- **[스펀지 도구 ☜.]**: 이미지의 채도를 낮춥니다. 채도를 낮출수록 흑백에 가까운 이미지가 됩니다.

⑯ [펜 도구 ∅.] ★중요

직선 또는 곡선을 정교하게 만듭니다. 처음에는 이해하기
어렵고 사용하기도 힘들지만, 익숙해지면 퀄리티 높은 작
업을 할 수 있습니다.

- **[펜 도구 ∅.]**: 점과 점을 연결하면 생성되는 패스(path)를
  이용해 영역을 정교하게 지정합니다.
- **[자유 형태 펜 도구 ∅.]**: [펜 도구 ∅.]와 달리, 점과 점을 연결해 패스를 생성하는 것이 아니라 [올가미 도구 ☜.]와 비슷하게 클릭, 드래그해 생성합니다.
- **[곡률 펜 도구 ∅.]**: 곡선 패스를 생성합니다.
- **[기준점 추가 도구 ∅.]**: 기존에 생성된 패스 위에 점을 추가합니다.
- **[기준점 삭제 도구 ∅.]**: 기존 패스 위의 점을 삭제합니다.
- **[기준점 변환 도구 ∧.]**: 패스를 직선 또는 곡선으로 만듭니다.

⑰ [문자 도구 T.] ★중요

글자를 입력합니다.

- **[수평 문자 도구 T.]**: 글자를 가로 방향으로 입력
  합니다.
- **[세로 문자 도구 ⬆T.]**: 글자를 세로 방향으로 입력
  합니다.

- **[세로 문자 마스크 도구 ⁝ᴛᴛ⁚]**: 글자를 세로 방향으로 입력합니다. 글자의 모양이 테두리처럼 선택 영역으로 설정됩니다.

- **[수평 문자 마스크 도구 ⁝ᵀᵀ⁚]**: 글자를 가로 방향으로 입력합니다. 글자의 모양이 테두리처럼 선택 영역으로 설정됩니다.

⑱ [패스 선택 도구 ▶.]

패스로 돼 있는 개체를 선택합니다. 예를 들어 [펜 도구 ⌀.]로 만든 패스를 선택할 수 있습니다. 간혹 [이동 도구 ✛]와 헷갈릴 수 있는데, 이미지는 [패스 선택 도구 ▶.]로 선택할 수 없습니다.

- **[패스 선택 도구 ▶.]**: 패스의 점을 전체 선택합니다.
- **[직접 선택 도구 ▷.]**: 패스의 점을 개별적으로 선택합니다.

⑲ [사각형 도구 ▢.] ★중요

다양한 도형 모양의 도구로, 주로 패스 형태로 구성된 개체를 만듭니다. 개체에 다양한 색상을 적용할 수 있고 옵션 바에 있는 설정을 이용하면 다양한 모양을 만들 수 있습니다. 패스 형태로 구성돼 있기 때문에 [패스 선택 도구 ▶.]로 선택할 수 있습니다.

- **[사각형 도구 ▢.]**: 사각형 모양의 도형 도구입니다.
- **[타원 도구 ◯.]**: 타원 모양의 도형 도구입니다.
- **[삼각형 도구 △.]**: 삼각형 모양의 도형 도구입니다.
- **[다각형 도구 ◯.]**: 여러 가지 다각형 모양의 도형 도구입니다. 옵션에서 꼭짓점의 개수를 설정하면 다양한 다각형(오각형, 육각형, 별 등)을 만들 수 있습니다.

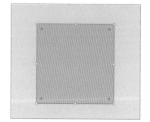

- **[선 도구 ╱.]**: 선을 만듭니다.
- **[사용자 정의 모양 도구 ⬠.]**: 포토샵에 등록된 다양한 모양의 맞춤 셰이프 도구로, 옵션 바에 있는 [모양]을 클릭해 다양한 모양을 선택할 수 있습니다. 모양을 직접 만들어 등록할 수도 있습니다.

⑳ [손 도구 🖐.]

포토샵 작업에서는 화면을 확대해 작업하는 경우가 많습니다. 이때 상하좌우로 이동해야 하는데, [손 도구 🖐.]를 사용하면 마치 손바닥으로 밀듯이 원하는 위치의 화면을 보여 줍니다.

- **[손 도구 🖐.]**: 확대된 이미지 작업 화면을 상하좌우로 이동합니다.
- **[회전 보기 도구 🔄.]**: [손 도구 🖐.]에 회전 기능을 더한 도구입니다. 자주 사용하지는 않습니다.

㉑ [돋보기 도구 🔍]

이미지를 확대/축소합니다.

㉒ [도구 모음 편집 ⋯]

도구 바의 도구를 내가 원하는 순서대로 배치하거나 추가합니다.

㉓ 전경색, 배경색

색상을 설정합니다.

- **전경색 설정**: 채색의 기본이 되는 색상을 설정합니다.
- **배경색 설정**: [지우개 도구 ⬦]로 지울 때 나타나는 배경색을 설정합니다.

**아윤 쌤!
질문 있어요!** | 전경색과 배경색은 무엇을 의미하나요?

펜으로 종이에 글씨를 쓸 때 나오는 색상이 **전경색**, 글씨를 쓴 종이가 **배경색**에 해당합니다. 이 개념을 포토샵에 대입하면 전경색은 도구의 색상, 배경색은 레이어의 바탕색을 의미합니다. 따라서 [브러시 도구 🖌]나 [연필 도구 ✏]를 사용하면 전경색이 나오고, [지우개 도구 ⬦]로 지우면 배경색이 나오는 거죠. 배경색이 빨간색으로 돼 있을 때 지우면 빨간색이 나옵니다. 포토샵의 전경색과 배경색의 개념을 꼭 이해하세요.

빨간색 전경색으로 [브러시 도구 🖌]를 사용한 모습

흰색 배경색으로 [지우개 도구 ⬦]를 사용한 모습

파란색 배경색으로 [지우개 도구 ⬦]를 사용한 모습

포토샵의 전경색과 배경색에 대한 설명은 10-1절에서 더 자세히 다룰 거예요.

㉔ 빠른 마스크 모드 🔲

[올가미 도구 🔗]로 영역을 선택하듯이 영역을 빠르게 선택합니다. [빠른 마스크 모드 🔲]를 켠 후 [브러시 도구 🖌]로 원하는 영역을 드래그하면 빨간색으로 칠해집니다. 다시 [빠른 마스크 모드 🔲]를 해제하면 브러시로 드래그한 영역만 선택 영역으로 설정됩니다. [빠른 마스크 도구 🔲]에서는 실제로 빨간색으로 칠해지는 것이 아니라 선택된 영역을 보여 주는 것이죠. 누끼 작업을 할 때 특히 유용합니다.

㉕ 화면 모드 변경

포토샵의 화면 모드를 변경합니다.

- **[표준 화면 모드 🗖]:** 가장 기본적인 화면 모드입니다.
- **[메뉴 바가 있는 전체 화면 모드 ▢]:** 메뉴 바, 옵션 바, 패널, 작업 화면만 보이는 전체 화면 모드입니다. 이 모드에서는 문서 창의 제목이 보이지 않습니다.
- **[전체 화면 모드 ▣]:** 작업 캔버스 화면만 보여 줍니다.

패널의 주요 기능 파헤치기

포토샵에서 패널은 주로 화면 오른쪽에 위치합니다. 포토샵을 처음 실행하면 기본적으로 자주 사용하는 패널만 배치돼 있는데, 메뉴 바에서 [창] 메뉴를 선택하면 다른 패널도 열 수 있습니다. 어떤 패널을 열어 두고 작업할 것인지는 작업자의 마음입니다. 자주 사용하는 패널을 꺼내 놓으면 작업의 효율이 높아지겠지요? 실무에서 자주 사용하는 패널을 중심으로 살펴보겠습니다.

1. 레이어(Layers) 패널

포토샵은 이미지를 층 개념으로 겹겹이 쌓아 하나의 이미지를 만듭니다. 겹겹이 쌓여 있는 이미지를 확인할 수 있는 곳이 바로 [레이어] 패널입니다. [레이어] 패널은 하나하나의 이미지를 레이어로 표현해 겹쳐진 순서대로 보여 줍니다.

2. 채널(Channels) 패널

색상 모드에 따라 채널로 나눠 나타내는 패널입니다. 예를 들어 색상 모드가 RGB라면 [채널] 패널에서는 '빨강', '녹색', '파랑' 채널과 이 3개의 채널이 모두 섞인 'RGB' 패널이 각각 나뉘어 나타납니다.

💧 색상 모드에 대한 설명은 05-2절을 참조하세요.

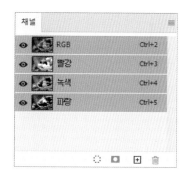

3. 패스(Paths) 패널

패스로 이뤄진 모양을 보여 주는 패널입니다.

4. 문자(Character) 패널

[문자 도구 T,]를 사용할 때 글꼴, 글자 크기 등을 편집하는 패널입니다.

5. 조정(Adjustments) 패널

메뉴 바의 [조정] 메뉴에 있는 기능을 나타냅니다. [조정] 패널의 기능들은 [레이어] 패널에 추가해 사용할 수 있습니다.

6. 브러시 설정(Brush Settings) 패널

[브러시 도구 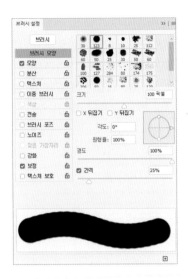]를 사용할 때 다양한 옵션을 설정하는
패널입니다.

7. 작업 내역(History) 패널

포토샵으로 작업한 과정을 고스란히 확인할 수 있는 패널
입니다. [작업 내역] 패널에서는 작업 도중에 이전 작업 상
태로 되돌릴 수 있고 이전 작업 상태로 되돌렸다가 다시 최
근 작업 상태로 되돌릴 수도 있습니다.

8. 속성(Properties) 패널

[레이어] 패널에 있는 다양한 레이어의 속성을 나타내며,
옵션을 설정할 수도 있습니다.

9. 색상(Color) 패널

전경색과 배경색을 설정할 수 있습니다.

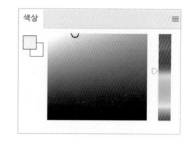

10. 정보(Info) 패널

마우스 커서의 위치에 따라 좌표, 색상 코드를 나타냅니다. 클릭, 드래그할 때의 영역 크기와 선택한 도구에 대한 설명도 나타납니다.

11. 내비게이터(Navigator) 패널

작업 화면을 축소해 보여 주며 확대/축소 슬라이더를 사용하면 작업 캔버스를 확대/축소할 수 있습니다.

패널 사용하기

원하는 패널을 가져와 작업 환경에 맞게 배치하는 방법을 알아보겠습니다.

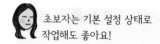 초보자는 기본 설정 상태로 작업해도 좋아요!

패널 가져오기

메뉴 바의 [창]에서 원하는 패널의 이름을 클릭하면 패널이 나타납니다. ● 영문판 [Window]

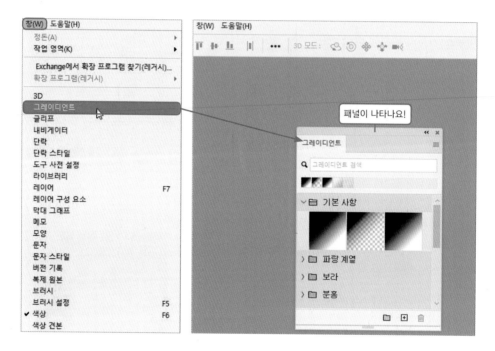

패널 펼치기, 접기, 닫기

패널의 이름 부분을 마우스 오른쪽 버튼으로 클릭하면 패널을 접거나 펼칠 수 있습니다.

❶ 닫기(Close): 클릭하면 패널이 닫히면서 사라집니다.

❷ 탭 그룹 닫기(Close Tab Group): 같은 그룹의 탭 패널이 모두 사라집니다.

❸ 최소화(Minimize): 클릭하면 패널이 접힙니다. 패널을 최소화했을 때 다시 마우스 오른쪽 버튼으로 클릭하면 패널을 [탭 그룹 확장] 또는 [패널 확장]으로 펼칠 수 있습니다.

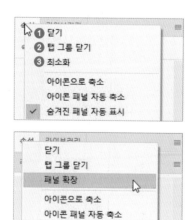

패널 합치기, 분리하기

패널을 클릭, 드래그해 오른쪽 패널 영역으로 이동시키면 패널이 그룹으로 합쳐집니다.

합쳐진 패널을 클릭, 드래그해 작업 캔버스로 이동시키면 패널이 분리됩니다.

파일 관리하기

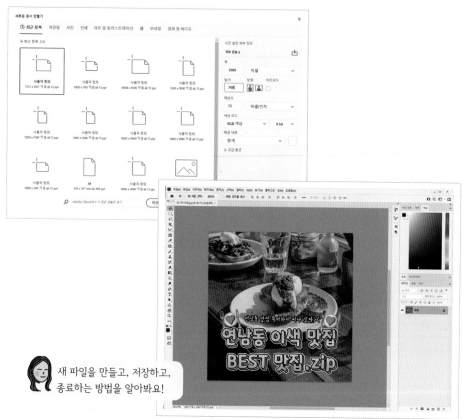

새 파일을 만들고, 저장하고,
종료하는 방법을 알아봐요!

야윤 쌤의
강의 노트 "새 파일을 만들거나 이미지 파일을 불러와 시작해요."

포토샵으로 작업할 때는 보통 새 파일을 만들거나 소스로 사용할 이미지를 포토샵에서
열면서 시작합니다. 새 파일을 만들고, 저장하고, 이미지를 가져오는 등 파일을 관리하
는 여러 방법을 알아보겠습니다.

✓ 체크 포인트

☐ 새 작업 파일 만들기 ☐ 이미지 파일을 불러오고 크기 조절하기
☐ 파일 저장하고 프로그램 종료하기

03-1

새 파일 만들기

준비 파일 새 파일에서 실습

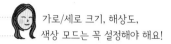 가로/세로 크기, 해상도,
색상 모드는 꼭 설정해야 해요!

지금 하면 된다! 》 새 파일 만들기

01 포토샵 홈 화면에서 [새 파일]을 클릭하세요.

◉ **메뉴 바** [파일 → 새 파일]
◉ **영문판** [File → New]
◉ **단축키** Ctrl + N

02 [새로운 문서 만들기] 대화상자에서는 크기, 단위, 해상도, 색상 모드를 설정할 수 있습니다.

❶ 폭은 '1000픽셀', 높이는 '700픽셀'을 입력하고 ❷ 해상도에 '72픽셀/인치'를 입력합니다. ❸ 색상 모드는 [RGB 색상]을 선택합니다. ❹ 배경 내용은 새로 만들 문서의 배경 색상을 설정하는 항목으로, 여기서는 [흰색]을 선택합니다. ❺ [만들기]를 클릭합니다.

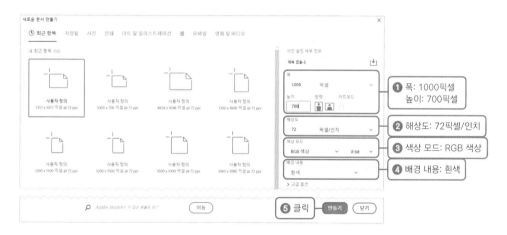

03 새 파일이 만들어집니다.

[새로운 문서 만들기] 대화상자 꼼꼼하게 살펴보기

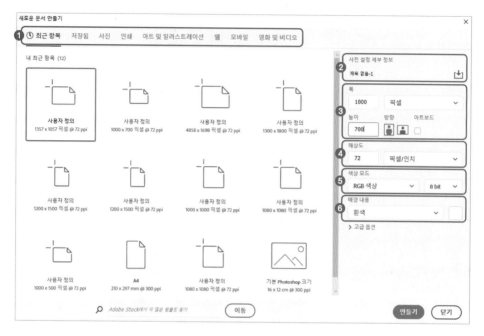

❶ 사전 설정 메뉴

인쇄, 웹, 모바일 등의 작업 형태에 따라 규격화된 크기를 선택해 바로 사용할 수 있습니다.

❷ 사전 설정 세부 정보(Preset Details)

파일의 이름을 입력합니다.

❸ 크기

- **폭(Width):** 새 문서의 가로 길이를 입력합니다. 단위로는 픽셀, 인치, 센티미터, 밀리미터 등이 있습니다.
- **높이(Height):** 새 문서의 세로 길이를 입력합니다.
- **방향:** 문서의 가로/세로 방향을 설정합니다. 예를 들어 A4 크기의 경우, 가로 방향과 세로 방향 중에서 선택합니다.
- **아트보드:** 작업 창에서 여러 개의 캔버스 화면을 만들어 사용합니다. 주로 앱을 제작할 때 사용합니다.

❹ 해상도(Resolution)

작업물에 알맞은 해상도를 지정합니다. 웹용은 72픽셀/인치, 인쇄용은 150~300픽셀/인치로 지정합니다.

❺ 색상 모드(Color Mode)

작업물에 알맞은 색상 모드를 지정합니다. 웹용은 RGB, 인쇄용은 CMYK로 지정합니다.

❻ 배경 내용(Background Contents)

작업할 문서의 배경색을 지정합니다. 보통 흰색으로 지정합니다. 투명한 배경이 필요할 때는 '투명(Transparent)'으로 지정합니다.

03-2

이미지 불러오기

준비 파일 03/인스타 맛집.jpg

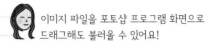

이미지 파일을 포토샵 프로그램 화면으로
드래그해도 불러올 수 있어요!

지금 하면 된다! ▶ 이미지 불러오기

01 메뉴 바에서 [파일 → 열기]
를 클릭하세요.

🫧 단축키 Ctrl + O

🫧 영문판 [File → Open]

02 ❶ 원하는 이미지를 선택
한 후 ❷ [열기]를 클릭합니다.
여기서는 [03] 폴더에 있는 '인스
타 맛집.jpg'을 선택하겠습니다.

03 선택한 이미지가 작업 화
면에 나타납니다.

03-3

이미지 크기 조절하기

준비 파일 03/인스타 맛집.jpg, 캠핑 브이로그.jpg

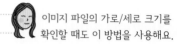

이미지 파일의 가로/세로 크기를
확인할 때도 이 방법을 사용해요.

포토샵으로 불러온 이미지가 너무 크거나 작으면 적절한 크기로 조절할 수 있습니다. 이미지 크기를 조절하는 방법과 주의할 점을 알아보겠습니다.

지금 하면 된다! ﹥ 이미지 크기 조절하기

01 메뉴 바에서 [이미지 → 이미지 크기]를 클릭합니다.

🔻 단축키 [Alt] + [Ctrl] + [I]

🔻 영문판 [Image → Image Size]

02 [이미지 크기] 대화상자에서 내가 불러온 이미지의 크기를 확인할 수 있습니다.

03 ❶ 이미지의 가로 폭을 '700픽셀'로 설정한 후 ❷ [확인]을 클릭합니다.

[고정 비율 🔒]이 선택돼 있으면
가로 폭만 수정해도 높이까지 바뀌어요!

04 이미지의 크기가 줄어든 것을 확인할 수 있습니다.

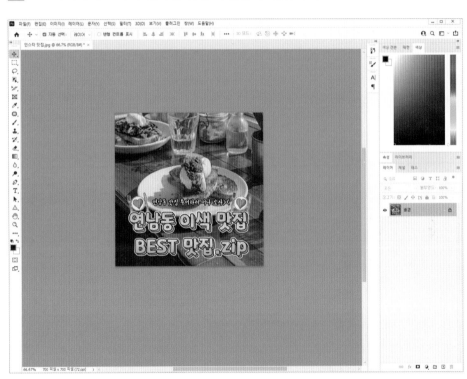

캔버스 크기 조절은 작업하는 캔버스의 크기가 너무 작거나 클 때 사용하는 기능입
니다.

01 메뉴에서 [이미지 → 캔버스 크기]를 클릭하세요.

💧 단축키 Alt + Ctrl + C

💧 영문판 [Image → Canvas Size]

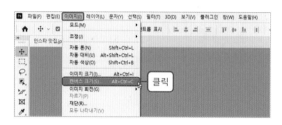

02 [캔버스 크기] 대화상자에서 ❶ 폭과 높이를 각각 '1500픽셀'로 설정합니다.

❷ [캔버스 확장 색상 ▨]을 클릭해 ❸ 색상 코드 'ffe2af'를 입력한 후 ❹ [확인]을 클릭
합니다.

❺ [캔버스 크기] 대화상자에서 [확인]을 한 번 더 클릭합니다.

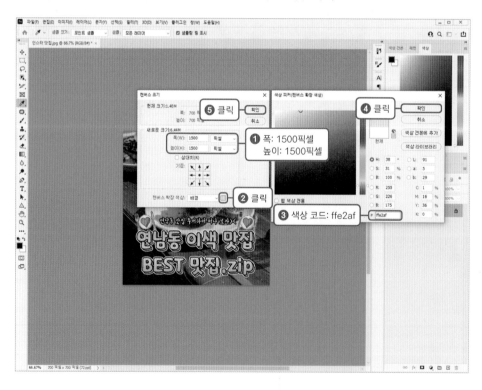

03 캔버스가 이미지 주변으로 확장되는 것을 확인할 수 있습니다.

앞에서 선택한 색상으로 캔버스의 나머지 부분이 칠해져요!

지금
하면 된다! ⟩ 캔버스 한쪽으로 여백 넓히기

캔버스 크기를 상하좌우 중 원하는 방향으로도 조절할 수 있습니다.

01 ❶ 준비 파일 '캠핑 브이로그.jpg'를 선택한 후
❷ [열기]를 클릭합니다.

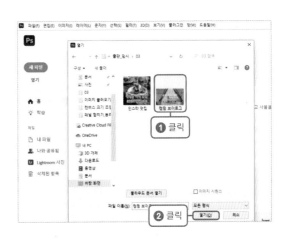

❶ 클릭

❷ 클릭

02 ❶ [이미지 → 캔버스 크기]를 클릭해 대화상자를 엽니다. ❷ 폭을 '1500픽셀'로 설정한 후 ❸ 기준 항목에서 [왼쪽 가운데 화살표 ◀]를 클릭합니다.

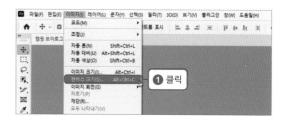

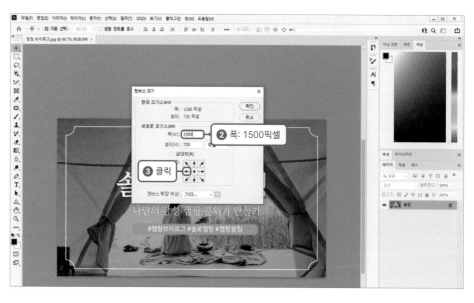

03 기준 항목의 방향이 왼쪽을 기준으로 변경되면 [확인]을 클릭합니다.

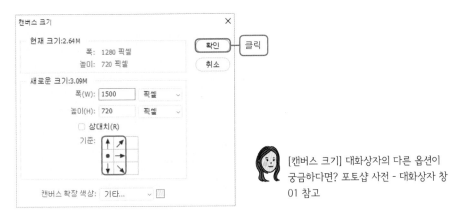

[캔버스 크기] 대화상자의 다른 옵션이
궁금하다면? 포토샵 사전 - 대화상자 창
01 참고

04 이미지 캔버스의 오른쪽에 여백이 새로 생겼습니다.

이렇게 캔버스 크기를 상하좌우로 조절하거나 확대/축소할 수 있습니다.

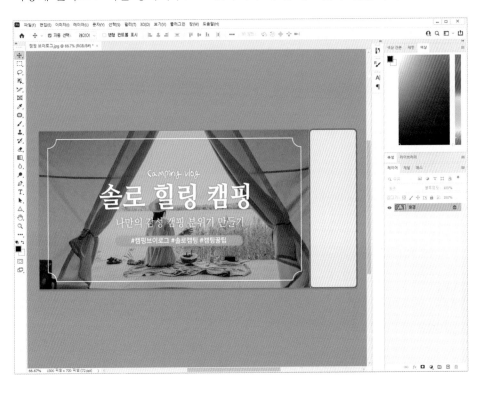

03-4

이미지 파일 형식에 따라 저장하기

준비 파일 03/캠핑 브이로그.jpg

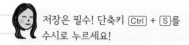 저장은 필수! 단축키 Ctrl + S 를 수시로 누르세요!

지금 하면 된다! → 이미지 저장과 파일 형식에 따른 저장하기

01 [파일 → 저장] 또는 [다른 이름으로 저장]을 클릭하세요.

● 단축키 Ctrl + S 또는 Ctrl + Shift + S
● 영문판 [File → Save] 또는 [File → Save As]

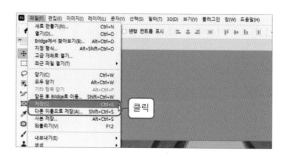

아윤 쌤! 질문 있어요! | [저장]은 비활성화되고, [다른 이름으로 저장]만 활성화되는 이유는 뭔가요?

포토샵에서 이미지를 불러와 아무런 작업을 하지 않은 상태이기 때문입니다. 이미지 크기를 조절하거나 텍스트를 입력하면 [저장] 메뉴가 활성화됩니다.

02 포토샵에서 파일을 저장하는 두 가지 방식이 대화상자 선택지로 나타납니다. [내 컴퓨터에 저장]을 클릭합니다.

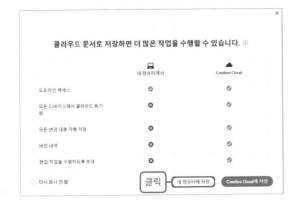

보통 내 컴퓨터에 저장해요!

아윤 쌤!
질문 있어요! | [Creative Cloud에 저장]과 [내 컴퓨터에 저장]의 차이점은 무엇인가요?

[내 컴퓨터에 저장]은 기존에 저장하던 방식처럼 현재 사용하는 컴퓨터에 파일을 저장하지만 [Creative Cloud에 저장]을 선택하면 어도비 클라우드에 저장되며 자동으로 동기화돼 어도비 계정으로 로그인하면 어디서든 자유롭게 작업할 수 있습니다.

03 [다른 이름으로 저장] 대화상자가 나타나면 ❶ 저장할 폴더의 위치를 선택한 후 ❷ 파일 이름과 파일 형식을 입력 및 선택하고 ❸ [저장]을 클릭합니다.

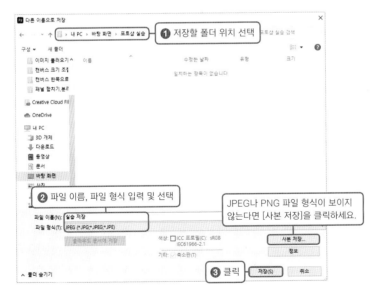

포토샵에서 저장할 수 있는 파일 형식은 이어서 다룹니다!

포토샵이 지원하는 파일 확장자

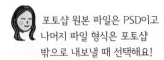
포토샵 원본 파일은 PSD이고 나머지 파일 형식은 포토샵 밖으로 내보낼 때 선택해요!

파일을 저장할 때는 파일 형식을 선택해 저장할 수 있는데, 이 형식을 '확장 파일' 또는 '포맷'이라고 합니다. 포토샵에서 지원하는 파일 형식은 23개입니다. 파일의 확장자는 다양하지만, 이 모든 파일 형식을 모두 알고 있을 필요는 없어요. 여러분이 사용할 대표적인 파일 형식만 기억해 두면 됩니다.

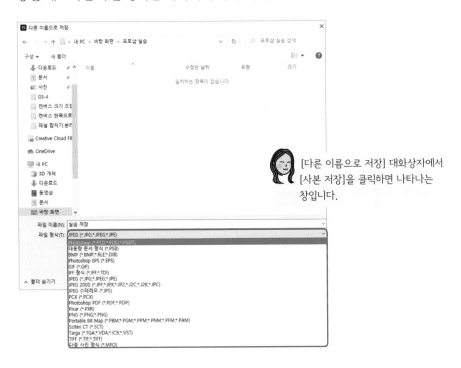

[다른 이름으로 저장] 대화상자에서 [사본 저장]을 클릭하면 나타나는 창입니다.

Photoshop(*.PSD, *.PDD, *.PSDT): 포토샵 원본 파일

포토샵에서 기본으로 저장되는 파일 형식입니다. PSD 파일로 저장하면 포토샵에서 작업한 모든 내용이 저장됩니다. 따라서 여러분이 작업하는 도중에 중단했다가 이어서 작업하기가 좋습니다. 누군가 "포토샵 원본 파일을 주세요."라고 한다면 바로 이 PSD  형식으로 된 파일을 말하는 겁니다. 포토샵 사용자들은 작업 후 원본 파일을 반드시 PSD 파일로 따로 저장해 둬야 합니다.

JPEG(*.JPG, *. JPEG, *. JPE): 가장 많이 사용하는 이미지 파일

사진과 같은 이미지를 저장할 때 일반적으로 많이 사용하는 이미지 파일 형식입니다. 디테일을 손상시키는 압축 방식을 사용하기 때문에 압축률을 높일수록 손상이 심해지지만, 그만큼 용량이 줄어듭니다. 편집용으로는 적합하지 않지만, 용량과 트래픽이 중요한 웹 서버에 업로드하는 용도로는 활용하기 좋습니다. 용량이 작은 것에 비해 이미지의 품질이 우수해 이미지 형식 중에서 가장 많이 사용합니다.

다만 JPEG로 저장하면 포토샵에서 작업했던 레이어가 모두 하나의 레이어로 합쳐집니다. 레이어가 모두 합쳐지면 작업을 수정할 수 없기 때문에 최종 저장할 때 재편집할 수 있는 원본 파일인 PSD와 JPEG 파일 형식을 별도로 저장해 두는 것이 좋습니다.

GIF(*.GIF): 움직이는 움짤 이미지, 배너에 사용하기 좋은 파일

이미지 자체가 갖고 있는 색상을 단순화해 용량을 줄여 주는 압축 저장 형식입니다. 256색상까지 지원하며 이미지를 압축해 빠르게 전달하기에 적합한 방식입니다. 흔히 여러분이 알고 있는 움짤 영상이 바로 GIF 파일입니다. JPEG와 PNG 이미지 파일보다 화질이 좋지 않습니다.

PNG(*.PNG): 고화질과 투명한 배경 이미지

PNG는 GIF와 JPEG의 단점을 보완하기 위해 개발된 웹용 파일 형식입니다. 웹에서 GIF, JPEG보다 화면 출력이 빠르고, 선명한 그래픽 표현이 가능하며 투명한 배경을 구현하는 채널인 알파 채널까지 사용할 수 있습니다. 포토샵에서 투명한 배경이 있는 작업을 한 후에는 PNG 파일로 저장해야 합니다.

JPEG는 이미지 손실이 발생하는 압축 방식이지만, PNG는 무손실 압축을 지원하기 때문에 이미지가 더 선명하고 화질이 좋아서 용량이 크다는 특징이 있습니다. 그리고 웹용으로 개발됐기 때문에 CMYK 색을 지원하지 않아 인쇄용으로는 부적합합니다.

Photoshop PDF(*.PDF, *.PDP)

문서 파일의 포맷 형태로, 화면을 보거나 다른 사람과 주고받기 적합하게 개발된 파일 형식입니다. 화면에 보이는 대로 인쇄할 수 있어 출판에도 적합하며, 인쇄 상태 그대로를 컴퓨터 화면에서 보여 주기 때문에 전자책과 같은 디지털 출판에도 많이 사용됩니다.

03-6

포토샵 종료하기

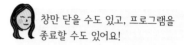 창만 닫을 수도 있고, 프로그램을 종료할 수도 있어요!

◇◇ 지금
하면 된다! › 포토샵 작업 화면 종료하기

작업 화면 위쪽의 작업 바를 보면 ⊠ 버튼이 있습니다.
아이콘을 클릭하면 대화상자가 나타납니다. 내용을 저장해야 한다면 [예]를 클릭하고, 저장하지 않아도 된다면 [아니요]를 클릭합니다. 종료를 원하지 않으면 [취소]를 클릭하면 됩니다.

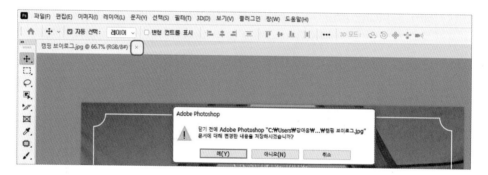

작업 중 저장했다면 해당 대화상자는 나타나지 않습니다.
즉, 대화상자가 나타나지 않는다면 이미 모든 작업이 저장돼 있다는 뜻입니다.

◇◇ 지금
하면 된다! › 포토샵 프로그램 종료하기

포토샵 프로그램을 완전히 종료하고 싶다면 화면
오른쪽 위의 ⊠ 버튼을 클릭합니다.

레이어 이해하기

레이어는
'투명한 종이'예요~

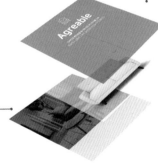

포토샵의 작업물은 모두
여러 레이어로 이뤄져 있죠!

아윤 쌤의

강의 노트 "포토샵 디자인 작업은 레이어 만들기부터!"

포토샵에서는 가장 먼저 '레이어'를 이해해야 합니다. 포토샵의 모든 작업은 레이어를 바탕으로 이뤄지기 때문입니다. 레이어를 이해한 후에 포토샵을 시작하면 포토샵이 한결 쉽게 느껴질 거예요.

✔ **체크 포인트**

☐ 레이어 개념 이해하기
☐ 레이어 이름 바꾸기

☐ 새 레이어 만들기, 순서 바꾸기, 복사하기
☐ 레이어 삭제하기, 숨기기

04-1

레이어 개념 이해하기

준비 파일 04/레이어 실습.psd

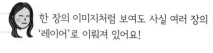 한 장의 이미지처럼 보여도 사실 여러 장의 '레이어'로 이뤄져 있어요!

레이어(layer)의 사전적 의미는 '층', '단계', '층층이'입니다. 레이어의 개념은 포토샵에서도 각각의 이미지가 쌓여 하나의 완성된 이미지가 되는 것을 말합니다. 다음 왼쪽 이미지는 한 장으로 보이지만, 실제로는 오른쪽 이미지처럼 배경 이미지, 소파 이미지, 텍스트 이미지가 겹쳐져 만들어진 것이랍니다.

'이미지가 겹쳐 있다'라는 것은 [레이어] 패널을 보면 알 수 있습니다. [레이어] 패널에 여러 가지 레이어가 순서대로 쌓여 있죠? 이와 같이 각 레이어가 순서대로 쌓여 하나의 이미지가 완성됩니다.

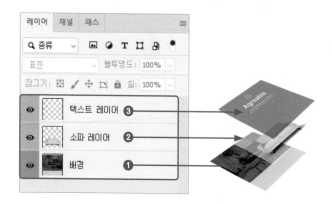

포토샵 시작

화면 구성

파일 관리

레이어

그래픽 상식

전체 과정 익히기

신기능

지금
하면 된다! 〉 레이어 개념 이해하기

01 ❶ Ctrl + O 를 눌러 '레이어 실습.psd'을 불러옵니다.
❷ [레이어] 패널에서 [소파 레이어]를 클릭한 후 ❸ [이동 도구 ⊕]를 선택합니다.
❹ 작업 창에 있는 소파 이미지를 클릭한 채 위로 드래그합니다.

02 소파 이미지만 이동합니다. 그런데 소파 이미지 위로 텍스트가 보이죠? 그
이유는 [레이어] 패널의 [텍스트 레이어]가 [소파 레이어]보다 위에 있기 때문입니다.

이처럼 포토샵에서는 레이어의
순서가 매우 중요합니다.

04-2

레이어 순서 변경하기

준비 파일 이어서 실습

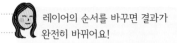
레이어의 순서를 바꾸면 결과가 완전히 바뀌어요!

지금 하면 된다! ▶ 레이어 순서 변경하기

01
[레이어] 패널의 [소파 레이어]를 선택한 후 [텍스트 레이어]의 위로 드래그합니다. 위쪽에 파란색 선이 생기면서 레이어가 이동합니다.

02
소파 이미지가 위로 올라오면서 텍스트가 가려졌습니다. [소파 레이어]가 [텍스트 레이어]보다 위에 있기 때문에 텍스트가 소파 이미지에 가려진 것입니다.

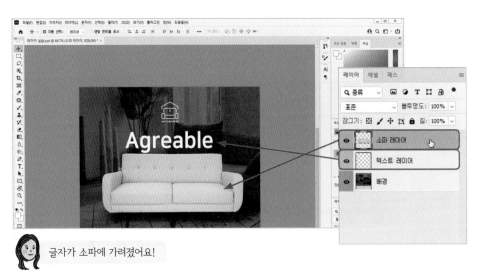

글자가 소파에 가려졌어요!

04-3

레이어 새로 만들고 사용하기

준비 파일 이어서 실습

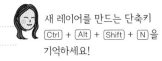

새 레이어를 만드는 단축키
Ctrl + Alt + Shift + N 을
기억하세요!

✦✦지금 하면 된다! ▷ 새 레이어 만들고 색상 칠하기

01 앞에서 진행한 실습을 되돌리기 위해 Ctrl + Z 를 두 번 눌러 실행을 취소합니다.

02 ❶ [배경] 레이어를 클릭합니다.

❷ 아래쪽에 있는 [레이어 추가 ⊞]를 클릭하거나 단축키 Ctrl + Alt + Shift + N 을 누릅니다.

[배경] 바로 위에 [레이어 1]이 추가됩니다. 새로 추가한 레이어에서 작업을 하지 않았기 때문에 화면에는 아무런 변화가 없습니다.

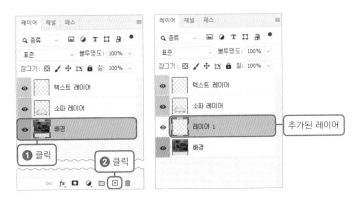

03 새로 추가한 레이어에 색을 넣어 보겠습니다.

❶ [레이어 1]을 선택한 후 ❷ 도구 바의 아래쪽에 있는 [전경색]을 더블클릭합니다.

04 [색상 피커(전경색)] 대화상자에서 ❶ 색상 코드에 'ff8a00'을 입력한 후 ❷ [확인]을 클릭합니다.

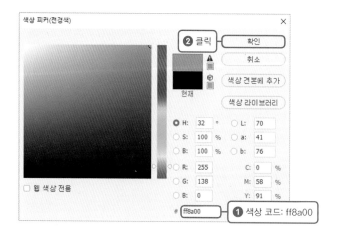

05 ❶ [페인트 통 도구 🪣]를 선택한 후 ❷ 작업 화면을 클릭합니다.

아윤 쌤! 질문 있어요! | [페인트 통 도구 🪣]가 보이지 않아요!

도구 바에 있는 [그레이디언트 도구 ▮]를 2초 정
도 누르면 하위 메뉴가 나타나는데, 이때 두 번째
에 있는 [페인트 통 도구 🪣]를 클릭하면 됩니다.

06 배경 전체가 변경되면서 기존에 있던 배경 이미지가 보이지 않죠?
그 이유는 [배경] 레이어가 [레이어 1] 레이어보다 아래에 있기 때문입니다.
이처럼 레이어를 새로 추가해 색을 넣거나 그림을 그릴 수 있습니다.

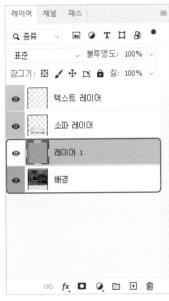

레이어 복사하기

준비 파일 이어서 실습

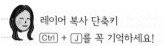

레이어 복사 단축키
Ctrl + J를 꼭 기억하세요!

◇◇지금 하면 된다!〉 레이어 복사하기

01 [레이어 1]을 클릭한 후 [레이어 추가 ⊞] 위로 드래그하거나 단축키 Ctrl + J 를 누릅니다.

[레이어 1 복사]가 추가됩니다.

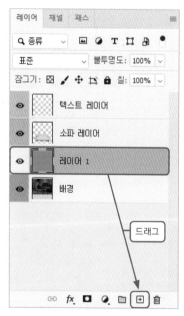

드래그

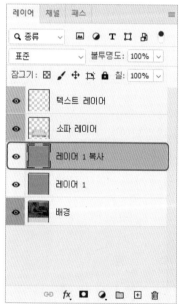

02

[레이어 1]이 복사됐지만, 배경 색상이 똑같기 때문에 확인하기 어렵네요.
배경 색상을 변경해 제대로 복사됐는지 확인해 보겠습니다.

❶ [레이어 1 복사]를 선택한 후 ❷ 도구 바의 아래쪽에 있는 [전경색]을 더블클릭합니다.

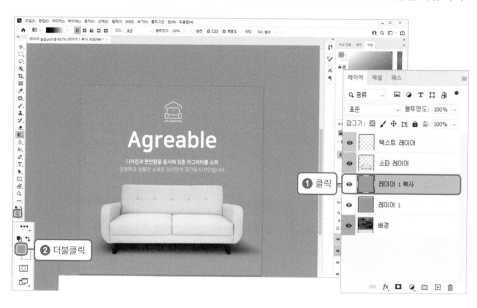

03

[색상 피커(전경색)] 대화상자에서 ❶ 색상 코드에 'ff690f'를 입력한 후
❷ [확인]을 클릭합니다.

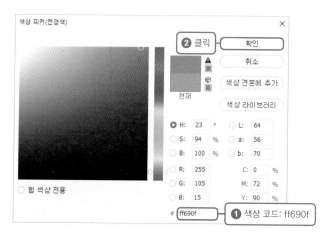

04 [페인트 통 도구 🪣]를 선택한 후 작업 화면을 클릭합니다.

05 [이동 도구 ✛]를 선택한 후 작업 화면을 클릭해 오른쪽으로 드래그합니다.
새로 추가한 레이어 색과 기존 색이 조화롭게 배치됐나요?
레이어는 이와 같이 추가하거나 이동하면서 배치할 수 있습니다.

포토샵 시작

화면 구성

파일 관리

레이어

그래픽 상식

전체 과정 익히기

신기능

04-5

레이어 이름 수정하기

준비 파일 이어서 실습

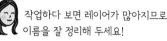

작업하다 보면 레이어가 많아지므로
이름을 잘 정리해 두세요!

하면 된다! 〉 레이어 이름 수정하기

포토샵 작업을 하다 보면 레이어가 많이 생성되는데, 레이어를 쉽게 찾으려면 레이어의 이름을 그때그때 정리하는 것이 좋습니다.

01

❶ [레이어 1]의 글자 부분을 더블클릭합니다.

'레이어 1'이라는 이름이 수정할 수 있는 상태로 변경됩니다.

❷ '1번 배경'이라고 입력한 후 Enter 를 누르면 이름이 변경됩니다.

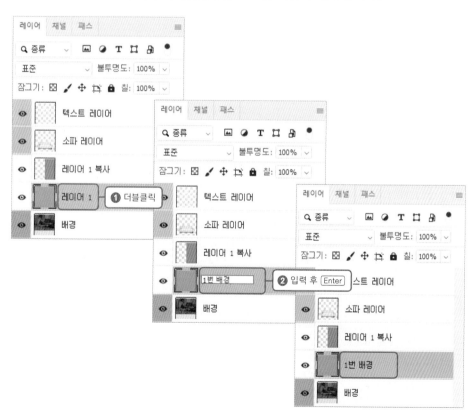

레이어 삭제하기, 숨기기

준비 파일 이어서 실습

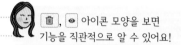
🗑️, 👁️ 아이콘 모양을 보면
기능을 직관적으로 알 수 있어요!

✦✦지금 하면 된다! ⟩ 레이어 삭제하기, 숨기기

작업을 하다가 레이어를 잘못 추가하거나 해당 레이어가 필요 없어졌을 때 레이어를 삭제하거나 숨길 수 있습니다.

01 레이어 삭제하기

[레이어] 패널에서 [레이어 1 복사]를 클릭한 후 패널의 아래쪽에 있는 [삭제 🗑️]로 드래그하거나 [Delete]를 누릅니다.
[레이어 1 복사]가 삭제됩니다.

02 레이어 숨기기

[1번 배경]의 왼쪽에 있는 [눈 모양 아이콘 👁️]을 클릭하면 없어지고 다시 클릭하면 나타납니다.

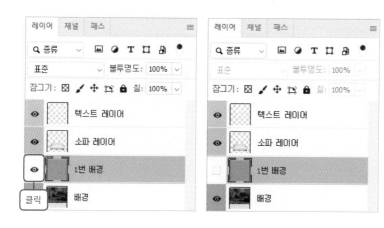

03 [눈 모양 아이콘 👁]을 클릭해 [1번 배경]을 숨겼기 때문에 [1번 배경] 아래에 있던 [배경] 이미지가 나타납니다.

포토샵으로 작업할 때는 불필요한 레이어를 삭제하기도 하지만, 이와 같이 [눈 모양 아이콘 👁]을 이용해 숨겨 두기도 합니다. 예를 들어 사진 이미지가 들어간 배경과 색을 넣은 배경 중 어떤 것이 더 잘 어울리는지 알고 싶을 때 이 방법을 사용합니다.

레이어는 여기까지만 이해해도 포토샵 작업을 하는 데 문제가 없습니다. 하지만 고품질의 작업물을 만들 때는 심화 학습이 필요합니다. 레이어와 관련된 자세한 내용은 셋째마당에서 알아보겠습니다.

포토샵 사용 전 알아야 할 그래픽 기초 상식

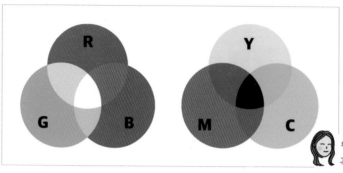

웹은 RGB, 인쇄는 CMYK!
꼭 외워 두세요!

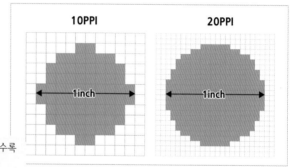

픽셀의 수가 많을수록
화질이 좋답니다~

아윤쌤의
**강의
노트** "디자인 프로그램을 쓴다면 필수 상식!"

포토샵을 사용할 여러분이 반드시 알아야 할 그래픽 기초 상식이 있습니다. 바로 색상
모드와 해상도, 비트맵과 벡터 등의 그래픽 개념이에요. 이와 같은 개념을 먼저 공부하
고 포토샵을 다룬다면 포토샵 프로그램에 대한 이해도가 높아지고 더 많은 기능을 학
습하는 데 도움이 될 거예요.

✔ 체크 포인트

☐ 그래픽 표현 방식과 색상 모드 이해하기 ☐ 해상도 이해하기
☐ 색의 3속성 알아보기 ☐ 무료 이미지·폰트 사이트

05-1

비트맵과 벡터

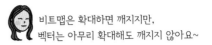
비트맵은 확대하면 깨지지만,
벡터는 아무리 확대해도 깨지지 않아요~

비트맵(bitmap)과 벡터(vector)는 그래픽 이미지를 표현하는 방식의 종류를 말합니다. 우선 포토샵은 비트맵 기반, 일러스트레이터는 벡터 기반이라는 것을 꼭 기억해 두세요! 그럼 비트맵과 벡터의 차이점을 한번 알아볼까요?

비트맵: 점들로 구성되는 이미지

이미지 파일 형식인 JPEG, GIF, PNG는 모두 비트맵 형식입니다. 비트맵은 점(픽셀)을 모아 하나의 이미지를 만듭니다. 복잡한 형태의 그림이나 사진도 문제 없이 표현할 수 있지만, 이미지를 구성하는 정보량이 많아 용량이 크고 이미지를 확대했을 때 계단처럼 깨지는 단점이 있습니다.

벡터: 점과 점을 선으로 연결한 후 하나의 면을 수학적 함수로 계산해 표현

벡터는 수학적 함수를 기반으로 하는 이미지 표현 방식입니다. 점과 점을 선으로, 선과 선을 면으로 만들어 이미지를 표현합니다. 다음 이미지에서 점과 점 사이를 잇는 선들이 보이나요? 이렇게 수학적 수치를 계산해서 면으로 만들어 내는 것이죠. 따라서 벡터 이미지는 비트맵과 달리, 아무리 크게 확대해도 깨지지 않습니다. 대신 비트맵처럼 복잡한 이미지를 표현할 수 없는 것이 단점입니다.

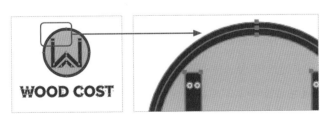

RGB와 CMYK 색상 모드

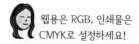
웹용은 RGB, 인쇄물은 CMYK로 설정하세요!

색상 모드는 반드시 작업의 유형에 따라 선택해야 합니다. 웹, 앱, 영상 등과 같은 디지털 작업에는 RGB 색상 모드를 사용하고, 명함, 전단, 포스터, 리플릿, 현수막 등과 같은 인쇄 출력물에는 CMYK 색상 모드를 사용합니다.

2가지의 색상 모드는 무엇이 다르며 왜 구분해서 사용해야 하는지 알아보겠습니다.

모니터 화면은 RGB

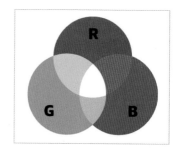

- 특징: RGB는 빨간색(red), 초록색(green), 파란색(blue) 3가지 빛을 이용해 색을 표현하는 색상 모드입니다. 여기에 포함되지 않은 흰색은 3가지 색상을 모두 섞어 표현된 것으로, 섞일수록 더 밝은 색으로 나타납니다. 그 이유는 RGB의 3가지 색상이 빛의 삼원색이기 때문이에요. 이처럼 섞일수록 흰색에 가까워지고 색이 전혀 들어가지 않으면 검은색(무색)이 되는 방식을 '가산 혼합'이라고 합니다.
- 웹에서 사용하는 이유: RGB 색상은 색상별로 256색의 범위를 갖고 있어 3가지 색상을 결합하면 약 1,700만 가지의 색을 재현할 수 있습니다. 따라서 빛을 통해 보이는 RGB 색상 모드는 핸드폰, 컴퓨터, TV 화면 등에 이미지를 나타내야 하는 웹, 앱, 영상 작업에 적합합니다.

인쇄 출력은 CMYK

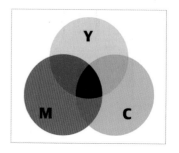

- 특징: CMYK는 청색(cyan), 자홍색(magenta), 노란색(yellow), 검은색(black)의 4가지 색상 잉크를 이용해 색을 표현합니다. 여기에 포함되지 않은 흰색은 종이로 대체하거나 별도의 잉크를 사용합니다. 물감을 기반으로 하는 4원색이기 때문에 주로 인쇄 영역에서 사용합니다.

CMYK의 색상값이 올라갈수록 색은 어두워지고 결국 모든 색을 섞으면 검은색이 됩니다. 이와 같이 색을 섞을수록 점점 어두워지는 방식을 '감산 혼합'이라고 합니다.

- 인쇄물에 사용하는 이유: RGB는 빛을 이용해 색을 표현하기 때문에 색상 구현의 범위가 넓지만, CMYK는 잉크의 4가지 색상으로만 색을 표현하기 때문에 RGB에 비해 색상 구현의 범위가 좁습니다. CMYK는 색을 재현하는 방법이 RGB와 다르기 때문에 RGB 모드로 만든 작업물을 인쇄해도 제한된 범위 안에서 색상이 재현됩니다. 따라서 종이에 출력하는 실물 인쇄 작업(명함, 책, 광고 포스터 등)을 할 때는 CMYK 색상 모드가 적합합니다.

아윤 쌤! 질문 있어요! | RGB로 작업한 후 인쇄하면 어떻게 되나요?

RGB로 여러 가지 색을 섞어 밝은 이미지를 표현한 데이터를 잉크로 출력하면 화면과는 다른 탁해진 인쇄물을 볼 수 있습니다. 잉크는 색이 섞일수록 검정에 가까워지기 때문에 빛의 화려한 색을 잘 표현할 수 없는 것이죠. 따라서 출력물 작업을 할 때는 반드시 CMYK 색상 모드로 설정해야 합니다.

지금 하면 된다! ▶ 포토샵에서 RGB와 CMYK 색상 모드 설정하기

01 메뉴 바에서 [파일 → 새 파일] 또는 단축키 [Ctrl] + [N]을 누르면 [새로운 문서 만들기] 대화상자가 나타납니다.　　　　　　　　　　　　　💧영문판 [File → New]

02 색상 모드를 클릭하면 [RGB 색상]과 [CMYK 색상] 중에서 선택할 수 있습니다.

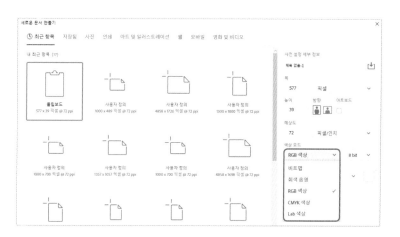

그 밖의 색상 모드: 비트맵, 회색 음영, Lab

- 비트맵: 1개의 픽셀을 이용해 표현할 수 있는 단위를 '1비트'라고 합니다. 1비트는 0 또는 1의 정보만을 가질 수 있는데, 이를 검은색 또는 흰색으로 대치해 이미지를 표현합니다. 즉, 비트맵 색상 모드에서 픽셀은 검은색과 흰색의 정보를 갖고 이미지를 표현합니다. 따라서 다른 모드에 비해 거칠게 표현되고 픽셀 간의 거리를 통해 명암 등을 표현합니다. 신문에 인쇄된 저품질의 흑백 사진과 비슷합니다.

- 회색 음영: 회색 음영(grayscale)은 비트맵처럼 이미지를 흑백으로 표현하지만, 256단계의 음영으로 이미지를 구성하기 때문에 이미지를 좀 더 부드럽게 표현하는 특징이 있습니다. 그래서 이미지를 비트맵으로 사용해야 할 경우 먼저 회색 음영 모드로 변환해 사용하곤 합니다.

- Lab 색상: RGB 모드로 작업한 파일을 CMYK로 변환하면 이미지의 색상이 변경돼 고유의 색이 손상됩니다(CMYK에서 RGB 모드로 변환할 때도 고유의 색이 손상됩니다). 이때 손상되는 색상을 줄이기 위해 사용하는 것이 Lab 색상 모드입니다. Lab 색상 모드에는 색상과 채도를 바꾸지 않고 밝기만 따로 조절할 수 있는 채널이 있어서 색상 모드를 변경할 때 색상의 변화를 최소화합니다.

05-3

작업물에 따른 이미지 해상도

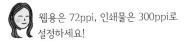 웹용은 72ppi, 인쇄물은 300ppi로 설정하세요!

우리가 흔히 보는 이미지는 아주 작은 점들로 이뤄져 있는데, 이 점의 단위를 '픽셀(pixel)'이라고 부릅니다. 포토샵도 기본적으로 픽셀 단위 기반의 프로그램입니다. 이번에는 픽셀로 해상도를 이해하고 포토샵으로 작업할 때 적합한 해상도는 무엇인지 알아보겠습니다.

해상도 이해하기

다음은 PPI 개념을 알기 쉽게 나타낸 그림입니다. PPI는 1인치 내에 구현되는 픽셀 수(각각 10픽셀, 20픽셀)를 나타내고 이 숫자가 높을수록 이미지를 좀 더 부드럽게 표현합니다. 따라서 해상도가 높아야 인쇄된 이미지의 품질이 좋아집니다.

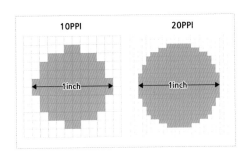

- 픽셀(pixel): 디지털 화면을 구성하는 최소 단위(하나의 점)
- 도트(dot): 출력물을 구성하는 최소 단위(하나의 점)
- PPI(pixel per inch): 1인치(2.54cm) 내에 구현되는 픽셀의 숫자(화면 해상도의 기본 단위)
- DPI(dot per inch): 1인치(2.54cm) 내에 구현되는 점의 개수(출력 해상도의 기본 단위)

웹용 적정 해상도: 72ppi

작업물을 웹 또는 모바일에 적용해야 한다면 웹용 해상도로 설정해야 합니다. 웹용 적정 해상도는 72ppi이며, 모니터 해상도의 수준에 따라 100ppi를 사용하기도 합니다. 72ppi와 100ppi는 실제로는 구별하기 어렵고, 보통 72ppi가 적당합니다.

출력용 적정 해상도: 300ppi

인쇄 또는 출력용에는 300ppi를 주로 사용합니다. 이미지가 작을 때는 200ppi를 사용할 수 있지만, 출력하면 인쇄 품질이 좋지 않을 수도 있으므로 보통 300ppi로 작업하는 것을 권장합니다.

포토샵 시작 / 화면 구성 / 파일 관리 / 레이어 / 그래픽 상식 / 전체 과정 익히기 / 신기능

색의 3속성 ─ 색상, 채도, 명도

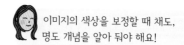
이미지의 색상을 보정할 때 채도, 명도 개념을 알아 둬야 해요!

색을 구별하는 데 필요한 색상(hue), 채도(chroma), 명도(value)를 색의 3속성이라고 합니다. 포토샵에서 색은 이 요소들의 차이로 구별하며, 3가지 속성 모두 수치로 표현합니다. 다만 명칭은 조금 다릅니다. 포토샵에서 채도는 'saturation', 명도는 'lightness'라고 표기합니다.

색상

빨강, 노랑, 파랑 등과 같이 색을 구별하는 고유의 특성을 말합니다. 이러한 색상을 원처럼 배열한 것을 '색상환(hue circle)'이라고 합니다. 주 색상은 빨강, 주황, 노랑, 연두, 초록, 청록, 파랑, 남색, 보라, 자주입니다.

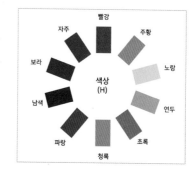

채도

색의 선명한 정도를 말합니다. 즉, 색의 맑고 탁함의 정도를 나타냅니다. 채도가 높을수록 선명하게 보입니다.
채도가 가장 높은 색은 섞임이 없는 색이라는 의미로 '순색'이라고 하며, 채도가 가장 낮은 색은 '무채색'이라고 합니다.

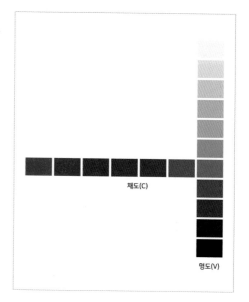

명도

색의 밝고 어두운 정도를 의미합니다. 명도가 높을수록 흰색, 명도가 낮을수록 검은색에 가깝습니다. 명도가 다른 색을 배색해 밝은색은 더욱 밝게 나타내고, 어두운 색은 더 어둡게 나타내는 것을 '명도 대비'라고 합니다.

05-5

알아 두면 유용한 디자인 관련 웹사이트

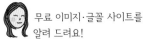 무료 이미지·글꼴 사이트를 알려 드려요!

포토샵으로 디자인 관련 콘텐츠를 제작할 때 상업적 용도가 아닌 교육용으로 사용한다면 상관없지만, 온라인에 업로드하거나 출력해 상업적 활동을 할 계획이라면 소스 이미지의 저작권에 주의해야 합니다. 보통 상업적으로 사용할 이미지와 글꼴을 구매해 사용하려면 비용이 만만치 않은데요.

유료 결제를 하지 않아도 이미지와 글꼴을 상업적으로 사용할 수 있는 웹사이트를 소개합니다. 포토샵을 공부하는 데 유용하게 활용하기 바랍니다.

상업적 용도로 사용할 수 있는 무료 이미지 웹사이트

1. 픽사베이(www.pixabay.com)

픽사베이(Pixabay)는 이미지를 상업적으로 사용할 수 있는 무료 웹사이트입니다. 이미지를 한글, 영문 2가지 언어로 검색할 수 있습니다. 구글 또는 페이스북 계정으로 회원 가입한 후에 사용하면 편리합니다.

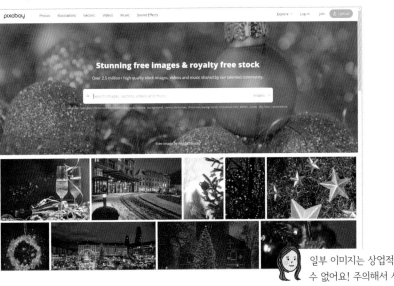

일부 이미지는 상업적으로 사용할 수 없어요! 주의해서 사용하세요!

2. 언스플래시(www.unsplash.com)

픽사베이와 마찬가지로 이미지를 상업적인 용도로 사용할 수 있는 무료 웹사이트입니다. 픽사베이와의 차이점은 이미지를 영문으로만 검색할 수 있다는 것입니다. 별도의 회원 가입 없이 이미지를 내려받을 수 있습니다.

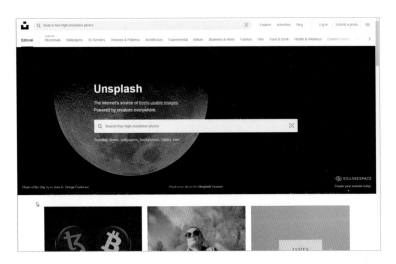

상업적인 용도로 사용할 수 있는 무료 글꼴 웹사이트

1. 눈누 폰트(noonnu.cc)

눈누 폰트는 상업적 용도로 사용할 수 있는 무료 한글 글꼴을 모아 놓은 웹사이트입니다. 원하는 글꼴을 선택하면 사용할 수 있는 저작권의 범위가 나타나며 [다운로드]를 클릭하면 글꼴을 배포하는 웹사이트로 바로 이동합니다.

이 책의 실습을 위해 '나눔 글꼴', '여기어때', '본고딕'을 설치하세요~

- 설치 방법: 내려받은 글꼴을 컴퓨터의 [C 드라이브 → Windows → Fonts] 폴더에 넣으면 설치가 진행됩니다.

2. 산돌 구름(www.sandollcloud.com)

산돌 구름은 무료 글꼴을 쉽게 사용하도록 도와주는 프로그램입니다. 눈누에서는 원하는 글꼴을 하나하나 설치해야 하는 반면, 산돌 구름에서 제공하는 '구름다리' 프로그램을 켜 놓기만 하면 별도의 글꼴 설치 없이 포토샵에서 자동으로 무료 글꼴을 사용할 수 있어 매우 유용합니다. 여러분도 산돌 구름 프로그램을 설치하고 포토샵 작업에 활용해 보세요!

무료 글꼴을 쉽게 사용하는 산돌 구름 설치하기

01 산돌 구름 웹사이트에 접속한 후 위쪽에 있는 메뉴에서 [구름다리 설치 → PC]를 클릭합니다.

02 변경된 페이지에서 [구름다리 설치]를 클릭하면 설치 파일을 내려받을 수 있습니다.

03 설치 파일을 클릭해 구름다리를 설치합니다.

04 ❶ [구름다리 설치] 대화상자에서 [다음]을 클릭합니다.
❷ 사용권 계약의 [동의함]을 클릭해 다음 단계로 넘어갑니다.

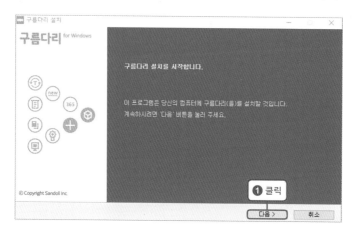

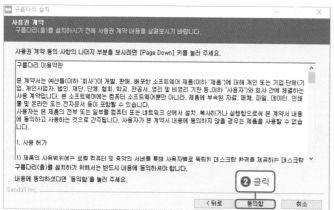

05 [구름다리 실행하기]에 체크 표시가 된 상태에서 [마침]을 클릭하면 구름다리가 실행됩니다.

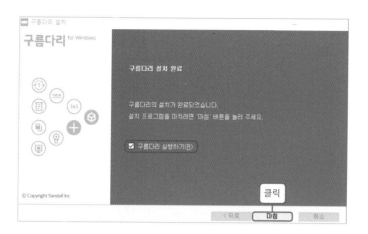

06 구름다리는 이메일로 회원 가입 후 계정으로 로그인할 수 있고 [게스트 로그인]으로 접속해도 무료 글꼴을 사용할 수 있습니다.

여기서는 [게스트 로그인]을 클릭해 구름다리 프로그램을 사용하겠습니다.

● **게스트:** 무료 글꼴만 사용 가능
회원: 무료·유료 글꼴 모두 사용 가능

07 로그인하면 폰트를 활성화하는 과정에서 로딩 화면이 나타납니다.

로딩이 끝나면 구름다리에서 사용할 수 있는 무료 글꼴 목록이 나타납니다.

사용하고 싶은 무료 글꼴의 오른쪽에 있는 버튼을 클릭해 활성화합니다.

체크 표시는 활성화돼 있다는 의미이므로 포토샵에서 해당 글꼴을 사용할 수 있습니다.

첫째마당

포토샵 시작

화면 구성

파일 관리

레이어

그래픽 상식

전체 과정 읽기

신기능

3. 다폰트(www.dafont.com)

다폰트(dafont)는 영문 글꼴을 무료로 내려받을 수 있는 사이트입니다. 다폰트에 있
는 글꼴이라고 해서 모두 상업적인 용도로 사용할 수 있는 것은 아니므로 주의해야
합니다.

• 상업적인 용도 사용 가능 여부 확인하기

❶ 원하는 스타일의 카테고리 메뉴를 선택합니다.

❷ 카테고리 아래에 있는 [More options]를 클릭합니다.

❸ [100% Free]에 체크 표시를 하면 연관된 다른 메뉴도 함께 체크됩니다.

❹ [Submit]을 클릭하면 상업적인 용도로 사용할 수 있는 글꼴이 나열됩니다.

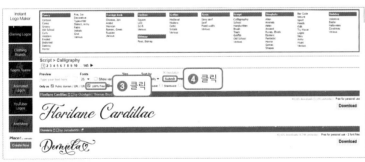

포토샵 전체 과정 빠르게 익히기

카드 뉴스 만들기

레이어 스타일로 테두리를 만들어요!

글자를 기울이면 주목을 끌 수 있죠!

포토샵 시작

화면 구성

파일 관리

레이어

그래픽 상식

전체 과정 익히기

신기능

동영상 강의

가을 감성 터지는 차박 캠핑 떠나자!

취향저격

나만 알고 싶은 장소와 캠핑 꿀팁 알고 떠나 볼까요?

차박캠핑

아윤쌤의

강의 노트 "전체 과정을 체험해 봐요!"

포토샵은 외우면서 공부하는 방식보단 직접 프로그램을 이리저리 사용해 보면서 익히는 것이 훨씬 더 빠르고 재미있어요. 저도 처음에 기능을 하나하나 배우기보단 혼자 기능을 이것저것 사용해 보면서 포토샵을 익혔답니다. 여러분도 너무 겁먹지 말고 '포토샵의 기능은 어떻게 사용하는 걸까?' 생각하며 저와 함께 만들어 보도록 해요.

✓ 체크 포인트

☐ 색상 보정하기　　　　　　　　☐ 이미지에 소스 넣기
☐ 메인 문구에 테두리 넣기　　　　☐ 글자를 기울여 시선 끌기

1단계 배경 이미지 만들기

준비 파일 06/산.jpg, 잔디.jpg, 나무.jpg, 구름.jpg, 바비큐.jpg, 빨강 의자.jpg,
파랑 의자.jpg, 풀.jpg, 텐트01.jpg, 텐트02.jpg, 캠핑카.jpg

완성 파일 06/캠핑 카드 뉴스 완성.jpg

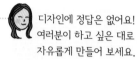

디자인에 정답은 없어요!
여러분이 하고 싶은 대로
자유롭게 만들어 보세요.

디자인 코칭 "다양한 이미지를 디자인 소스로 활용하세요!"

카드 뉴스 디자인을 할 때 일러스트를 사용하면 시각적으로 더욱 풍성한 결과물을 만
들 수 있습니다. 그렇다고 해서 일러스트를 꼭 배워야만 일러스트 카드 뉴스를 제작할
수 있는 건 아니에요. 무료 이미지 웹사이트에서 얼마든지 일러스트 이미지를 내려받아
사용할 수 있답니다. 이번 카드 뉴스 디자인에서는 일러스트 이미지를 조화롭게 배치하
고 원하는 색상으로 변경해 사용하는 방법을 알아볼게요.

주요 기능 [모양 도구 ▢](261쪽), [문자 도구 T.](243쪽), 색조/채도(224쪽),
글꼴 Sandoll 삼립호빵체, 나눔스퀘어OTF, tvN 즐거운이야기OTF

지금 하면 된다! ⟩ 이미지에 소스 넣고 색상 보정하기

가장 먼저 일러스트 이미지 소스를 넣어 볼게요.
그리고 가을 느낌이 나도록 색상도 변경해 볼게요.

01
❶ Ctrl + N을 눌러
오른쪽과 같이 설정합니다.
❷ 배경 내용 색상 부분을 클릭
해 ❸ 색상 코드에 'ffd392'를 입
력한 후 ❹ [확인]을 클릭합니다.
❺ [만들기]를 클릭합니다.

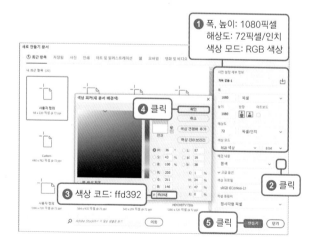

❶ 폭, 높이: 1080픽셀
해상도: 72픽셀/인치
색상 모드: RGB 색상

02

❶ [사각형 도구 ▢]를 선택합니다.

❷ 칠의 색상 코드에 'ffc659'를 입력하거나 원하는 색상으로 변경합니다.

❸ 획은 [색상 없음 ▨]으로 설정해 테두리 선을 없앱니다.

❹ 클릭, 드래그해 아래쪽에 사각형을 만듭니다.

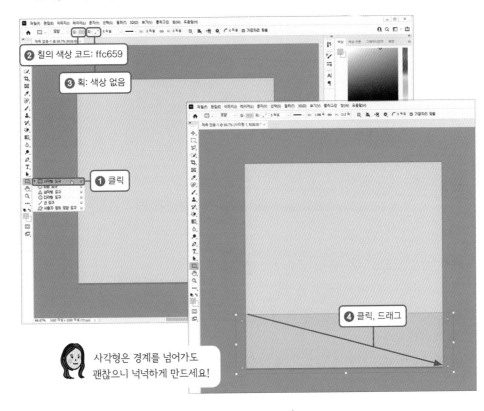

❷ 칠의 색상 코드: ffc659

❸ 획: 색상 없음

❶ 클릭

❹ 클릭, 드래그

사각형은 경계를 넘어가도 괜찮으니 넉넉하게 만드세요!

03

❶ 준비 파일 '산.jpg'을 포토샵 화면으로 드래그해 불러옵니다.

❷ 모서리를 드래그해 크기를 줄이고 ❸ 위치를 이동시킨 후 Enter를 눌러 적용합니다.

❹ 새로 만들어진 레이어의 이름을 '산'으로 수정한 후 [사각형 1] 레이어의 아래쪽으로 이동시킵니다.

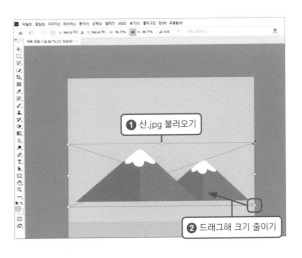

❶ 산.jpg 불러오기

❷ 드래그해 크기 줄이기

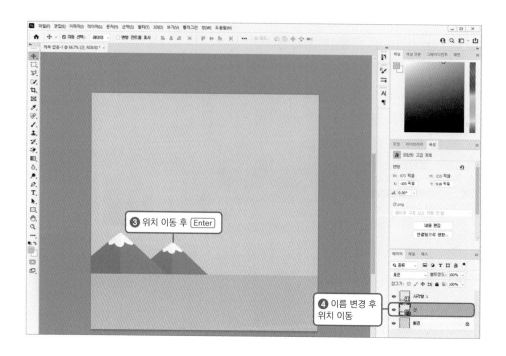

04 가을 느낌의 색상으로 보정해 보겠습니다.

[산] 레이어가 선택된 상태에서 ❶ Ctrl + U 를 눌러 [색조/채도]를 실행합니다.
❷ [색상화]에 체크 표시를 한 후 ❸ 색조는 '35', ❹ 채도는 '30'으로 설정하고 ❺ [확인]을 클릭합니다.

기존 색상에서 가을 느낌이 나는 갈색 색상으로 변경됩니다.

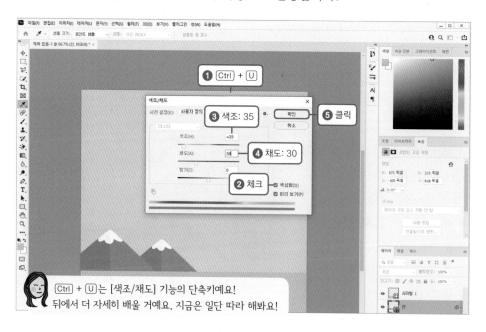

Ctrl + U 는 [색조/채도] 기능의 단축키예요!
뒤에서 더 자세히 배울 거예요. 지금은 일단 따라 해봐요!

05

❶ Ctrl + J 를 눌러 [산] 레이어를 복사합니다.

❷ [이동 도구 ✛]를 선택한 후

❸ 복사된 산 이미지를 클릭, 드래그해 오른쪽으로 이동시킵니다.

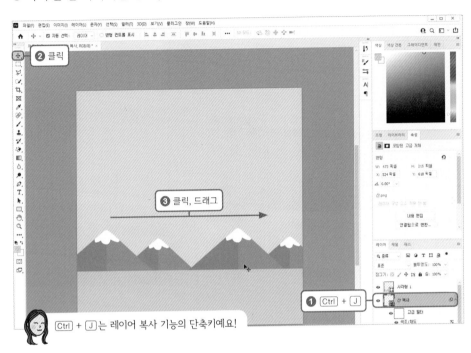

Ctrl + J 는 레이어 복사 기능의 단축키예요!

06

복사한 레이어를 가로로 반전하겠습니다.

❶ Ctrl + T 를 누릅니다.

❷ 팝업 창이 나타나면 [확인]을 클릭합니다. 자유 변형 모드가 나타나죠?

❸ 마우스 오른쪽 버튼을 눌러 산을 클릭한 후 ❹ [가로로 뒤집기]를 클릭합니다.

❺ 크기를 조금 줄여 적당한 위치에 배치하고 Enter 를 눌러 적용합니다.

Ctrl + T 는 자유 변형 기능의 단축키예요!

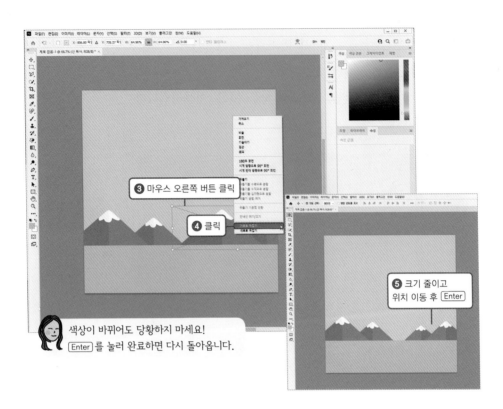

❸ 마우스 오른쪽 버튼 클릭

❹ 클릭

❺ 크기 줄이고
위치 이동 후 Enter

색상이 바뀌어도 당황하지 마세요!
Enter 를 눌러 완료하면 다시 돌아옵니다.

07 준비 파일 폴더의 이
미지 파일을 불러와 여러분이
원하는 곳에 자유롭게 배치해
보세요.

여러분이 원하는 대로 배치해 보세요!

08

요소가 많아지니 [레이어] 패널이 매우 복잡해졌죠? 이럴 때 그룹 레이어를 만들어 정리하면 수정하기 편리합니다.

❶ [레이어] 패널에서 (Shift)를 누른 채 그룹으로 묶을 맨 아래 레이어와 맨 위 레이어를 클릭해 레이어를 모두 선택합니다.

❷ (Ctrl) + (G)를 눌러 그룹으로 묶습니다.

❸ 더블클릭해 이름을 알아보기 쉽게 수정합니다.

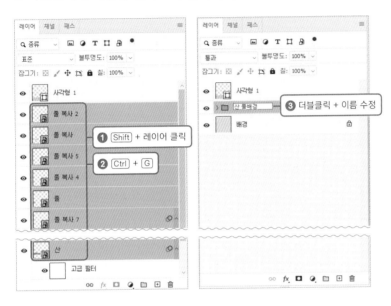

실습을 따라 하기 어렵다면
동영상 강의와 함께 보세요!

2단계 메인 문구에 테두리 넣기

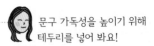

문구 가독성을 높이기 위해
테두리를 넣어 봐요!

준비 파일 이어서 실습

완성 파일 06/캠핑 카드 뉴스 완성.jpg

지금
하면 된다! 》 메인 문구 입력하고 [레이어 스타일] 사용하기

가장 중요한 메인 문구를 만들어 볼게요. [레이어 스타일]과 [텍스트 뒤틀기]를 사용해
역동적이고 활동적인 느낌을 더해 줄 거예요.

[레이어 스타일]은 레이어 자체에 다양한
효과를 적용하는 기능입니다.

01 ❶ [문자 도구 T.]를 선택합니다.

옵션 바에서 ❷ 글꼴은 [Sandoll 삼립호빵체], ❸ 크기는 '170pt', ❹ 색상 코드는
'ff9b09'를 입력하고 ❺ 문구를 입력합니다. Ctrl + Enter 를 문자 수정을 마무리합
니다.

[레이어] 패널에서 ❻ fx를 선택하고 ❼ [획]을 선택합니다.

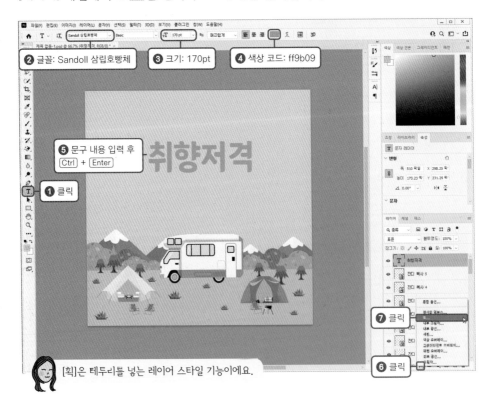

❷ 글꼴: Sandoll 삼립호빵체   ❸ 크기: 170pt   ❹ 색상 코드: ff9b09

❺ 문구 내용 입력 후
Ctrl + Enter

❶ 클릭

❼ 클릭

❻ 클릭

[획]은 테두리를 넣는 레이어 스타일 기능이에요.

포토샵 시작

화면 구성

파일 관리

레이어

그래픽 상식

전체 과정 익히기

신기능

02

[획] 레이어 스타일 옵션에서 ❶ 크기는 '8px', ❷ 위치는 [바깥쪽], ❸ 색상 코드
는 '501f00'으로 입력하고 ❹ [확인]을 클릭해 적용합니다.

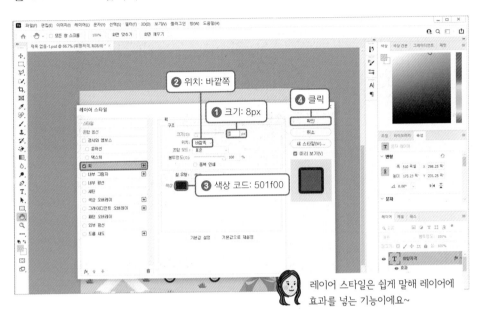

레이어 스타일은 쉽게 말해 레이어에
효과를 넣는 기능이에요~

03

❶ 다시 [문자 도구 T.]를 클릭하고 ❷ 서브 문구의 내용을 입력합니다.
문구 전체를 선택한 후 옵션 바에서 ❸ 글꼴은 [나눔스퀘어OTF], ❹ 글꼴 스타일은
[Bold], ❺ 크기는 '25pt', ❻ 색상 코드에는 '501f00'을 입력합니다.

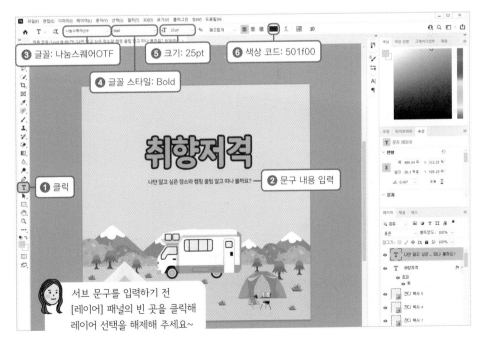

서브 문구를 입력하기 전
[레이어] 패널의 빈 곳을 클릭해
레이어 선택을 해제해 주세요~

04

❶ [이동 도구 ⊕]를 선택합니다.

❷ Alt 를 누른 채 '취향저격' 문구를 클릭하고 아래로 드래그해 복사합니다.

❸ 복사한 문구를 더블클릭한 후 ❹ 내용을 수정하고 Ctrl + Enter 를 누릅니다.

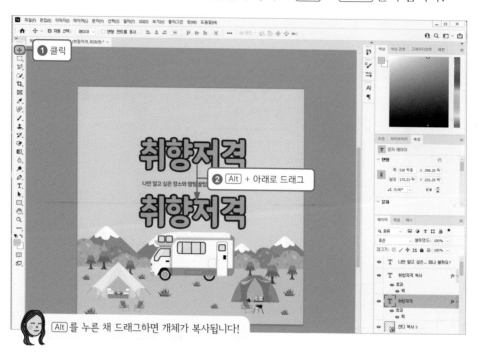

06-3

3단계 [사각형 도구 □]로 글자 강조하기

준비 파일 이어서 실습

완성 파일 06/캠핑 카드 뉴스 완성.jpg

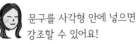

문구를 사각형 안에 넣으면 강조할 수 있어요!

지금 하면 된다! 사각형 도구으로 감사 문구 강조하기

[사각형 도구 □]를 사용해 가운데 서브 문구를 눈에 띄게 만들어 보겠습니다.
[사각형 도구 □]를 사용하면 개체가 패스로 구성되며, 여러분이 원하는 다양한 색상으로 만들 수 있어요.

01
❶ [사각형 도구 □]를 선택합니다.

옵션 바에서 ❷ 칠 색상은 [흰색], ❸ 획 색상의 색상 코드는 '501f00', ❹ 두께는 '5픽셀'을 입력하고 ❺ 서브 문구 부분을 클릭, 드래그해 사각형을 만듭니다.

❻ [사각형] 레이어를 서브 문구 레이어의 아래로 드래그해 이동시킵니다.

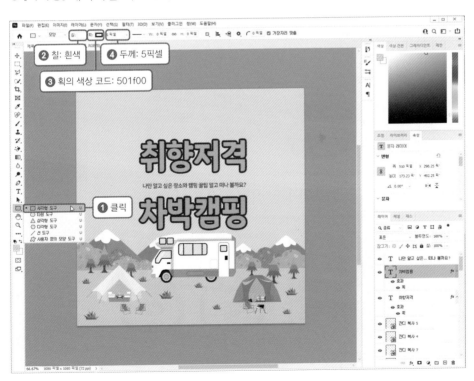

02 ❶ Ctrl 을 누른 채 + 를 눌러 화면을 확대합니다.

❷ 사각형의 모서리 부분에 점 ▣이 보이면 클릭한 채 안쪽으로 드래그하세요. 모서리가 둥글게 변경됩니다.

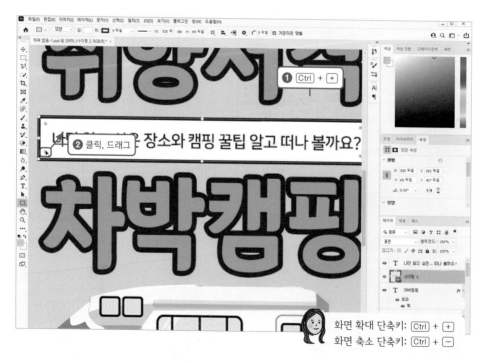

화면 확대 단축키: Ctrl + +
화면 축소 단축키: Ctrl + −

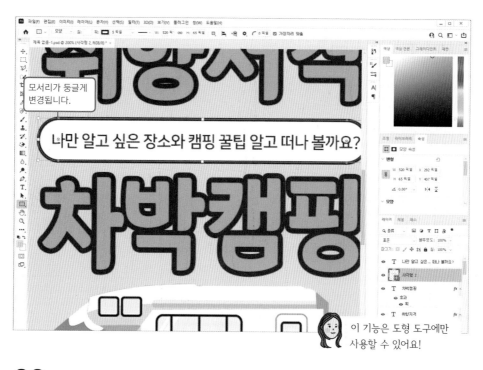

모서리가 둥글게
변경됩니다.

이 기능은 도형 도구에만
사용할 수 있어요!

03

❶ Ctrl 을 누른 채 ─ 를 눌러 화면을 축소합니다.

❷ [문자 도구 T.]를 선택합니다.

옵션 바에서 ❸ 글꼴은 [tvN 즐거운이야기OTF], ❹ 글꼴 스타일은 [Bold], ❺ 크기는
'45pt'로 설정한 후 ❻ 색상 코드에는 '501f00'을 입력합니다.

❼ 위쪽에 넣을 문구 내용을 입력합니다.

4단계 글자를 기울여 시선 끌기

준비 파일 이어서 실습

완성 파일 06/캠핑 카드 뉴스 완성.jpg

형태를 변형하는 건 사람들의
눈길을 끄는 간단한 방법이에요!

지금
하면 된다! ▷ 문구를 비스듬하게 기울여 발랄한 느낌 주기

홍보, 이벤트 디자인에서 메인 문구에 재미를 주기 위해 텍스트의 형태를 다양하게 구
부리거나 비스듬하게 만들어 개성 있는 디자인으로 제작합니다. 캠핑의 즐거움과 활
발함을 표현하기 위해 텍스트를 살짝 기울여 보겠습니다.

01
❶ [이동 도구 ✛]를 선택합니다.

❷ 작업 화면을 클릭, 드래그해 문구 영역을 선택합니다.

❸ [레이어] 패널을 보면 레이어들이 선택된 것을 확인할 수 있어요.

선택된 레이어는 짙은 회색으로
표시됩니다!

02 ❶ Ctrl + T 를 눌러 자유 변형 상태로 만듭니다. 개체를 비틀어 오른쪽만 위로 비스듬하게 만들어 볼게요.
❷ Ctrl 을 누른 채 오른쪽 위 모서리를 클릭한 후 위로 드래그합니다.
텍스트가 비스듬하게 변형되죠?
❸ Enter 를 눌러 적용합니다.

03 준비 파일 '구름.jpg'을 작업 화면으로 드래그해 불러온 후 크기를 줄여 배치합니다. 구름 이미지를 복사하고 여러 곳에 배치해 빈 곳을 채우면 카드 뉴스 디자인이 완성됩니다.

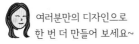 여러분만의 디자인으로 한 번 더 만들어 보세요~

스페셜

포토샵 CC 2022 신기능

어도비 포토샵은 매년 새로운 기능이 추가돼 출시됩니다. 포토샵 CC 2022의 주요 업데이트는 초보자들도 고품질 작업을 할 수 있도록 개선됐답니다. 포토샵 2022의 주요 신기능을 알아보겠습니다.

[개체 선택 도구]로 선택 영역 미리 보기

기존의 [개체 선택 도구]는 원하는 개체를 선택하고 싶을 때 영역을 직접 클릭, 드래그해 지정했습니다. 포토샵 CC 2022부터는 [개체 선택 도구]를 클릭한 후 마우스 커서를 이미지 위에 올려놓으면 개체를 자동으로 인지하며 선택될 부분을 파란색으로 미리 보여 줍니다. 이 상태에서 한 번만 클릭하면 개체 가 선택됩니다.

사용 방법: 07-5절 참고

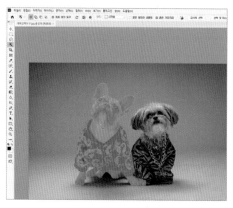 

클릭 한 번으로 선택할 수 있어요!

🔵 파란색 부분이 나타나지 않는다면 Ctrl + K 를 누르면 나오는 [환경 설정] 대화상자에서 [성능 → 그래픽 프로세서 설정]의 [그래픽 프로세서 사용]을 체크하고 실행해 보세요.

포토샵 시작

화면 구성

파일 관리

레이어

그래픽 상식

전체 과정 익히기

신기능

뉴럴 필터로 자연스럽게 합성하기

이미지를 합성하면 왠지 모르게 어색한 느낌이 있죠? 자연광, 조명, 그림자 등 다양한 환경적 요건으로 인해 색상이나 그림자가 부자연스럽게 보이기 때문이에요. 뉴럴(neural) 필터의 [일치(Harmonization)]는 바로 이런 부분을 자연스럽게 보정하는 기능입니다. 이 기능 덕분에 초보자들도 쉽고 빠르게 자연 ◆ **사용 방법:** 15-1절 참고
스러운 합성을 할 수 있습니다.

원본 　　　　　　　　　　　　　　　뉴럴 필터의 [일치]를 사용한 후 자연스럽게 합성된 모습

뉴럴 필터로 계절 배경 합성하기

풍경과 같은 배경 이미지를 합성해 계절 분위기를 입혀 주는 기능이 생겼습니다. 뉴럴 필터의 [풍경 사진 믹서(Landscape Mixer)]는 여러분이 여름에 찍은 이미지를 엄청 쉽고 간단하게 겨울 분위기처럼 만들어 줍니다. 요즘 인공지능이 인공 신경망을 이용하듯 뉴럴 필터 역시 인공지능처럼 자동으로 이미지 작업을 수행합니다.

◆ **사용 방법:** 15-1절 참고

원본 　　　　　　　　　겨울로 변경한 모습 　　　　　　　　가을로 변경한 모습

일러스트레이터와의 레이어 공유

포토샵으로 작업하다 보면 일러스트레이터 프로그램으로 작업한 디자인 소스를 사용해야 하는 경우가 있습니다. 포토샵 CC 2022부터는 일러스트레이터와 상호 작용이 가능해져서 일러스트레이터에서 작업한 레이어의 속성을 포토샵으로 가져올 수 있습니다. 일러스트레이터의 패스 상태의 레이어 속성을 그대로 가져오기 때문에 포토샵에서도 곧바로 수정할 수 있습니다.

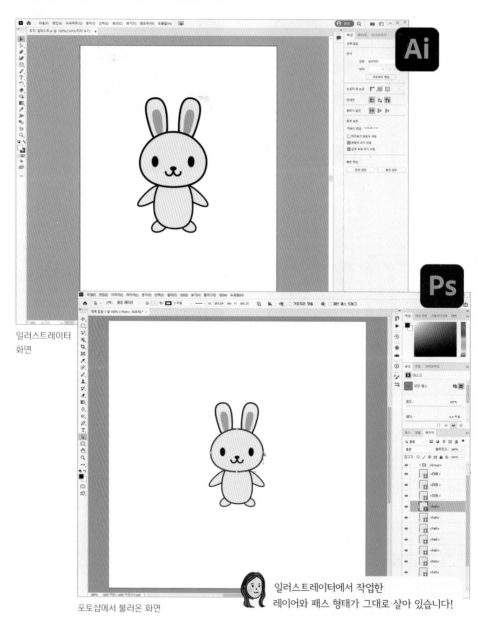

일러스트레이터
화면

포토샵에서 불러온 화면

일러스트레이터에서 작업한
레이어와 패스 형태가 그대로 살아 있습니다!

디자이너가 매일 쓰는
포토샵의 주요 기능

포토샵에는 보정, 합성 등
이미지 편집을 위한 많은 기능이 있습니다.
하지만 처음부터 모든 기능을 익힐 필요는 없습니다.
포토샵의 주요 기능에 익숙해지면
그 외의 기능들도 더욱 빠르고 재미있게 배울 수 있어요.
둘째마당에서는 디자이너들이 매일 쓰는
포토샵의 주요 기능을 알아보겠습니다.

07 포토샵의 기본 동작, 선택하고 이동하기

08 이미지의 기본 변형, 회전·반전·왜곡하기

09 이미지 자르기·분할하기

10 멋진 색감을 만들어 줄 채색 도구 8가지

11 이미지 보정하고 리터칭하기

12 전문가처럼 보정하는 조정 메뉴 사용하기

13 [문자 도구] 사용하기

14 [모양 도구]로 다양한 벡터 도형 만들기

15 필터로 특수 효과 적용하기

16 포토샵 편리하게 사용하기

포토샵의 기본 동작, 선택하고 이동하기

아윤 쌤의
 "영역을 선택해야 무엇이든 할 수 있어요!"

작업을 할 때는 가장 먼저 작업할 대상을 선택해야 합니다. 포토샵도 이와 마찬가지로 작업할 이미지를 먼저 선택한 후 그 이미지를 수정, 합성합니다. 이번에는 작업할 이미지를 선택하는 방법을 알아보겠습니다.

✔ 체크 포인트

☐ 이미지를 자유롭게 선택하고 이동하기   ☐ 특정 영역을 선택하는 다양한 도구와 메뉴 익히기

둘째마당

선택·이동

변형·회전

지우기·보정

색상·채색

보정·리터치

채도·명도

문자 도구

도안

필터

환경 설정

07-1

[이동 도구]로 선택하고 이동하기

준비 파일 07/정형외과.psd, 배너 이미지.jpg

완성 파일 07/정형외과_완성.jpg

포토샵의 기본 도구라고 생각하면
좋아요. 아무것도 하지 않을 때도
[이동 도구 ⊕]로 돌아오세요!

✧✦ 지금 하면 된다! ▶ [이동 도구 ⊕]로 선택하고 이동하기

[이동 도구 ⊕]를 사용하면 작업 화면에서 이미지나 문자 등 다양한 개체를 선택할
수 있습니다. 따라서 이미지나 개체를 이동하려면 반드시 [이동 도구 ⊕]를 선택해
야 합니다.

💧 [이동 도구] 단축키 Ⓥ

01
❶ [파일 → 열기]를 눌러 준비 파일 '정형외과.psd'를 불러옵니다.
❷ [이동 도구 ⊕]를 클릭합니다. ❸ 작업 화면에 보이는 이미지를 클릭한 채 아래로
드래그하세요. 이미지가 아래로 이동되죠?

💧 영문판 [File → Open]

❹ 다시 위로 드래그해 원래 위치로 돌려 놓습니다.

💧 단축키 Ctrl + O

Shift를 누르지 않은 상태에서는 이미지가 어느 방향이든 자유롭게 이동할 수 있지만, Shift를 누른 상태에서는 방향이 수직 또는 수평으로만 움직입니다. 예를 들어 이미지의 위치를 정중앙에 맞춘 상태에서 가운데는 유지하면서 상하로만 이동할 때 사용합니다.

지금 하면 된다! 〉 이미지를 다른 작업 창으로 이동하기

이번에는 이미지를 다른 작업 화면으로 이동해 보겠습니다. 이미지를 선택한 후 복사하고 실습 작업 화면으로 이동해 볼게요.

01 ❶ [파일 → 열기]를 눌러 준비 파일 '배너 이미지.jpg'를 불러옵니다.
❷ 화면의 위쪽에 있는 바에 또 다른 작업 창 바가 생겼습니다. 이 이미지를 앞서 작업하던 파일 화면으로 이동시키겠습니다.

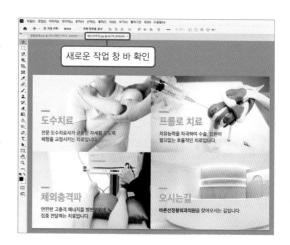

02 이미지 전체를 선택하기 위해 [선택 → 모두]를 클릭합니다. 이미지 외곽에 테두리 영역이 생깁니다.

◉ 영문판 [Select → All]
◉ 단축키 Ctrl + A

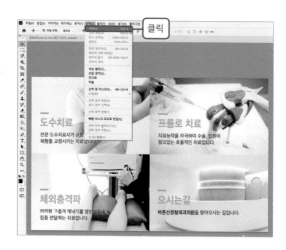

둘째마당

선택·이해
변형·회전
지우기·복원
색상·채색
보정·리터치
채도·명도
문자 도구
도형
필터
환경 설정

03 이미지를 복사하겠습니다.

❶ [편집 → 복사]를 클릭하세요.

❷ 작업 창의 위쪽에 있는 '정형외과.psd'의 작업 창 바를 클릭하세요.

● 영문판 [Edit → Copy]

● 단축키 Ctrl + C

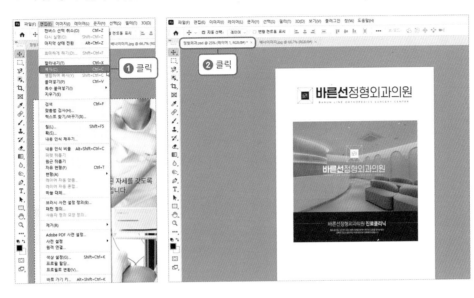

04 ❶ [편집 → 붙여넣기]를 클릭하세요.

❷ 복사한 이미지가 이동됐습니다.

● 영문판 [Edit → Paste]

● 단축키 Ctrl + V

05 그런데 가져온 이미지가 메인 이미지를 가리고 있네요.

❶ [이동 도구 ✛]를 선택한 후

❷ 복사한 이미지를 클릭한 다음 ❸ Shift를 누른 채 아래로 드래그해 이동합니다.

다른 작업 창에서 열린 이미지를 복사한 후 이동해 봤는데요. 실무에서는 이와 같이 필요한 이미지를 작업 창으로 이동, 배치하는 일이 많으니 꼭 기억해 두세요.

07-2

[선택 윤곽 도구 ⬚]로 선택하기

준비 파일 07/디자인스킬업.jpg, 선글라스 웹사이트.jpg

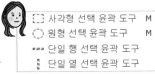

⬚ 사각형 선택 윤곽 도구   M
○ 원형 선택 윤곽 도구   M
▭ 단일 행 선택 윤곽 도구
▯ 단일 열 선택 윤곽 도구

[선택 윤곽 도구]를 사용하면 원하는 영역을 쉽게 선택할 수 있습니다.

사각형 선택 윤곽 도구 ⬚

개체를 사각형으로 선택할 수 있습니다. ❶ 처음 시작할 부분을 클릭한 후 ❷ 마우스를 손에서 떼지 않은 채 드래그하면 영역이 사각형으로 선택됩니다.

원형 선택 윤곽 도구 ○

개체를 원형으로 선택할 수 있습니다. ❶ 처음 시작할 부분을 클릭한 후 ❷ 마우스를 손에서 떼지 않은 채 드래그하면 영역이 원형으로 선택됩니다.

단일 행 선택 윤곽 도구 ▭

선택 선을 가로 방향으로 생성할 수 있습니다. [사각형 선택 윤곽 도구 ⬚], [원형 선택 윤곽 도구 ○]와 달리, 클릭, 드래그하지 않고 한 번의 클릭으로 가로 선을 생성합니다.

단일 열 선택 윤곽 도구 ▯

선택 선을 세로 방향으로 생성할 수 있습니다.
[단일 행 선택 윤곽 도구 ▭]와 마찬가지로 한 번의 클릭으로 세로 선을 생성합니다.

선택 영역 해제하기

[선택 → 선택 해제]를 클릭하면 선택된 영역이 보이지 않게 되면서 선택이 해제됩니다.

● 영문판 [Select → Deselect]
● 단축키 Ctrl + D

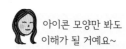

지금 하면 된다! ▸ 영역 선택의 4가지 기능 사용하기

아이콘 모양만 봐도 이해가 될 거예요~

영역 선택에는 단순히 영역을 선택하는 기능뿐 아니라 영역을 추가로 선택하거나 선택한 영역에서 특정 부분만 빼는 기능도 있습니다. 준비 파일 '선글라스 웹사이트.jpg'를 불러와 실습해 보세요.

01 새 선택 영역 ▣

가장 기본적인 선택 기능으로, 원하는 영역을 새롭게 지정합니다.

❶ [사각형 선택 윤곽 도구 ▣]를 클릭한 후

❷ [새 선택 영역 ▣]으로

❸ 첫 번째 선글라스를 선택하세요.

새 선택 영역

02 선택 영역에 추가

기존 영역에 다른 영역을 추가할 수 있습니다.

❶ [선택 영역에 추가 ▣]를 클릭한 후 ❷ 두 번째 선글라스도 드래그해 선택하세요.

03 선택 영역에서 빼기 ▣

기존 영역에서 특정 부분만 제외할 때 사용하는 기능입니다.

❶ [선택 영역에서 빼기 ▣]를 클릭한 후

❷ 시작 부분을 클릭한 후 마우스를 손에서 떼지 않은 채 사선 방향으로 드래그해 영역을 선택하면 ❸ 선택한 영역이 제외됩니다.

04 영역 교차 ⊡

기존에 선택한 영역에서 추가로 교차해 영역을 선택하면 교차된 부분만 선택됩니다.

❶ [영역 교차 ⊡]를 클릭한 후

❷ 시작 부분을 클릭하고 마우스를 손에서 떼지 않은 채 사선 방향으로 드래그해 영역을 선택하면 ❸ 교차한 영역만 선택됩니다.

❶ 클릭

❷ 클릭, 드래그

❸ 교차한 영역만 선택됨

 [선택 도구]의 옵션 바가 궁금하다면? 포토샵 사전 - 옵션 바 01 참고

둘째마당

선택·이동

변형·회전

자르기·분할

색상·채색

보정·리터치

채도·모드

문자 도구

도형

필터

환경 설정

07-3

선택 영역의 테두리 수정하기

준비 파일 07/세일이벤트.jpg

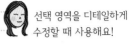 선택 영역을 디테일하게
수정할 때 사용해요!

선택 영역의 테두리 수정하기

선택 영역을 지정한 후 테두리를 추가로 만들거나
테두리의 모서리를 둥글게 변형할 수 있습니다.
그리고 기존에 선택한 영역을 확대하거나 축소할
수 있습니다. 이 모든 기능은 메뉴 바의 [선택 →
수정]을 이용합니다.

💧 영문판 [Select → Modify]

01
준비 파일 '세일이벤트.jpg'
를 불러온 후 [사각형 선택 윤곽 도
구]로 영역을 선택하세요.

07-2 내용을 떠올리며 실습하세요!

❶ 클릭

❷ 사각형으로 영역 선택

02 테두리(Border)

[테두리]는 선택한 영역 테두리를 하나 더 만드는 기능입니다.

❶ [선택 → 수정 → 테두리]를 클릭한 후 ❷ [선택 영역 테두리 만들기] 대화상자에서 폭
에 '10'을 입력하고 ❸ [확인]을 클릭합니다.

폭값만큼 간격이 벌어진 테두리가 생성됩니다.

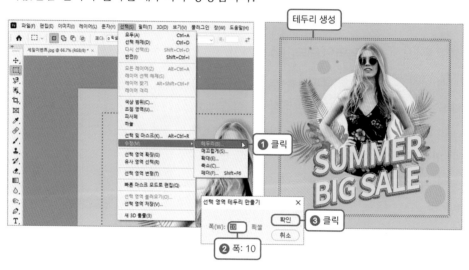

03 매끄럽게(Smooth)

[매끄럽게]는 선택한 영역 모서리를 둥글게 만듭니다.

❶ [선택 → 수정 → 매끄럽게]를 클릭한 후 ❷ [선택 영역 매끄럽게 만들기] 대화상자의
샘플 반경에 '40'을 입력하고 ❸ [확인]을 클릭합니다.

04 확대(Expand)

[확대]는 기존에 선택한 영역의 범위를 확대합니다.

❶ [선택 → 수정 → 확대]를 클릭한 후 ❷ [선택 영역 확대] 대화상자의 확대량에 '30'을 입력하고 ❸ [확인]을 클릭합니다.

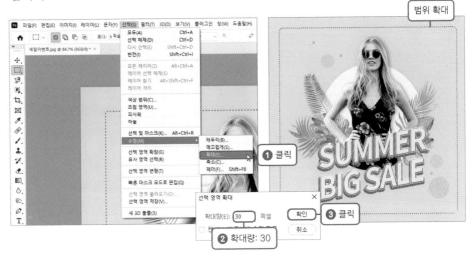

05 축소(Contract)

[축소]는 기존에 선택한 영역의 범위를 축소합니다.

❶ [선택 → 수정 → 축소]를 클릭한 후 ❷ [선택 영역 축소] 대화상자의 축소량에 '70'을 입력하고 ❸ [확인]을 클릭합니다.

06 페더(Feather)

[페더]는 선택한 영역의 가장자리를 부드럽게 만듭니다.

❶ [선택 → 수정 → 페더]를 클릭한 후 ❷ [선택 영역 페더] 대화상자의 페더 반경에
'50'을 입력하고 ❸ [확인]을 클릭합니다.

07 [매끄럽게] 기능과 별 차이가 없어 보이나요?
영역을 반전시켜 페더의 진짜 효과를 알아보겠습
니다.

메뉴에서 [선택 → 반전]을 클릭하세요.

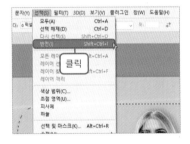

● 영문판 [Select → Inverse]

● 단축키 Ctrl + Shift + I

08 기존에 선택한 영역을 제외한 다른 영역이 선택됐죠?

반전돼 있는 채로 `Ctrl` + `Delete`를 누르세요. 단순히 모서리를 둥글게 만들었던 [매끄럽게] 기능과 달리, 색을 적용한 부분의 가장자리가 부드럽게 표현됩니다.

반전 선택된 영역 확인 후 `Ctrl` + `Delete` 누르기

- [매끄럽게]: 모서리를 둥글게 표현
- [페더]: 테두리 전체를 부드럽게 표현

둘째마당

선택·이동

변형·회전

자르기·분할

색상·채색

보정·리터치

채도·명도

문자 도구

도형

필터

환경 설정

07-4

자유롭게 선택하는 [올가미 도구]

준비 파일 07/베리 음료 포스터.jpg

기억하세요!
- 도형 형태로 선택할 때: [선택 윤곽 도구 ⬚]
- 자유자재로 선택할 때: [올가미 도구 ⌀]

[선택 윤곽 도구 ⬚]가 도형의 형태로 특정 영역을 선택할 수 있는 도구라면 [올가미 도구 ⌀]는 내가 원하는 특정 영역의 형태를 자유롭게 선택할 수 있는 도구입니다. [올가미 도구 ⌀]의 종류는 총 3가지입니다.

⌀ 올가미 도구		L
⌖ 다각형 올가미 도구		L
⌕ 자석 올가미 도구		L

올가미 도구 ⌀

마우스로 그림을 그리듯이 원하는 모양으로 영역을 선택할 수 있습니다. 형태를 정확하게 선택하는 것이 아니라 대략적으로 선택할 때 사용합니다.
❶ 시작점을 클릭한 후 ❷ 마우스를 손에서 떼지 않은 채 그림을 그리듯이 이미지의 모양을 따라 드래그합니다.

다각형 올가미 도구

[올가미 도구]와 달리, 영역의 형태를 직선으로 지정합니다. 원하는 곳을 클릭한 후 직선으로 움직여 꼭짓점을 이어 나가듯이 선택하는 것이 특징입니다.

❶ 시작점을 클릭한 후 ❷ 이미지의 모양을 따라 직선으로 클릭합니다.

자석 올가미 도구

[자석 올가미 도구]는 색상이나 경계선이 분명할 때 마치 자석과 같이 경계선을 따라 영역을 선택합니다.

❶ 시작점을 클릭한 후 ❷ 이미지 경계선을 따라 드래그하면 영역이 자동으로 선택됩니다.

 자석이 철가루에 붙듯이 마우스 커서가 경계를 따라 붙어요!

클릭, 드래그로 빠르게 선택하는 [개체 선택 도구]

준비 파일 07/베리 음료 포스터.jpg

경계가 분명하면 클릭 한 번으로도
선택할 수 있는 도구들이에요!

[개체 선택 도구 🔲]를 비롯한 3가지 선택 도구는 [올가미 도구 🔾]와 달리, 색을 자동으로 인식해 영역을 빠르게 선택합니다. 색과 모양이 분명할수록 영역을 더욱 빠르고 정교하게 선택할 수 있습니다.

■ 🔲 개체 선택 도구	W
🔾 빠른 선택 도구	W
🪄 자동 선택 도구	W

개체 선택 도구 🔲

이미지에서 개체를 하나의 덩어리로 빠르게 인식합니다. [사각형 선택 윤곽 도구 ▭]처럼 클릭, 드래그하면 해당 영역을 자동으로 인식합니다.

❶ [개체 선택 도구 🔲]를 클릭합니다. ❷ 시작점을 클릭한 후 마우스에서 손을 떼지 않은 채 드래그하면 ❸ 영역 안에 있는 개체가 선택됩니다.

[개체 선택 도구 🔍]로 선택 영역 미리 보기

기존의 [개체 선택 도구 🔍]가 개체를 클릭, 드래그로 선택했다면 포토샵 CC 2022의 업데이트로 선택할 개체를 미리 확인할 수 있습니다.

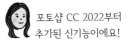

포토샵 CC 2022부터 추가된 신기능이에요!

[개체 선택 도구 🔍]의 옵션 바에 있는 [개체 찾기 도구]에 체크 표시를 한 후에 사용합니다.

❶ [개체 선택 도구 🔍]를 선택한 후 ❷ 마우스 커서를 개체 위에 올려놓으면 개체 영역 부분이 파란색으로 표시됩니다. 이때 클릭하면 ❸ 영역이 선택됩니다.

피사체를 자동으로 인식해 선택하기

[피사체 선택] 기능을 사용하면 이미지에서 피사체를 자동으로 인식할 수 있습니다. 만약 작업할 이미지의 피사체가 분명하게 보인다면 [피사체 선택] 기능을 사용해 영역을 빠르게 선택할 수 있습니다. 영역이 선택돼 있지 않은 실습 이미지로 실습하세요.

❶ [개체 선택 도구 🔍]를 클릭한 후

❷ 위쪽의 옵션 바에 있는 [피사체 선택]을 클릭하세요. 음료수 잔이 자동으로 선택됩니다.

🔵 **영문판** [Select Subject]

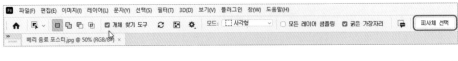

피사체의 경계가 뚜렷할 때 사용해요!

③ 영역 선택 완료

빠른 선택 도구

이미지의 가장자리 영역을 구분해 선택합니다. [개체 선택 도구 ▦]와의 차이점은
브러시 모양의 도구를 사용하고 영역을 클릭, 드래그해 선택한다는 것입니다.
❶[빠른 선택 도구 ☑]를 클릭합니다. ❷브러시로 음료 부분을 클릭, 드래그하면
❸영역이 음료 부분의 가장자리를 기
준으로 선택됩니다.

• [개체 선택 도구 ▦]: 사각형 형태로 드래그
• [빠른 선택 도구 ☑]: 붓질을 하듯이 드래그

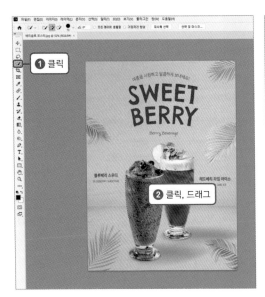

③ 영역 선택 완료

자동 선택 도구

[자동 선택 도구]를 클릭하면 비슷한 색
상의 이미지를 인식해 영역을 선택할 수
있습니다.

'마술봉 도구'라고도 불리는 기능이에요!
색상 대조가 명확할 때 사용해요!

❶ [자동 선택 도구]를 선택합니다.

❷ 빨간색 음료 부분을 클릭하면 ❸ 영역이 색상을 기준으로 선택됩니다.

07-6

영역을 꼼꼼하게 선택하는 [빠른 마스크 모드 ▣]

준비 파일 07/다이어트 레시피.jpg

 색상, 경계가 불분명하거나 좀 더 꼼꼼하게
선택하고 싶을 때 사용해요!

[빠른 마스크 모드 ▣]를 사용하면 브러시를 사용해 원하는 영역 범위를 지정할 수
있습니다. 이미지에서 영역을 지정하고 싶은 부분을 브러시로 드로잉하듯이 색칠하
면 해당 영역이 선택되므로 영역을 훨씬 꼼꼼하게 선택할 수 있습니다.

지금
하면 된다! 〉 [빠른 마스크 모드 ▣]로 색칠하듯 영역 선택하기

[빠른 마스크 모드 ▣]는 도구 바의 가장 아래쪽에 있습니다.

현재는 표준 모드 상태이고, [빠른 마스크 모드 ▣]를 클릭하면 도구 아이콘 모양이
▣으로 변경됩니다. 아직은 어떤 변화가 있는지 모르겠죠? 이제 브러시를 활용해
원하는 영역을 색칠해 보겠습니다.

01

❶ [빠른 마스크 모드 󰊕]를 더블클릭하면 [빠른 마스크 옵션] 대화상자가 나타납니다. ❷ [선택 영역]을 선택한 후 ❸ [확인]을 클릭하세요.

02

❶ [브러시 도구 󰊕]를 선택합니다. ❷ 전경색은 [검은색]으로 설정합니다.

❸ 현재 [빠른 마스크 모드 󰊕] 상태인지 꼭 확인하세요. 레이어가 붉은색으로 표시돼 있다면 [빠른 마스크 모드 󰊕] 상태입니다.

❹ 위쪽 옵션 바의 ❺ 크기를 '30px'로 설정한 후 ❻ [선명한 원]을 선택합니다.

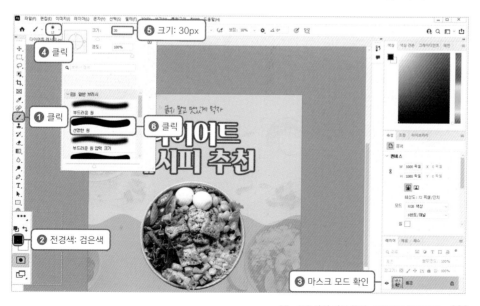

03 ❶ 이미지에서 선택할 영역을 클릭, 드래그하면 ❷ 빨간색으로 칠해집니다.
선택하고 싶은 부분을 꼼꼼하게 색칠하세요.

빨간색은 구분을 위한 표시일 뿐,
실제로 칠해지는 건 아니에요~

04 ❶ [빠른 마스크 모드 ▣]를 다시
클릭해 표준 모드로 돌아옵니다.
❷ 브러시로 색칠한 부분이 선택돼 있습니다.

05 만약 [빠른 마스크 모드 ▣]에서
원하는 영역이 아닌 곳에 빨간색이 칠해
졌다면 지워야겠죠?
다시 [빠른 마스크 모드 ▣]를 실행하세요.

06 ❶ [브러시 도구 ✐]를 선택한 후 ❷ 전경색을 [흰색]으로 변경합니다.
❸ 지워야 할 부분을 드로잉하면 빨간색 칠이 지워집니다.

07 다시 전경색을 [검은색]으로 변경해 원하는 영역을 꼼꼼하게 칠하면 됩니다. 이런 방식으로 수정, 보완 작업을 반복하면 원하는 개체를 꼼꼼하게 선택할 수 있습니다.

전경색 설정
• 선택할 때: 검은색
• 선택을 해제할 때: 흰색

07-7

같은 색상만 선택하는 [색상 범위]

준비 파일 07/남성 수트.jpg

 [색상 범위] 메뉴는 색상으로 원하는 영역을 인식해 선택합니다.

지금 하면 된다! ▷ [색상 범위]를 사용해 원하는 영역 선택하기

01 준비 파일을 불러온 후 [선택 → 색상 범위]를 클릭하세요.

💧 영문판 [Select → Color Range]

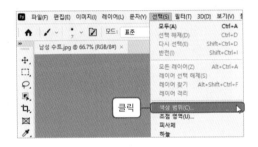

02 ❶ [색상 범위] 대화상자가 나타나면 파란색 옷 이미지 영역을 클릭합니다.

❷ 파란색 옷 이미지 부분이 흰색으로 표시됐는지 확인하세요.

❸ 위쪽에 있는 [허용량]의 슬라이드 바를 좌우로 드래그해 조절할 수도 있습니다.

❹ [확인]을 클릭하세요.

흰색으로 표시된다면 해당 부분이 선택됐다는 뜻입니다.

03 이렇게 영역을 색상 범위로 선택해 지정할 수 있습니다.

파란색 부분만 선택됐어요!

07-8

아웃 포커싱 사진에서 초점이 맞는 부분만 추출하는 [초점 영역]

준비 파일 07/초점 영역 실습.jpg

 배경이 흐릿하고 피사체의 색이
선명한 이미지에 사용하는 것이 좋아요!

**지금
하면 된다!** 〉 개체를 [초점 영역]으로 선택해 분리하기

[초점 영역]은 피사체가 선명하고 배경이 흐릿할 때 배경을 쉽게 분리할 수 있는 기능
입니다.

01 준비 파일을 불러온 후 [선택 →
초점 영역]을 클릭하세요.

● **영문판** [Select → Focus Area]

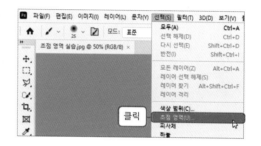

02 [초점 영역] 대화 상자의
보기 모드에서 ❶ [레이어 바탕]을
선택합니다.
❷ 미리 보기 화면에서 배경이 투
명으로 바뀌면서 컵과 배경이 분
리된 것을 확인할 수 있어요.

● **영문판** [View Mode → On Layers]

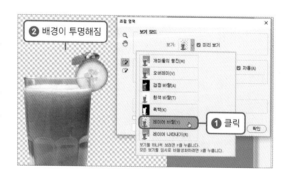

03 인포커스 범위를 자동으로 설정했을 때 간혹 피사체가 잘려 인식되는 경우
가 있습니다. 이때는 슬라이드를 움직여 범위를 조절할 수 있습니다.
여기서는 ❶ 인포커스 범위에 '5'를 입력하겠습니다. ❷ 원하는 영역만 선택해 새 레
이어를 생성하기 위해 출력 위치를 [새 레이어]
로 선택한 후 ❸ [가장자리 부드럽게]에 체크 표
시를 하고 ❹ [확인]을 클릭합니다.

● 인포커스는 촬영하기 위해 피사체에 카메라의
초점을 맞춘 상태라는 뜻입니다. 다시 말해 피사체
에 초점이 잘 맞춰진 범위라고 이해하면 됩니다.

04 피사체와 배경이 분리된 새로운 레이어가 생성되고 화면에도 투명 배경에
피사체만 남아 있습니다.

 여러분이 작업할 이미지가 아웃 포커싱 때문에 배경이 흐릿하다면 지금 배운
[초점 영역] 기능을 떠올려 배경을 분리하면 됩니다. 이런 판단을 하기 위해서
는 작업을 시작하기 전에 어떤 이미지인지 파악하는 게 좋겠죠?

[펜 도구 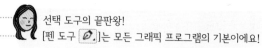]로 디테일하게 선택하기

준비 파일 새 파일에서 실습

선택 도구의 끝판왕!
[펜 도구 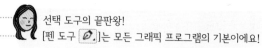]는 모든 그래픽 프로그램의 기본이에요!

[펜 도구 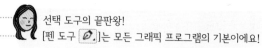]를 사용하면 어떤 복잡한 모양의 영역이라도 정교하게 선택할 수 있습니다. [펜 도구 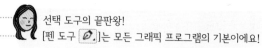]는 [올가미 도구 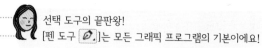] 또는 [선택 윤곽 도구 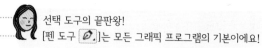]와 달리, 한 번 선택한 선을 언제든지 수정할 수 있기 때문에 익숙해지면 매우 유용합니다. 또한 [펜 도구 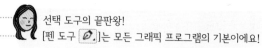]는 일러스트레이터 프로그램에서 많이 사용하므로 포토샵에서 사용법을 익혀 놓으면 일러스트레이터에서도 쉽게 사용할 수 있습니다.

[펜 도구 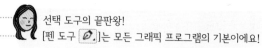] 이해하기

[펜 도구 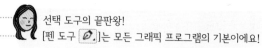]는 클릭, 드래그를 이용해 직선과 곡선을 그립니다. [펜 도구 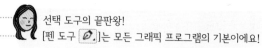]로 생성한 선을 '패스 선'이라고 하는데, 이 패스 선은 '기준점'과 '패스'로 구성됩니다.

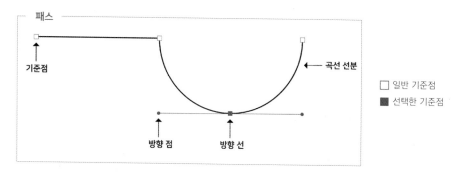

- 패스: 기준점과 패스 선으로 생성된 형태 전체를 '패스'라고 합니다.
- 기준점: 선을 만들기 위해 양끝을 표시하는 점입니다. 기준점을 선택하면 점 안쪽이 색상으로 채워지면서 선택됩니다.
- 선분: 2개 이상의 기준점으로 만들어진 선을 말하며 '직선 선분'과 '곡선 선분'이 있습니다.

- 방향 선: 길이와 각도에 따라 곡선의 굴곡 형태와 기울기를 수정할 수 있습니다. 방향 선의 양끝에 생긴 방향 점으로 조절합니다.
- 방향 점: 곡선 선분에서 생성되는 점을 말하며 방향 선의 양끝에 표시됩니다.

둘째마당

선택·이동

변형·왜곡

자르기·분할

색상·채색

보정·리터치

채도·효과

문자 도구

드로잉

필터

환경 설정

✦✧지금 하면 된다! │ 직선 패스 그리기

01 [Ctrl] + [N]을 눌러 [새로운 문서 만들기] 대화상자를 여세요.

❶ 폭과 높이에 '1000픽셀'을 입력한 후 단위는 [픽셀]을 선택하세요.

❷ 해상도는 '72픽셀/인치', ❸ 색상 모드는 [RGB 색상],

❹ 배경 내용은 [흰색]으로 설정하고 ❺ [만들기]를 클릭하세요.

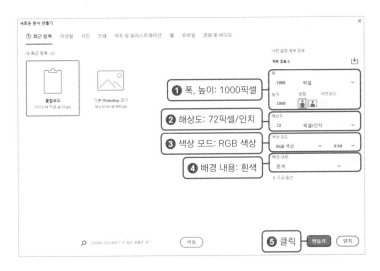

02 ❶ [펜 도구 🖋️]를 선택한 후 ❷ 위쪽에 있는 옵션 바에서 [패스]를 클릭합니다.

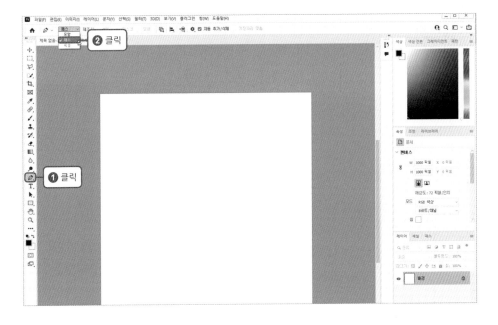

03 ❶ 시작점을 클릭한 후 원하는 방향으로 가서 ❷ 끝점을 클릭하면 직선 패스 선이 생성됩니다.

지금 하면 된다! 〉 **곡선 패스 그리기**

01 ❶ 시작점을 클릭한 후 원하는 방향으로 가서 ❷ 끝점을 클릭하고 마우스를 손에서 떼지 않은 채 화살표 방향으로 드래그합니다.

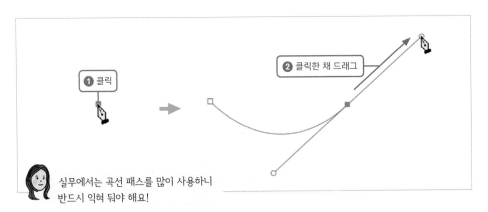

실무에서는 곡선 패스를 많이 사용하니 반드시 익혀 둬야 해요!

02 패스가 곡선으로 부드럽게 만들어지죠? 다시 끝점을 클릭하고 마우스를 손에서 떼지 않은 채 화살표 방향으로 드래그하면 곡선이 연결됩니다.

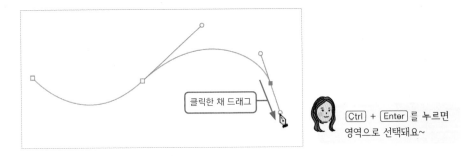

Ctrl + Enter 를 누르면 영역으로 선택돼요~

열린 패스와 닫힌 패스

패스가 시작점과 끝점이 이어졌는지 아닌지에 따라 '열린 패스'와 '닫힌 패스'로 구
분합니다.

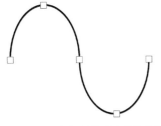 

열린 패스: 시작점과 끝점이 이어지지
않고 끊어져 있습니다.

닫힌 패스: 시작점과 끝점이 이어져 있
습니다.

◇◆지금
하면 된다! ▷ **자유롭게 패스 그리기**

[자유 형태 펜 도구 ✎]를 사용하면 클릭, 드래그를 끊어서 사용하지 않고 드로잉하
듯이 패스를 그릴 수 있습니다.

01 [펜 도구 ✎]에서 [자유 형태 펜 도구 ✎]를 선택
합니다.

● **영문판** [Freeform Pen Tool]

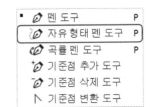

02 [올가미 도구 ✐]처럼 클릭한 후 마우스를 손에서 떼지 않은 채 드로잉하듯
이 그립니다. [자유 형태 펜 도구 ✎]는 원하는 이미지 영역을 정교하게 선택할 수는
없지만 간단하고 빠르게 패스 선을 만들어야 할 때 유용합니다.

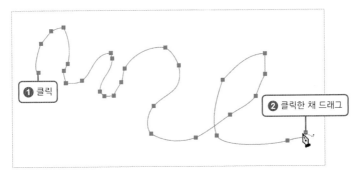

지금 하면 된다! ▸ 부드러운 곡선 만들기

01 [펜 도구 ✐.]에서 [곡률 펜 도구 ✐]를 클릭합니다.

💧 영문판 [Curvature Pen Tool]

02 ❶시작점을 클릭한 후 ❷다음 점을 클릭합니다. ❸아래쪽을 클릭합니다. 곡선이 만들어졌죠?

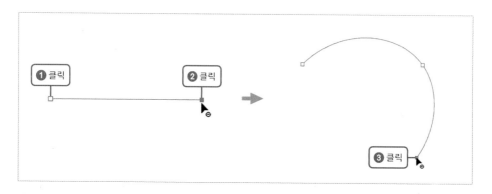

03 ❶다시 왼쪽에 점을 클릭한 후 ❷시작점을 클릭해 닫힌 패스를 만듭니다.

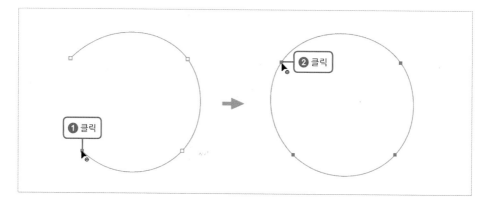

[펜 도구 ✐.]를 사용하면 패스 선이 직선으로 생성돼 사각형이 만들어지지만, [곡률 펜 도구 ✐]는 직선으로 기준점을 클릭해 만들어도 곡선이 만들어집니다.

패스 수정하기

[펜 도구 ]로 패스를 그린 이후에도 모양을 정교하게 수정할 수 있습니다. 수정하려면 먼저 수정할 대상을 선택해야겠죠? 패스를 선택할 때 사용하는 도구에는 2가지가 있습니다.

- [패스 선택 도구]: 패스 전체를 선택합니다. 패스 전체를 선택한 후 원하는 곳으로 이동할 때 사용합니다. [이동 도구]와 비슷한 기능이라고 보면 되지만, 한 가지 차이점은 패스만 선택할 수 있다는 것입니다.
- [직접 선택 도구]: 패스 구성에서 기준점, 방향 점, 방향 선을 수정할 때 사용합니다. [직접 선택 도구]를 선택한 후 패스에서 기준점을 클릭해 사용합니다. 선택된 기준점은 일반 기준점과 다르게 표시됩니다. 일반 기준점은 색상이 채워지지 않은 반면, 선택된 기준점은 색상이 채워져 나타납니다.

지금 하면 된다! > 곡선 패스 수정하기

01 기준점 이동하기

❶ [직접 선택 도구]를 선택한 후 ❷ 기준점을 클릭한 채 드래그하면 기준점이 이동합니다.

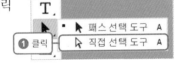

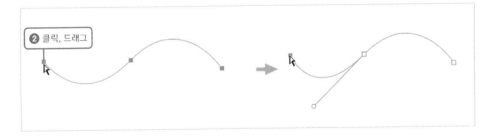

02 기준점 추가, 삭제하기

[펜 도구]가 익숙해지면 어떤 경우에 기준점을 추가하거나 삭제할 것인지를 판단할 수 있습니다.
[펜 도구]에서 [기준점 추가 도구]를 선택합니다. 패스에서 기준점이 필요한 부분을 클릭하면 기준점이 추가됩니다.

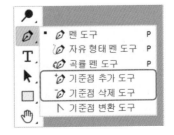

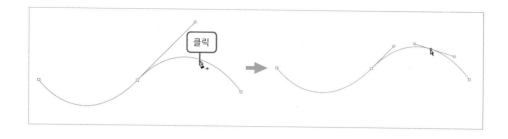

기준점을 잘못 추가했거나 필요 없을 때는 [펜 도구 ✎]에서 [기준점 삭제 도구 ✎]를 선택한 후 삭제할 기준점을 클릭합니다.

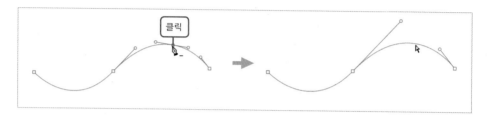

03 방향 선 조절하고 삭제하기

이번에는 방향 선을 조절해 곡선의 기울기를 수정해 보겠습니다.

❶ [직접 선택 도구 ▸]를 선택합니다.

❷ 방향 점을 클릭한 후 마우스를 손에서 떼지 않은 채 위아래로 드래그합니다.

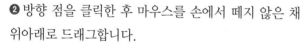

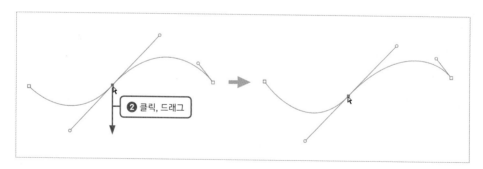

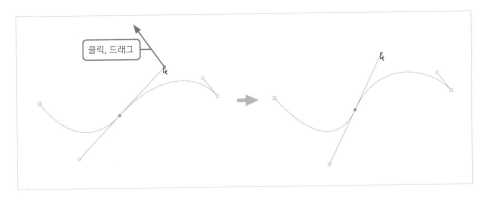

둘째마당

선택·이동

변형·회전

자르기·분할

색상·채색

보정·리터치

채도·명도

문자 도구

드로잉

필터

환경 설정

04 방향 점을 클릭한 후 사방으로 드래그합니다. 패스는 이와 같이 기준점과 방향 점, 방향 선을 조절해 수정합니다.

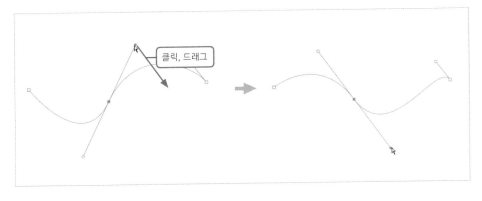

05 패스 삭제하기

만들었던 패스를 삭제하려면 [패스 선택 도구 ▶]를 선택한 후 삭제할 패스를 클릭하고 Delete 를 누릅니다.

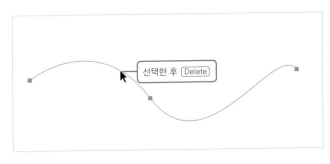

이미지의 기본 변형, 회전·반전·왜곡하기

이미지를 마음대로 변형해 볼게요~

아윤 쌤의

**강의
노트** "이미지 변형할 때는 Ctrl + T 를 기억하세요."

포토샵 작업을 하다 보면 이미지의 크기를 확대/축소하거나, 각도를 조절하거나, 회전
해야 할 때가 있습니다. 이 모든 변형을 위해선 우선 '자유 변형 모드'를 실행해야 합
니다. 자유 변형 모드는 실무에서 정말 자주 사용하기 때문에 단축키 Ctrl + T 를 기
억해 두는 걸 추천해요!

✓ 체크 포인트
- ☐ 이미지 크기 확대/축소하기
- ☐ 이미지 다양하게 왜곡하기
- ☐ 이미지 회전하기

08-1

이미지 크기 조절하기

준비 파일 08/이미지 크기 조절 실습.psd

 자유 변형 모드는 변형할 개체를
선택하는 기능이라고 생각하면 됩니다!

자유 변형 모드란?

'자유 변형 모드'는 이미지를 자유롭게 변형하거나 회전할 수 있는 기능입니다. 이미지, 셰이프, 패스로 된 개체의 레이어를 선택한 후 메뉴 바에서 [편집 → 자유 변형]을 선택하거나 단축키 Ctrl + T 를 누르면 자유 변형 모드로 변경됩니다.

이후 내용을 실습할 때는 무조건 Ctrl + T 를 눌러 자유 변형 모드 상태에서 진행하세요!

◆ 영문판 [Edit → Free Transform]
◆ 단축키 Ctrl + T

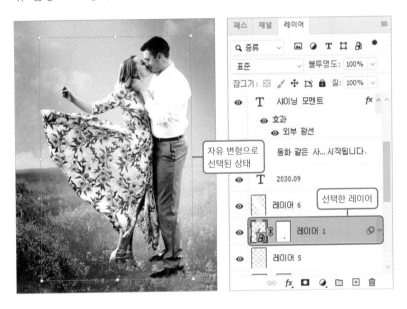

지금 하면 된다! ▸ 이미지 크기 조절하기

01

준비 파일 '이미지 크기 조절 실습.psd'을 불러옵니다.

❶ [이동 도구 ⊕]를 선택한 후 ❷ 핸드폰 이미지를 클릭합니다.

❸ [레이어] 패널에 해당 이미지 레이어가 선택돼 있는지 확인합니다.

02

[Ctrl] + [T]를 누르면 자유 변형 모드가 실행됩니다. 핸드폰 주변에 박스가 생긴 게 보이나요?

박스가 나타나면
자유 변형 모드가 실행됐다는 뜻이에요~

03 위쪽 가운데에 있는 조절점을 클릭한 채 위로 드래그하면 핸드폰 이미지가 정비례로 확대됩니다.

조절점 클릭한 채
위로 드래그

04 다시 위쪽 가운데 조절점을 클릭한 채 아래로 드래그하면 핸드폰 이미지가 정비례로 축소됩니다.

- 정비례로 확대/축소: 그냥 드래그
- 비례 무시하고 확대/축소
  : Shift 를 누른 채 드래그

조절점을 클릭한 채
아래로 드래그

05 지금까지 오브젝트의 가로세로 비율을 유지한 채로 크기를 조절했는데, 비율을 무시하고 변형할 수도 있습니다.

❶ Shift 를 누른 채 가운데에 있는 조절점을 클릭한 후 상하로 드래그합니다. 선택한 개체의 세로 길이가 변경됩니다. ❷ 이와 마찬가지로 Shift 를 누른 채 오른쪽 가운데에 있는 기준점을 클릭, 드래그하면 가로 길이가 변경됩니다.

06 크기 조절이 끝나면 Enter 를 누릅니다.

💧 작업을 한 단계 취소하고 싶다면 Ctrl + Z, 처음부터 다시 하고 싶다면 Esc 를 누릅니다.

둘째마당

선택·이동

변형·회전

자르기·분할

색상·채색

보정·리터치

채도·명도

문자 도구

도안

필터

환경 설정

08-2

이미지 회전하기, 반전하기

준비 파일 08/이미지 크기 조절 실습.psd

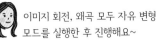
이미지 회전, 왜곡 모두 자유 변형
모드를 실행한 후 진행해요~

지금 하면 된다! ⟩ 이미지 회전하기

01 이미지를 회전해 보겠습니다. 준비 파일을 불러온 후 Ctrl + T 를 누릅니다.

02 조절점의 모서리 부분에 마우스 커서를 올려놓으면 회전하는 모양 📱으로 변경됩니다.

03 ❶ 조절점을 클릭, 드래그하면 이미지가 회전합니다.
❷ Shift 를 누른 채 드래그하면 15도 단위로 회전됩니다.

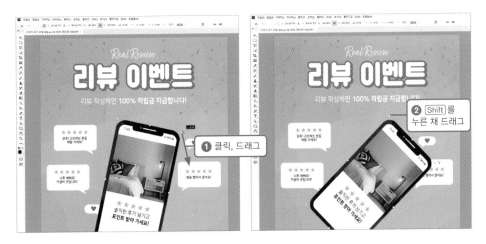

❶ 클릭, 드래그

❷ Shift 를 누른 채 드래그

01

❶ 이미지를 마우스 오른쪽 버튼으로 클릭합니다.

❷ [180도 회전], [시계 방향으로 90° 회전], [시계 반대 방향으로 90° 회전] 중에서 선택하면 해당 각도로 회전합니다.

💧 영문판 [Rotate 180°], [Rotate 90° Clockwise], [Rotate 90° Counter Clockwise]

180도 회전

시계 반대 방향으로 90° 회전

시계 방향으로 90° 회전

✴️지금 하면 된다! 〉 이미지 반전하기

01 ❶ 반전할 이미지를 마우스 오른쪽 버튼으로 클릭합니다.
❷ [가로로 뒤집기]를 선택하면 이미지가 수평으로 반전되고, [세로로 뒤집기]를 선택하면 수직으로 반전됩니다.

💧 **영문판** [Flip Horizontal], [Flip Vertical]

가로로 뒤집기

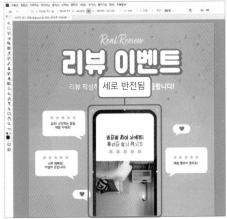

세로로 뒤집기

08-3

이미지 기울여 왜곡하기

준비 파일 08/이미지 크기 조절 실습.psd

 단순히 상하좌우 반전이 아닌 좀 더 다양한 형태로 이미지를 왜곡하는 기능을 알아보겠습니다.

이미지 왜곡하기

자유 변형 모드 상태에서 마우스 오른 쪽 버튼을 클릭하면 다양한 메뉴가 나타납니다. 포토샵의 다양한 이미지 왜곡 기능을 연습해 보세요.

조절점을 클릭, 드래그하면서 이미지를 자유롭게 변형해 보세요!

기울이기(Skew)

왜곡(Distort)

원근(Perspective)

뒤틀기(Warp)

둘째마당

선택·이동

변형·회전

자르기·붙임

색상·채색

보정·리터치

채도·명도

문자 도구

도안

필터

환경 설정

레스토랑 메뉴판 완성하기

준비 파일 08/응용/메뉴판.jpg, 피자.jpg, 파스타.jpg, 스테이크.jpg, 디저트.jpg, 파프리카.jpg, 도마.jpg,
피망 마늘.jpg
완성 파일 08/응용/메뉴판 완성.jpg

미션 | "메뉴판에 이미지가 비어 있는 곳에 남은 음식을 예쁘게 배치해 주세요."

동영상 강의

자유 변형 모드가 실제 실무에서 어떻게 사용되는지 알아야 해요! 이미지를 선택하는
것 외에도 선택한 이미지의 크기를 조절하는 등 자유롭게 변형해 보면서 실무에서 어
떻게 쓰이는지 경험해 보세요.

1단계 이미지 선택하기

❶ 준비 파일 '메뉴판.jpg'을 열어 주세요. 음식 이미지가 비어 있죠? 빈 곳에 이미지를 가져와 배치해 볼게요.

❷ 준비 파일 '피자.jpg'를 불러옵니다. ❸ 도구 바에서 [빠른 선택 도구 ✐]를 선택합니다. ❹ 옵션에서 브러시 크기를 '175px'로 설정합니다. ❺ 이미지에서 접시 부분을 드래그해 선택합니다.

[빠른 선택 도구 ✐]
사용법: 126쪽 참고

2단계 이미지 복사하고 이동하기

이미지가 선택됐다면 메뉴판을 완성하기 위해 이미지를 복사해 이동할게요.

❶ 단축키 Ctrl + C 를 눌러 복사합니다. ❷ 위쪽의 '메뉴판.jpg' 작업 탭을 클릭한 후

❸ 단축키 Ctrl + V 를 눌러 이미지를 붙여 넣습니다.

3단계 이미지 크기 줄이고 배치하기

메뉴판에 비해 피자의 크기가 너무 크죠? 이제 알맞게 조절해 볼게요.

❶ 단축키 Ctrl + T 를 눌러 자유 변형 모드로 만듭니다.

❷ 모서리를 마우스로 클릭, 드래그해 크기를 줄입니다.

❸ 적당한 위치로 이동하고 Enter 를 눌러 적용합니다.

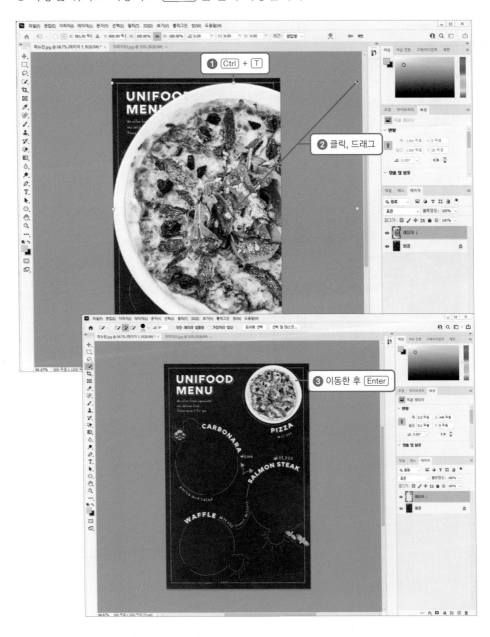

4단계 [피사체 선택]으로 이미지를 빠르게 선택하기

❶ 준비 파일 '스테이크.jpg'를 불러옵니다. 이번에는 다른 방법으로 이미지를 선택해 볼게요. ❷ [빠른 선택 도구]를 선택한 후 위쪽에 있는 옵션 바에서 ❸ [피사체 선택] 을 클릭하면 음식이 담긴 접시 이미지가 자동으로 선택됩니다.

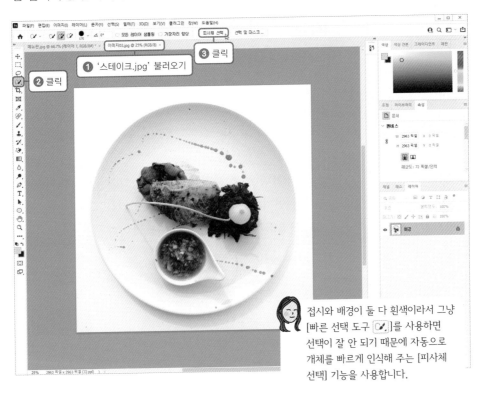

접시와 배경이 둘 다 흰색이라서 그냥 [빠른 선택 도구]를 사용하면 선택이 잘 안 되기 때문에 자동으로 개체를 빠르게 인식해 주는 [피사체 선택] 기능을 사용합니다.

이미지에 따라 어떤 도구를 사용하는 것이 가장 알맞은지를 고민하고 사용하는 것이 중요해요.

5단계 [다각형 올가미 도구]로 선택 영역을 추가, 제외하기

선택이 안 된 영역과 제외해야 할 부분이 보이죠? 선택 영역을 수정해 볼게요.

• 영역 추가: Shift 를 누른 채 클릭, 드래그
• 영역 제외: Alt 를 누른 채 클릭, 드래그

❶ [다각형 올가미 도구]를 선택합니다.

❷ Ctrl + + 를 눌러 화면을 확대합니다. ❸ 선택을 추가하기 위해 Shift 를 누른 채
시작점을 클릭하고 그다음 지점을 연이어 클릭해 영역을 추가합니다.
❹ 마지막으로 시작점 근처에서 더블클릭해 영역 추가를 완료합니다.

마지막 점은 시작점 위치에 맞춰 마우스 커서 옆에
동그라미가 나타났을 때 클릭해도 됩니다!

❺ 슬라이더를 움직여 화면을 이동합니다. 이번에는 접시 밖까지 선택된 영역을 제외할게요. ❻ [Alt]를 누른 채 시작점을 클릭한 후 접시의 경계를 따라 클릭을 반복합니다. ❼ 마지막은 시작점 근처를 더블클릭해 영역 선택 제거를 완료합니다.

❻ [Alt]를 누른 채 시작점 클릭, 드래그

[Spacebar]를 누른 채 드래그해도
작업 화면을 이동할 수 있어요~

❺ 클릭, 드래그

❼ 더블클릭

클릭

클릭

[6단계] 이미지를 이동하고 크기 맞추기

❶ [Ctrl] + [-]를 누르면 작업 화면이 축소됩니다. 접시 이미지가 깔끔하게 선택된 것을 확인할 수 있습니다. ❷ [Ctrl] + [C]를 눌러 복사한 후 ❸ 다시 '메뉴판.jpg' 작업 화면으로 돌아와 ❹ [Ctrl] + [V]를 눌러 붙여 넣습니다.

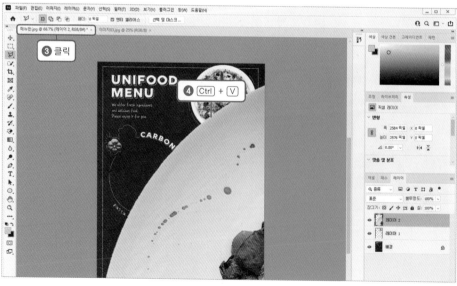

❺ Ctrl + T 를 눌러 자유 변형 모드가 되면 ❻ 모서리 부분을 클릭, 드래그해 크기를 조절하고 ❼ 이동한 후 Enter 를 눌러 적용합니다.

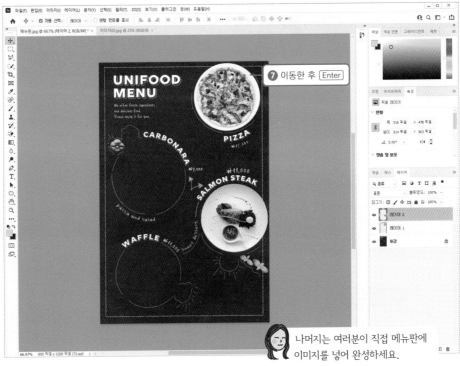

나머지는 여러분이 직접 메뉴판에 이미지를 넣어 완성하세요.

이미지 자르기·분할하기

 원근법을 따라 기울어진 이미지 또는
긴 상세 이미지도 문제 없어요!

**강의
노트** "이미지의 일부분만 싹둑 잘라 쓸 때 사용해요!"

포토샵으로 작업하다 보면 이미지에서 필요한 부분만 자르거나 분할하는 경우가 많습
니다. 예를 들어 이미지를 합성할 때는 많은 이미지가 필요한데, 이를 통째로 사용하지
는 않죠? 합성에 필요한 부분만 자르고 서로 겹쳐 만들어 낼 거예요. 이렇듯 이미지 자
르기는 포토샵으로 작업할 때 빈번하게 사용합니다. 이번에는 이미지를 자르고 분할하
는 방법을 알아보겠습니다.

✔ 체크 포인트

☐ 이미지를 원하는 크기로 자유롭게 자르기   ☐ 원근감 있는 이미지를 잘라 활용하기
☐ 이미지 하나를 여러 개로 자르고 활용하기

09-1

이미지의 일부분을 싹둑 자르는 [자르기 도구]

준비 파일 09/이미지 자르기.jpg

이미지를 자를 때 가장 많이 사용해요!

이미지를 원하는 크기로 자를 때는 [자르기 도구]를 가장 많이 사용합니다.

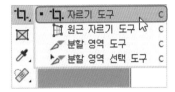

지금 하면 된다! ▶ [자르기 도구]로 이미지 자르기

01 준비 파일 '이미지 자르기.jpg'를 불러온 후 ❶ [자르기 도구]를 선택합니다.

❷ 조절점이 나타나면 왼쪽 가운데에 있는 조절점을 클릭, 드래그합니다.

[자르기 도구]의 옵션 바가 궁금하다면? 포토샵 사전 - 옵션 바 02 참고

❶ 클릭

❷ 클릭, 드래그

02 자르고 싶은 부분만 남았다면 Enter를 누르거나 화면의 아무 곳을 더블클릭해 적용합니다.

Enter 또는 화면 더블클릭

09-2

원근감으로 기울어진 부분을 자르는 [원근 자르기 도구 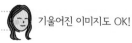]

준비 파일 09/원근 자르기.jpg

기울어진 이미지도 OK!

[원근 자르기 도구 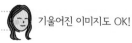]는 원근감 있는 이미지를 정확하게 맞춰 자르는 유용한 기능입니다.

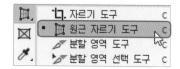

지금
하면 된다! [원근 자르기 도구 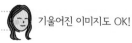]로 이미지 자르기

01 ❶ [원근 자르기 도구 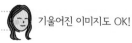]를 선택한 후 ❷ 시작점을 클릭합니다.

02 이미지의 모서리 부분을 차례대로 클릭합니다. (Enter)를 누르면 원근감을 따라 기울어져 있던 이미지가 정면으로 보이게 잘립니다.

09-3

이미지를 여러 개로 자르는 [분할 영역 도구]

준비 파일 09/분할 자르기.jpg

 웹디자인에서 많이 사용해요!

[분할 영역 도구 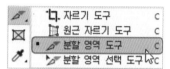]는 1장의 이미지를 여러 개로 나눠 자르는 기능입니다. 웹디자인 이미지를 잘라 볼까요?

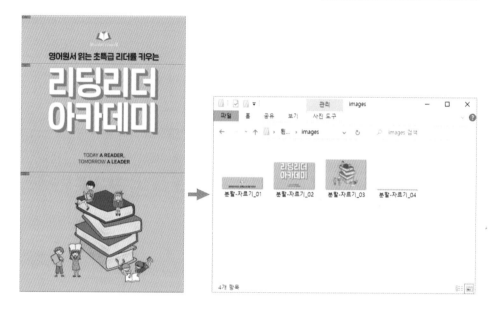

지금 하면 된다! ▶ [분할 영역 도구]로 이미지를 여러 개로 자르기

01
❶ [분할 영역 도구]를 선택합니다.

❷ 이미지를 클릭, 드래그해 분할할 영역을 지정합니다.

① 클릭

② 클릭, 드래그

분할된 영역 확인

02 영역이 생겼죠? 이와 같은 방법으로 영역을 두 번 더 나누겠습니다.

① 클릭, 드래그

분할된 영역 확인

② 클릭, 드래그

지금 하면 된다! ▶ 웹용 이미지로 분할 이미지 저장하기

분할된 이미지를 저장하겠습니다. 분할 영역 자르기는 웹디자인에서 주로 사용하기 때문에 웹용으로 저장해야 합니다.

01 단축키 Ctrl + Alt + Shift + S 를 누르면 [웹용으로 저장] 대화상자가 나타납니다.

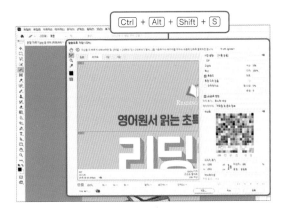

02 ❶ 파일 형식을 'GIF'에서 [JPEG]로 변경한 후 ❷ [저장]을 클릭합니다.

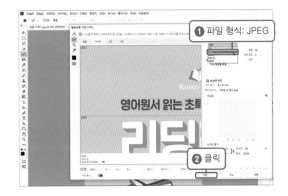

❶ 파일 형식: JPEG

❷ 클릭

03 ❶ 파일을 저장할 위치를 지정한 후 ❷ 분할 영역이 [모든 분할 영역] 상태인지 확인하고 ❸ [저장]을 클릭합니다.

 분할 영역을 꼭 확인하세요!

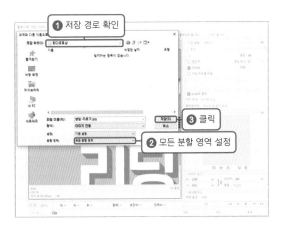

❶ 저장 경로 확인

❸ 클릭

❷ 모든 분할 영역 설정

04 저장 폴더를 확인해 보면 [images] 폴더가 생성돼 있고 이 폴더에 영역별로 나눈 이미지가 저장돼 있는 것을 알 수 있습니다.

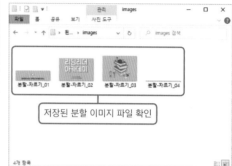

하면 된다! } 분할 이미지를 선택, 이동, 삭제하기

앞에서 분할한 영역을 수정하고 싶을 때는 어떻게 해야 할까요? [분할 영역 선택 도구]를 사용하면 분할 영역을 직접 선택해 이동하거나 삭제할 수 있습니다.

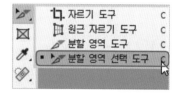

01 분할 영역 이동하기

❶ [분할 영역 선택 도구]를 선택합니다. ❷ 분할된 가운데 영역을 클릭합니다. 분할 선이 노란색으로 변경됩니다. 선택된 분할 영역을 줄이기 위해 ❸ 위쪽 가운데에 있는 기준점을 클릭한 채 아래로 드래그합니다.

02 가운데 분할 영역이 작아졌죠? 이렇게 원하는 영역 범위를 선택해 수정할 수 있습니다.

03 이번에는 필요 없는 분할 영역을 삭제해 보겠습니다.

❶ 세 번째 영역 부분을 클릭한 후 ❷ Delete 를 누르면 선택한 분할 영역이 삭제됩니다.

❸ 해당 부분이 파란색이 아니라 회색으로 표시되죠? 삭제된 영역은 이렇게 표시됩니다.

❶ 클릭

❷ Delete

❸ 해당 영역 삭제 표시 확인하기

삭제된 영역은 회색으로 표시돼요!

선택·이동

변형·회전

자르기·분할

색상·채색

보정·리터치

채도·명도

문자 도구

도형

필터

환경 설정

다양한 구도를 미리 확인하는 [오버레이] 옵션

[자르기 도구 ]의 [오버레이 ▦] 옵션을 사용하면 구도를 확인하면서 이미지를 자를 수 있습니다. 옵션 바에서 [오버레이 ▦] 옵션을 선택해 자주 사용하는 [오버레이 ▦]의 종류를 확인해 보세요.

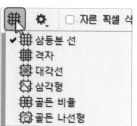

삼등분 선(Rule of Thirds) ▦

격자(Grid) ▦

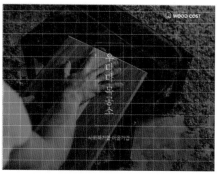

대각선(Diagonal) ⊠

삼각형(Triangle) ⟠

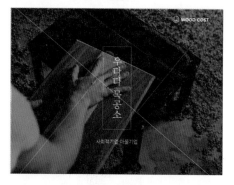

골든 비율(Golden Ratio) ▦

골든 나선형(Golden Spiral) ⊚

가이드라인이 나타나게 하려면 이미지를 마우스 오른쪽 버튼으로 클릭한 후 [전면 이미지 종횡비 사용]을 선택하세요.

멋진 색감을 만들어 줄 채색 도구 8가지

실제로 그림을 그릴 때
쓰는 도구와 비슷해요!

아윤 쌤의

**강의
노트** "포토샵의 대표적인 채색 도구 8가지를 알아봐요!"

포토샵은 다양한 색상으로 그래픽 디자인을 할 수 있는 프로그램입니다. 10장에서는
원하는 색상을 선택한 후 다양한 기능과 도구를 이용해 그림을 그리거나 원하는 영역
을 채색해 보겠습니다. 포토샵의 채색 도구는 이미지를 보정하거나 디자인 콘텐츠를
제작할 때 많이 사용합니다.

✓ 체크 포인트

□ 전경색과 배경색 이해하기
□ 브러시, 연필, 지우개, 페인트 도구 사용하기
□ 그레이디언트 도구로 여러 색상 한 번에 사용하기

□ 패턴 만들고 배경 채우기
□ 스포이드 도구로 색상 추출하기

포토샵 색상의 기본! 전경색, 배경색

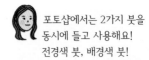

포토샵에서는 2가지 붓을
동시에 들고 사용해요!
전경색 붓, 배경색 붓!

포토샵에서 색상을 선택하는 곳은 바로 '전경색'과 '배경색'입니다. 전경색과 배경색
은 도구 바의 아래쪽에서 지정할 수 있습니다. 포토샵을 처음 실행하면 전경색은 '검
은색', 배경색은 '흰색'으로 지정돼 있는데요. 전경색과 배경색의 차이부터 알아보겠
습니다.

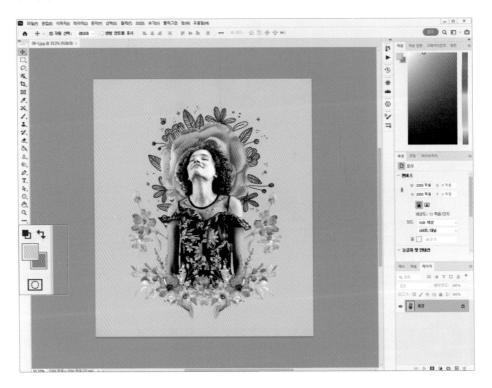

전경색과 배경색 이해하기

전경색은 원하는 색상을 선택하거나 채색할 때 사용하는 색, 배경색은 배경에 사용하
는 색을 말합니다. 포토샵의 배경색이 흰색으로 지정돼 있는 이유는 새 작업 문서를
만들 때 배경색을 흰색으로 지정했기 때문입니다. 새 문서를 만들 때 배경색을 검은
색으로 지정하면 배경색도 검은색이 됩니다.

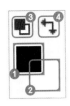

① **전경색:** [브러시 도구 🖌], [펜 도구 🖊], [페인트 통 도구 🪣]를 사용하면 채색할 때 전경색이 사용됩니다.

② **배경색:** [지우개 도구 🧹]를 사용하거나 빈 여백이 생겼을 때 배경색이 사용됩니다.

③ **기본 전경색과 배경색:** 기본 색상(전경색은 검은색, 배경색은 흰색)으로 변경됩니다. 단축키 ⒟를 누르면 기본 색상으로 빠르게 변경됩니다.

④ **전경색과 배경색 전환:** 전경색과 배경색이 서로 변경됩니다. 단축키 ⓧ를 눌러도 전경색과 배경색이 빠르게 변경됩니다.

✨지금 하면 된다! ⟩ 전경색과 배경색에 원하는 색상 선택하기

01 ① [전경색]을 클릭합니다.

② [색상 피커] 대화상자에서 원하는 색상을 클릭합니다.

③ [확인]을 클릭하면 지정한 색이 전경색으로 설정됩니다.

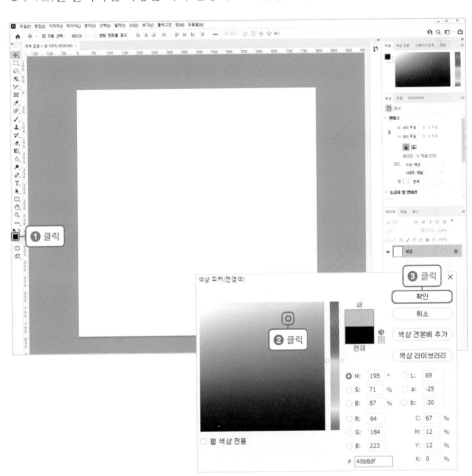

10 · 멋진 색감을 만들어 줄 채색 도구 8가지 **173**

02

❶ [배경색]을 클릭합니다.

❷ [색상 피커] 대화상자에서 원하는 색상을 클릭합니다.

❸ [확인]을 클릭하면 지정한 색이 배경색으로 설정됩니다.

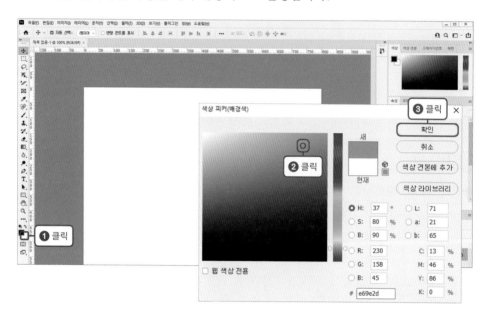

✧지금 하면 된다! [색상] 패널에서 원하는 색상 선택하기

[색상] 패널에서도 원하는 색을 지정할 수 있습니다. 포토샵을 설치한 후 화면 구성을 바꾸지 않았다면 오른쪽 윗부분에서 [색상] 패널을 찾을 수 있습니다. 만약 보이지 않는다면 메뉴 바에서 [창 → 색상]을 클릭해 패널을 여세요.

💧 영문판 [Window → Colors]

01

[색상] 패널의 왼쪽에도 전경색과 배경색 아이콘이 있습니다.

❶ [전경색]을 선택한 후

❷ 원하는 색상을 클릭하면 전경색으로 선택됩니다.

02 01과 같은 방법으로

❶ [배경색]을 클릭한 후

❷ 원하는 색상을 클릭하면 배경색으로 선택됩니다.

03 ❶ [색상] 패널에서 [전경색] 또는 [배경색]을 더블클릭하세요.

❷ [색상 피커] 대화상자가 나타납니다.

원하는 색상을 클릭하거나 색상 코드를 입력할 수 있습니다.

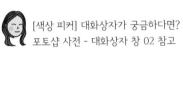
[색상 피커] 대화상자가 궁금하다면?
포토샵 사전 - 대화상자 창 02 참고

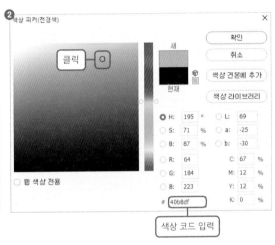

10-2

[브러시 도구 ✏️]와 [연필 도구 ✏️]로 그리기

준비 파일 새 파일에서 실습

 부드러운 선은 [브러시 도구 ✏️],
거친 느낌의 선은 [연필 도구 ✏️]!

원하는 색상을 선택했다면 채색을 해야겠죠?

대표적인 채색 도구로는 [브러시 도구 ✏️], [연필 도구 ✏️]가 있습니다.

[브러시 도구 ✏️]는 붓의 부드러운 느낌, [연필 도구 ✏️]는 연필의 딱딱하고 거친 느낌으로 그려집니다. 이외에도 [브러시 도구 ✏️]의 숨은 도구에는 [색상 대체 도구 ✏️], [혼합 브러시 도구 ✏️]가 있습니다.

지금 하면 된다! ▸ [브러시 도구 ✏️]로 그리기

01

❶ Ctrl + N 을 눌러 새로운 작업 문서를 만듭니다. ⬤ [브러시 도구] 단축키 B

❷ [브러시 도구 ✏️]를 클릭한 후

❸ 브러시의 크기를 설정하기 위해 위쪽 옵션 바의 ⌄을 클릭합니다.

❹ 브러시의 크기는 '300픽셀'로 설정하고,

❺ 브러시의 모양은 [일반 브러시] 폴더의 ❻ [선명한 원]으로 설정합니다.

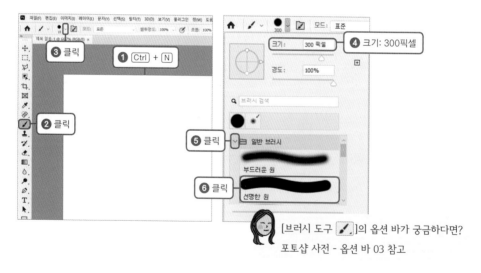

[브러시 도구 ✏️]의 옵션 바가 궁금하다면?
포토샵 사전 - 옵션 바 03 참고

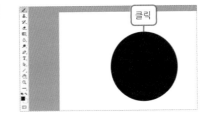

02
작업 화면을 클릭합니다. 브러시 모양이 지정한 크기만큼 나오죠?

03
이번에는 원하는 색상을 선택한 후 드래그해 보겠습니다.

❶ 도구 바에서 [전경색]을 클릭한 후

❷ [색상 피커] 대화상자에서 원하는 색상을 클릭합니다. 여기서는 색상 코드를 'f18012'로 설정하겠습니다.

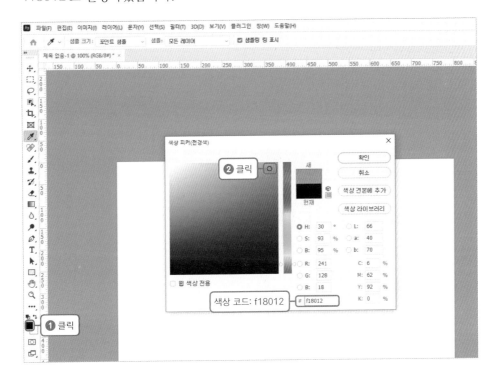

04 ❶ 브러시의 크기를 '40픽셀'로 설정합니다.
❷ 작업 화면에서 클릭, 드래그하면 선이 자유롭게 그려집니다.

✨지금
하면 된다! › [연필 도구 ✏️]로 그리기

[연필 도구 ✏️]는 [브러시 도구 🖌️]와 사용법은 비슷하지만, [연필 도구 ✏️]의 가장 자리 경계선 부분이 딱딱하게 표현된다는 차이점이 있습니다.

01 ❶ [연필 도구 ✏️]를 선택합니다.
❷ 위쪽 옵션 바에서 ▮을 클릭한 후
❸ 브러시 크기를 '40픽셀'로 설정하고
❹ 브러시의 모양은 [선명한 원]을 선택합니다.

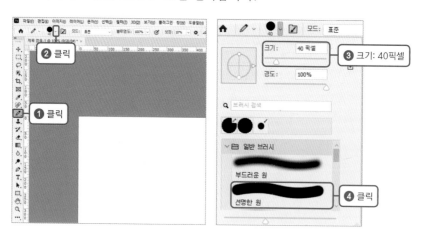

02 작업 화면을 클릭, 드래그합니다.

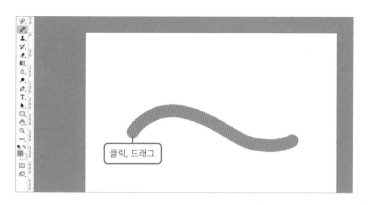

클릭, 드래그

[브러시 도구 ✏️]와 [연필 도구 ✏️]의 경계선 비교하기

[브러시 도구 ✏️]와 [연필 도구 ✏️]는 가장자리, 즉 경계 부분에서 차이가 납니다.
[브러시 도구 ✏️]는 경계가 부드럽게, [연필 도구 ✏️]는 딱딱하고 거칠게 표현됩니다.

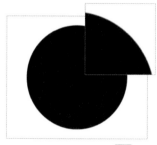

경계가 부드러운 [브러시 도구 ✏️]

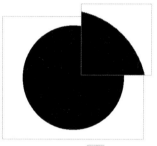

경계가 거친 [연필 도구 ✏️]

⟨⟩ 지금
하면 된다! ⟩ [브러시 설정] 패널 🖌️로 점선 브러시 만들기

01 ❶ Ctrl + N 을 눌러 새 작업 문서를 만듭니다.

❷ [브러시 도구 ✏️]를 선택합니다.

❸ 패널에서 [브러시 설정] 패널 🖌️을 클릭하거나 단축키 F5 를 눌러 [브러시 설정]
패널이 나타나도록 합니다.

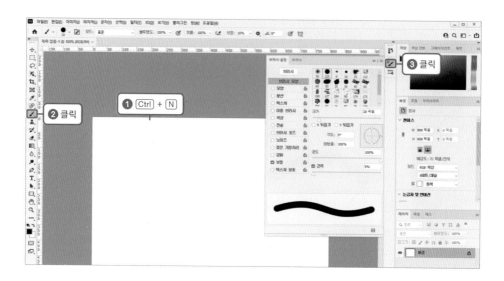

02

❶ 원하는 브러시 모양을 선택한 후
❷ 브러시 크기는 '10픽셀',
❸ 간격은 '200%'로 설정합니다.

간격을 높일수록 더 넓은
간격의 점선이 만들어집니다!

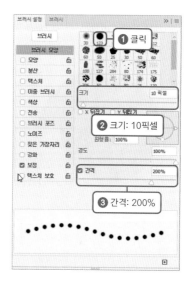

03

작업 화면을 클릭, 드래그하면 점선 모양의 선이 그려집니다.

10-3

[색상 대체 도구 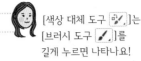]로 다른 색감 입히기

준비 파일 10/색상 대체 도구 실습.jpg

[색상 대체 도구 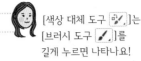]는
[브러시 도구 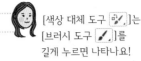]를
길게 누르면 나타나요!

☆☆ 지금
하면 된다! ▷ [색상 대체 도구 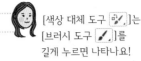]로 이미지에 다른 색감 입히기

[색상 대체 도구 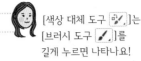]는 전경색에서 선택한 색상이 이미
지의 색상과 혼합되면서 다른 색으로 교체되는 기능입
니다. 실습을 하면서 자세히 알아보겠습니다.

01 ❶ Ctrl + O를 눌러
준비 파일 '색상 대체 도구 실
습.jpg'을 불러옵니다.
❷ 전경색을 원하는 색상으로
선택한 후
❸ [색상 대체 도구 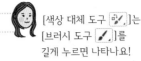]를 클릭
합니다.

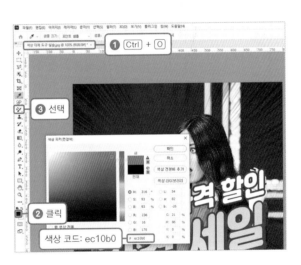

02 [색상 대체 도구 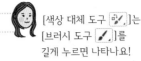]로
이미지를 색칠하듯이 드래그
해 보세요. 이미지 색이 다른
색으로 변경됐죠? 전경색으로
선택한 색상과 혼합되면서 다
른 색상으로 대체됩니다.

 [색상 대체 도구 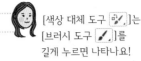]
옵션 바가 궁금하다면?
포토샵 사전 - 옵션 바 04 참고

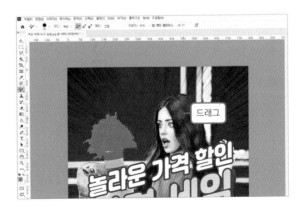

10 · 멋진 색감을 만들어 줄 채색 도구 8가지　**181**

10-4

[혼합 브러시 도구 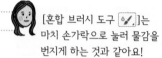]로 유화처럼 이미지 색상 섞기

준비 파일 10/혼합 브러시 도구 실습.jpg

[혼합 브러시 도구 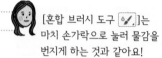]는
마치 손가락으로 눌러 물감을
번지게 하는 것과 같아요!

하면 된다! 〉[혼합 브러시 도구 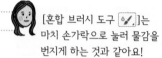]로 유화 느낌 살리기

[혼합 브러시 도구 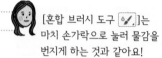]는 이미지의 다양한 색상을 서로
섞어 주는 기능입니다. 다양한 색상을 서로 섞어 유화 느
낌을 표현하는 신기한 도구죠.

01 꽃잎의 다양한 색상을
섞어 유화 느낌이 나도록 해보
겠습니다.
❶ Ctrl + O를 눌러 준비 파일
'혼합 브러시 도구 실습.jpg'을
불러옵니다.
❷ [혼합 브러시 도구 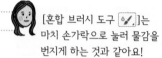]를 클
릭합니다.

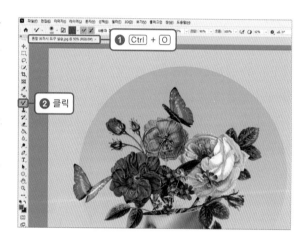

02 이미지에 드로잉을 하
듯이 드래그합니다. 기존 이미
지의 색상들이 서로 섞입니다.

 [혼합 브러시 도구 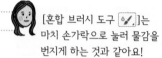]의
옵션 바가 궁금하다면?
포토샵 사전 - 옵션 바 05 참고

10-5

무료 브러시 파일 내려받아 설치하기

준비 파일 10/flower.abr

브러시를 다양하게 사용하면
더욱 수준 높은 결과물을
만들 수 있어요!

포토샵이 설치될 때 함께 제공되는 브러시 외에도 다양한 브러시를 내려받은 후 등록해 사용할 수 있습니다.

무료 다운로드 사이트인 'Brusheezy(www.brusheezy.com)'에서 브러시를 내려받아 설치해 보세요. 만약 마음에 드는 브러시가 없다면 직접 브러시를 만들어 등록할 수도 있습니다.

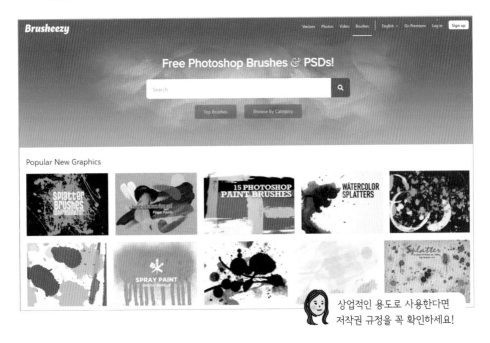

상업적인 용도로 사용한다면
저작권 규정을 꼭 확인하세요!

✦✦지금 하면 된다! ⟩ 무료 브러시 파일 등록하기

01
❶ Ctrl + N 을 눌러 새 작업 문서를 만듭니다.

❷ [브러시 도구 ✏️]를 클릭한 후 ❸ 위쪽 옵션 바에서 ⦙을 클릭합니다.

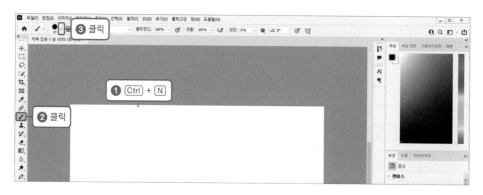

02
❶ ⚙️을 클릭하면 나타나는 옵션 메뉴 중에서

❷ [브러시 가져오기...]를 선택합니다.

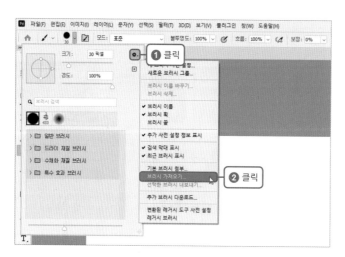

03

① [불러오기] 대화상자에서 브러시 파일을 클릭한 후 ② [불러오기]를 클릭합니다.

💧 이 책에서 제공하는 예제 파일의 [10] 폴더에 저자가 만든 브러시 파일인 'flower.abr'가 있습니다. 브러시 파일을 따로 내려받지 않았다면 이 파일을 불러오세요.

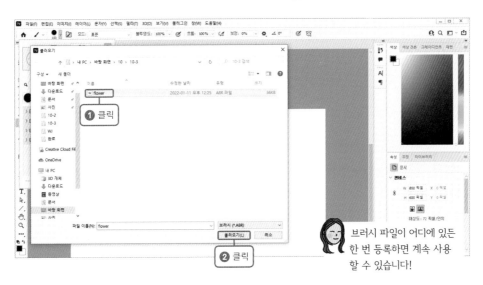

브러시 파일이 어디에 있든 한 번 등록하면 계속 사용할 수 있습니다!

04

① 새로 등록한 브러시를 클릭합니다.

② 브러시의 크기를 '433픽셀'로 줄인 후

③ 작업 화면을 자유롭게 클릭하거나 드래그하면서 브러시의 모양을 살펴보세요.

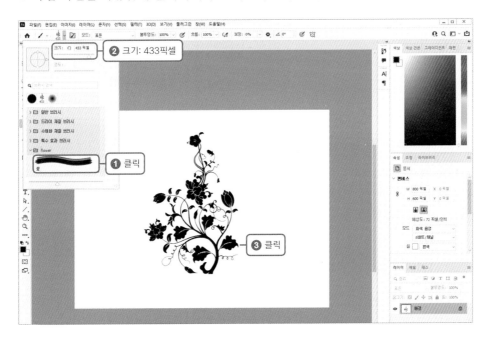

[지우개 도구 ]로 지우기

준비 파일 10/지우개 도구 실습.jpg

[지우개 도구]와 [브러시 도구]는
역할은 정반대지만 사용법은 거의 동일해요!

◆◇지금 하면 된다! ﹥ [지우개 도구]로 지우기

[지우개 도구]로 지울 때의 가장 큰 특징은 배경색으로 지워진다는 점입니다. 배
경색이 흰색이면 흰색으로 지워지고, 다른 색상으로 변경해 지우면 변경된 색상으로
지워집니다.

💧 [지우개 도구] 단축키 E

01 ❶ Ctrl + O를 눌러
준비 파일 '지우개 도구 실습.jpg'
을 불러옵니다.
❷ [지우개 도구]를 클릭한 후
❸ 불러온 이미지 위에 드래그
합니다. 배경이 흰색으로 지워
지죠?

02 이번에는 배경색을 변
경해 보겠습니다.
❶ 원하는 배경색을 선택한 후
❷ 이미지를 드래그하면 됩니다.

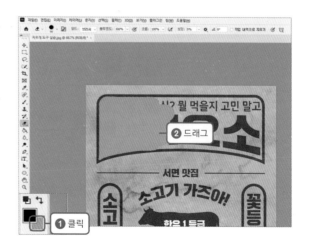

아윤 쌤! 질문 있어요! | 이미지를 잘못 지웠는데 원본 이미지로 되돌릴 방법이 없나요?

물론 있습니다. 만약 [지우개 도구 ]를 사용하다 원본 이미지로 되돌리고 싶다면 다음 내용을 따라해 보세요.

❶ [지우개 도구]를 선택한 후 ❷ 위쪽 옵션 바에 있는 [작업 내역으로 지우기] 항목에 체크 표시를 합니다. ❸ 복구하고 싶은 부분을 다시 드래그하면 원본 상태로 돌아옵니다.

이와 비슷한 기능을 가진 [작업 내역 브러시 도구]도 있습니다.
❶ [작업 내역 브러시 도구]를 클릭한 후 ❷ 이미지의 지워진 부분 위에 드래그하면 지워졌던 부분이 다시 원본 상태로 돌아옵니다.

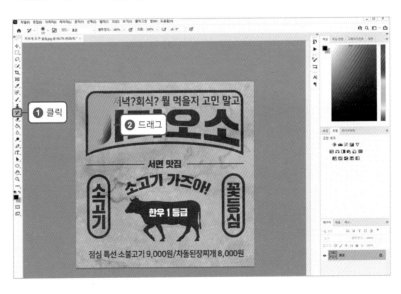

이번에는 배경색을 따르지 않고 배경을 아예 삭제해 버리는 [배경 지우개 도구]
로 지워 볼게요. [지우개 도구]는 배경색의 영향을 받
지만, [배경 지우개 도구]는 배경색과 상관없이 배경
을 삭제해 바탕을 투명하게 만드는 기능입니다.

01
❶ [배경 지우개 도구]
를 클릭합니다.
❷ 이미지 위를 드래그하면 드래
그한 곳에 모자이크 배경이 보이
죠? 배경이 삭제돼 투명해졌기
때문입니다.

아윤 쌤! ⑦
질문 있어요! │ [배경 지우개 도구]를 사용한 후 [지우개 도구]를 사용했더니
│ 투명 모자이크 배경이 나와요!

이미지를 처음 불러오면 레이어가 잠겨 있습니다. 그런데 이미지를 [배경 지우개 도구
]로 지우면 자물쇠 모양이 사라지면서 [잠금] 기능이 해제됩니다. 이렇게 [잠금] 기
능이 해제된 상태에서 [지우개 도구]로 지우면 배경색이 아니라 배경 자체가 지워
집니다.
원래의 기능처럼 사용하려면 [레이어] 패널에서 ▨를 클릭해 [잠금] 기능을 다시 실행
한 후에 [지우개 도구]를 사용해야 합니다. 배경색의 영향을 받아 정상적으로 지
워집니다.

지금
하면 된다! ❯ [자동 지우개 도구 ]로 간편하게 지우기

이번에는 자동으로 쉽게 지워지는 [자동 지우개 도구]
를 사용해 보겠습니다.

01

❶ [자동 지우개 도구]를 클릭합니다.

❷ 이미지의 배경 부분을 클릭합니다. 배경이 순식간에 사라졌죠? [자동 지우개 도구
]는 바로 이렇게 배경을 쉽게 없애 주는 기능입니다. 같은 색상을 자동으로 인식
해 지워 주기 때문에 이미지의 색상이 선명하거나 단색일수록 사용하기 편리합니다.

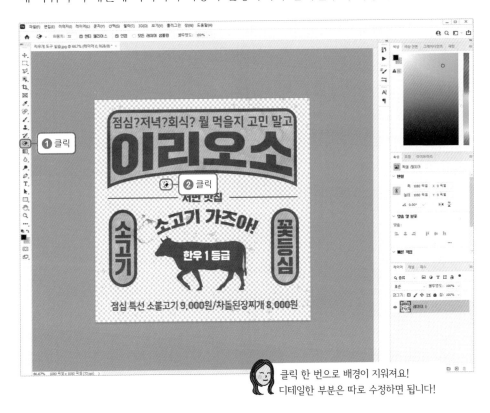

클릭 한 번으로 배경이 지워져요!
디테일한 부분은 따로 수정하면 됩니다!

10-7

[그레이디언트 도구]로 여러 색상 한 번에 사용하기

준비 파일 10/그레이디언트 도구 실습.jpg

그러데이션을 잘 사용하면 감각적인
색감의 디자인 작업을 할 수 있어요!

그러데이션(gradation)은 여러 색상이 단계적으로 변화되는 디자인 기법입니다.
[그레이디언트 도구]에 익숙해지면 트렌디한 디자인 작   💧 [그레이디언트 도구] 단축키 Ⓖ
품을 제작할 수 있어요!

✦✧지금 하면 된다! ⟩ [그레이디언트 도구] 사용하기

01 ❶ Ctrl + N 을 눌러
새 작업 문서를 만듭니다.
❷ 전경색과 배경색을 그레이디
언트를 만들 색으로 변경한 후
❸ [그레이디언트 도구]를
클릭합니다.

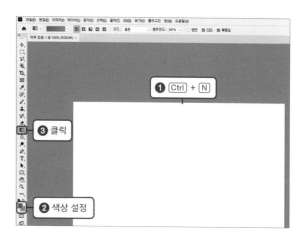

02 작업 화면을 클릭, 드
래그하면 그러데이션이 채워
집니다.

[그레이디언트] 옵션 바의
대화상자가 궁금하다면?
포토샵 사전 - 옵션 바 06 참고

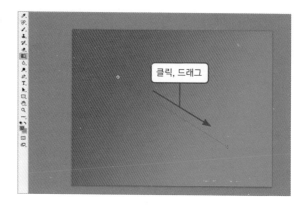

하면 된다! ▸ [그레이디언트 도구 ■]로 몽환적인 색감의 이미지 만들기

이번에는 [그레이디언트 도구 ■] 옵션 바의 모드와 불투명도를 활용해 이미지 색상을 보정해 보겠습니다.

01 ❶ Ctrl + O 를 눌러 준비 파일 '그레이디언트 도구 실습.jpg'을 불러옵니다.
❷ [그레이디언트 도구 ■]를 클릭합니다.
❸ 그레이디언트 편집기의 ⌄을 클릭한 후
❹ [분홍(Pinks)] 항목에서 색상을 선택합니다.

02 ❶ 모드는 [오버레이], ❷ 불투명도는 '50%'로 설정한 후 ❸ 이미지를 클릭, 드래그합니다.
이미지의 색상과 그레이디언트 색상이 혼합돼 새로운 느낌의 색상이 연출됩니다.

[페인트 통 도구 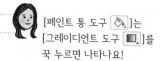]로 채색하기

준비 파일 10/페인트 도구 실습.jpg

[페인트 통 도구 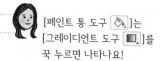]는
[그레이디언트 도구 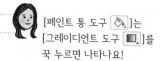]를
꾹 누르면 나타나요!

[페인트 통 도구 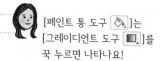]는 원하는 색상을 선택한 후 드래그 없이 클릭 한 번으로 원하는 영역을 채색하는 기능입니다.

지금 하면 된다! 〉 [페인트 통 도구 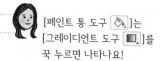]를 사용해 전경색으로 전체 칠하기

01 ❶ Ctrl + N 을 눌러 새 작업 문서를 만듭니다.

❷ [전경색]에서 원하는 색을 선택합니다.

❸ [페인트 통 도구 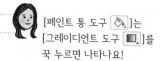]를 선택한 후

❹ 작업 캔버스를 클릭하면 전경색이 채색됩니다.

🖢 단축키
• 전경색 넣기 Alt + Delete
• 배경색 넣기 Ctrl + Delete

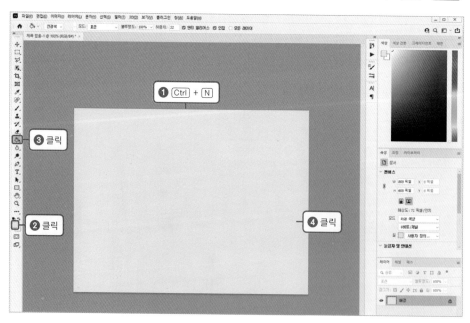

질문 있어요!

[페인트 통 도구]와 [칠(Fill)]은 뭐가 다른가요?

[페인트 통 도구]와 [칠(Fill)]의 기능은 비슷하므로 차이점을 알고 사용하는 것이 좋아요!

[칠(Fill)]을 사용하는 방법

❶ 메뉴 바에서 [편집 → 칠...]을 클릭하면 나타나는 [칠] 대화상자에서 ❷ 내용을 [전경색]으로 설정한 후 ❸ [확인]을 클릭합니다.

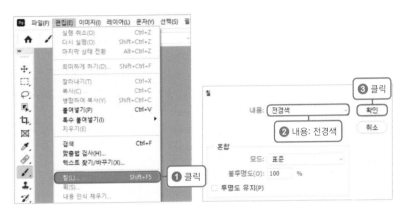

[페인트 통 도구]와 [칠(Fill)]의 차이점

[페인트 통 도구]: 비슷한 색상끼리 인지해 색을 채워 줍니다.

[칠(Fill)]: 비슷한 색상과 상관없이 캔버스 전체 또는 선택한 영역에 색을 채웁니다.

[페인트 통 도구 ⚬]에는 비슷한 색상을 하나의 영역으로 자동 인식해 채색하는 기능도 있습니다.

01

❶ Ctrl + O를 눌러 준비 파일 '페인트 도구 실습.jpg'을 불러옵니다.

❷ [페인트 통 도구 ⚬]를 선택한 후 ❸ 원하는 전경색을 선택합니다.

❹ [페인트 통 도구 ⚬]로 이미지의 옷 부분을 클릭합니다.

옷에만 색상이 채워지죠? [페인트 통 도구 ⚬]는 이렇게 비슷한 색상을 기준으로 채색됩니다.

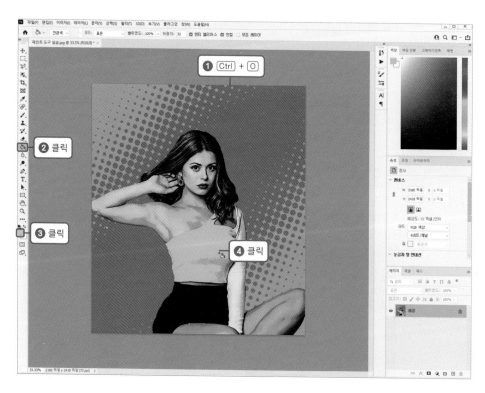

10-9

패턴으로 배경 채우기

준비 파일 10/패턴 채우기 실습.jpg

 [페인트 통 도구 🪣]로도 패턴을 넣을 수 있다는 사실! 알고 있나요?

[페인트 통 도구 🪣] 옵션에서 전경색을 패턴으로 변경하면 배경에 다양한 문양의 패턴을 채울 수 있습니다.

⬦⬦ 지금
하면 된다! ⟩ [페인트 통 도구 🪣]로 패턴 채우기

01 ❶ Ctrl + O를 눌러 준비 파일 '패턴 채우기 실습.jpg'을 불러옵니다.
❷ [페인트 통 도구 🪣]를 선택한 후 ❸ 옵션 바에서 전경색을 [패턴]으로 변경합니다.
❹ 패턴 문양 옆의 화살표를 클릭하면 나타나는 패턴의 목록에서 원하는 패턴을 선택한 후 ❺ 이미지를 클릭하면 선택한 패턴이 채워집니다.

10-10

패턴 만들어 등록하고 사용하기

준비 파일 10/패턴 등록하기 실습.jpg, 패턴 미리 보기 실습.jpg

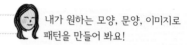 내가 원하는 모양, 문양, 이미지로
패턴을 만들어 봐요!

◈◈지금 하면 된다! ▶ 이미지를 패턴으로 만들기

패턴 등록이 브러시 등록과 다른 점은 특정 색상, 문양, 이미지의 일부를 패턴으로
등록할 수 있다는 것입니다. 예쁜 꽃 이미지를 패턴으로 등록해 보겠습니다.

01 ❶ Ctrl + O 를 눌
러 준비 파일 '패턴 등록하기 실
습.jpg'을 불러옵니다.
❷ [편집 → 패턴 정의...]를 선
택합니다.

◉ 영문판 [Edit → Define Pattern]

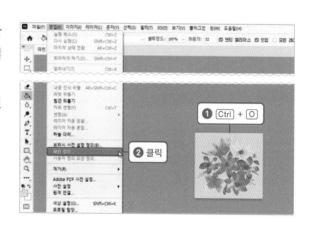

02 ❶ 패턴 이름을 입력한
후 ❷ [확인]을 클릭합니다.

03 ❶ Ctrl + N 을 눌러 새 작업 문서를 만듭니다.
❷ [페인트 통 도구 🪣]를 클릭하고 ❸ 옵션 바에서 앞서 등록한 패턴을 클릭합니다.
❹ 작업 화면을 클릭하면 등록한 새 패턴이 전체적으로 적용됩니다.

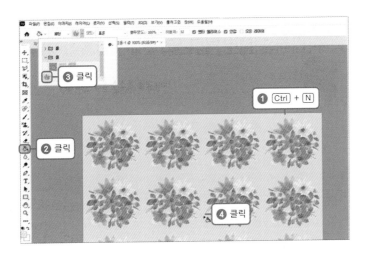

**지금
하면 된다!** 패턴 미리 보면서 만들기

패턴을 등록하기 전에 우리가 등록할 문양이 어떤 패턴으로 보일지 미리 보면서 작
업할 수 있습니다.

01 Ctrl + O 를 눌러 준비 파
일 '패턴 미리 보기 실습.jpg'을 불러
옵니다.

02 ❶ 메뉴 바에서 [보기 → 패턴 미리 보기]를 클릭합니다.
❷ 나타나는 팝업 창에서 [확인]을 클릭합니다.

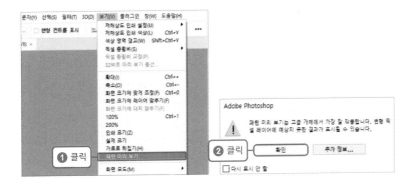

10 · 멋진 색감을 만들어 줄 채색 도구 8가지　**197**

03 등록한 문양의 패턴을 확인할 수 있습니다.

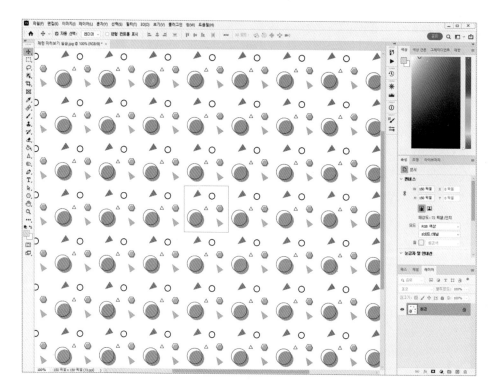

10-11

[스포이드 도구 🖊]로 색상 추출하기

준비 파일 10/스포이드 도구 실습.jpg

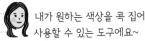

내가 원하는 색상을 콕 집어
사용할 수 있는 도구예요~

사진을 보고 '와, 이 색상 너무 맘에 든다~ 이 색상을 포토샵에서 사용하고 싶은데 어떻게 하지?'라는 생각을 해본 적이 있나요? 이럴 때 사용하는 기능이 바로 [스포이드 도구 🖊]입니다. 마음에 드는 색상을 추출해 사용할 수 있는 도구죠. [스포이드 도구 🖊]만 잘 활용해도 색상 선택의 고민을 조금 덜 수 있어요.

지금
하면 된다! 〉 이미지에서 원하는 색상 추출하기

01 ❶ Ctrl + O를 눌러 준비 파일 '스포이드 도구 실습.jpg'을 불러옵니다.
❷ [스포이드 도구 🖊]를 클릭한 후 ❸ 이미지에서 원하는 색이 있는 부분을 클릭하면 ❹ 그 색이 전경색으로 설정됩니다.

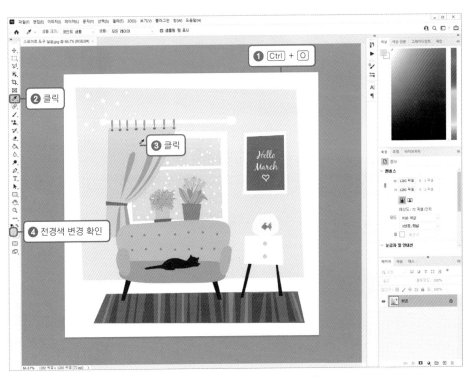

이미지 보정하고 리터칭하기

이미지가 2% 부족한가요?
포토샵으로 모두 해결할 수 있어요!

아윤 쌤의

강의 노트 "포토샵의 정수! 이미지 보정을 알아봐요!"

사진을 촬영하다 보면 흐리거나 어둡게 나오기도 하고, 얼굴에 잡티가 보일 때도 있습니다. 보정 도구를 사용하면 이러한 사진을 깔끔하게 보정할 수 있습니다.

✔ 체크 포인트

□ 선명하게, 흐리게 조절하기 □ 피부의 잡티 제거하기
□ 어둡게, 밝게 조절하기 □ 이미지 속 요소를 선택해 깔끔하게 복제하기

둘째마당

선택·이동

변형·회전

자르기·분할

색상·채색

보정·리터치

채도·명도

문자 도구

도형

필터

웹 환경 설정

11-1

선명도를 조절하는 [흐림 효과 도구],
[선명 효과 도구 ▲], [손가락 도구 ✋]

준비 파일 11/리터칭 보정 실습_01.jpg

질감을 거칠게 표현할 때는
[선명 효과 도구 ▲],
질감을 부드럽게 표현할 때는
[흐림 효과 도구]!

이미지의 선명도를 조절하는 도구로는 [흐림 효과 도구], [선명 효과 도구 ▲], [손가락 도구 ✋]가 있습니다. 이 도구들은 질감에 변화를 주어 표현하는 것으로, 브러시처럼 원하는 곳에 드래그해 사용합니다.

**지금
하면 된다!** ▸ 원하는 영역을 뿌옇게 하는 [흐림 효과 도구]

[흐림 효과 도구]는 특정 영역을 흐리게 만드는 기능입니다.

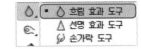

01
❶ Ctrl + O 를 눌러 준비 파일 '리터칭 보정 실습_01.jpg'을 불러옵니다.
❷ [흐림 효과 도구]를 선택한 후 ❸ 원하는 부분을 드래그하면 뿌옇게 흐려집니다.

키보드의 [,]를 누르면
브러시의 크기를 조절할 수 있어요!

[흐림 효과 도구]의
옵션 바가 궁금하다면?
포토샵 사전 - 옵션 바 07 참고

지금 하면 된다! › 원하는 영역을 선명하게 하는 [선명 효과 도구 △.]

[선명 효과 도구 △.]는 특정 영역을 선명하게 만드는 기능입니다.

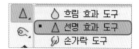

01 ❶ Ctrl + O 를 눌러 준비 파일 '리터칭 보정 실습_01.jpg'을 불러옵니다.
❷ [선명 효과 도구 △.]를 선택한 후 ❸ 원하는 영역에 드래그하면 해당 부분이 기존보다 또렷해집니다.

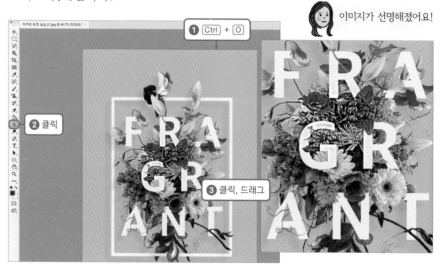

이미지가 선명해졌어요!

지금 하면 된다! › 원하는 영역을 문질러 형태를 변형하는 [손가락 도구 ✋.]

01 ❶ Ctrl + O 를 눌러 준비 파일 '리터칭 보정 실습_01.jpg'을 불러옵니다.
❷ [손가락 도구 ✋.]를 선택한 후 ❸ 원하는 부분을 클릭, 드래그하면 이미지가 뭉개지듯이 표현됩니다.

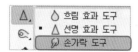

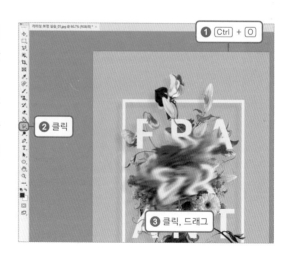

11-2

밝기를 조절하는 [닷지 도구 🔍],
[번 도구 ✋], [스펀지 도구 ⬤]

준비 파일 11/리터칭 보정 실습_02.jpg

 이미지 전체가 아닌 부분의 밝기,
채도를 조절할 때 사용해요!

[닷지 도구 🔍], [번 도구 ✋], [스펀지 도구 ⬤]는 이미지의 원하는 부분을 드래그해
명도와 채도를 디테일하게 조절하는 기능입니다. 이 3가지 기능은 특히 실무에서 이
미지를 합성하거나 입체감을 표현할 때 유용합니다. 원하는 부위를 밝게 하거나 어둡
게 할 때 사용하기도 합니다.

☆지금
하면 된다! ▶ 원하는 영역을 밝게 하는 [닷지 도구 🔍]

[닷지 도구 🔍]는 이미지의 어두운 부분을 밝게 만들어 주
는 기능입니다.

01 ❶ Ctrl + O 를 눌러 준비 파일 '리터칭 보정 실습_02.jpg'를 불러옵니다.
❷ [닷지 도구 🔍]를 선택한 후 ❸ 밝게 표현하고 싶은 부분을 드래그하면 이미지가
밝아집니다.

지금 하면 된다! ⟩ 원하는 영역을 어둡게 하는 [번 도구 ]

이미지의 밝은 부분을 어둡게 만드는 기능입니다. 이미지를 합성할 때 자연스러운 명암을 표현하기 위해 많이 사용합니다.

01
❶ Ctrl + O 를 눌러 준비 파일 '리터칭 보정 실습_02.jpg'를 불러옵니다.
❷ [번 도구 ]를 선택한 후 ❸ 어둡게 표현하고 싶은 부분을 드래그하면 이미지가 어두워집니다.

지금 하면 된다! ⟩ 원하는 영역의 채도를 낮추는 [스펀지 도구 ]

01
❶ Ctrl + O 를 눌러 준비 파일 '리터칭 보정 실습_02.jpg'를 불러옵니다.
❷ [스펀지 도구 ]를 선택한 후
❸ 채도를 조절할 부분을 드래그하면 채도가 높아지거나 낮아집니다. 옵션 바의 모드를 [채도 감소]로 설정하면 낮아지고 [채도 증가]로 설정하면 높아지죠.

11-3

잡티를 쉽게 지우는 [스팟 복구 브러시 도구]

준비 파일 11/리터칭 보정 실습_03.jpg

 주변과 어우러지게 하려면
[스팟 복구 브러시 도구],
원하는 부분을 선택하고 싶다면
[복구 브러시 도구]!

아무리 촬영을 잘해도 이미지에 잡티는 남기 마련인데요. 그래서 이러한 잡티를 쉽게 제거해 주는 기능이 바로 [스팟 복구 브러시 도구]와 [복구 브러시 도구]입니다. 피부를 깨끗하게 보정하는 기능이기 때문에 인물 보정에서 절대 빠질 수 없는 기능이죠. 특히, 결혼 사진을 보정할 때 많이 사용합니다.

지금 하면 된다! 자동으로 이미지의 잡티를 제거하는 [스팟 복구 브러시 도구]

[스팟 복구 브러시 도구]는 클릭 한 번으로 잡티를 제거합니다. 클릭하는 위치와 가까운 주변 픽셀을 자동으로 인식해 복제하기 때문입니다. 피부를 빠르고 간단하게 보정할 때 많이 사용합니다.

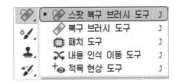

01
❶ Ctrl + O 를 눌러 준비 파일 '리터칭 보정 실습_03.jpg'을 불러옵니다.
❷ [스팟 복구 브러시 도구]를 클릭한 후 ❸ 잡티가 있는 부분을 클릭, 드래그합니다. 이미지의 잡티가 순식간에 사라집니다.

**♦ 지금
하면 된다!** ⟩ 주변 부분을 복제해 잡티를 제거하는 [복구 브러시 도구 ✐]

[복구 브러시 도구 ✐]는 잡티 주변의 깨끗한 부위를 선택한 후 잡티 부분을 클릭하면 혼합되면서 보정되는 기능입니다. 주변 이미지가 자동으로 복제되는 [스팟 복구 브러시 도구 ✐]와 달리, 복제할 부분을 직접 선택하고 적용하는 기능이죠. 좀 더 디테일하게 보정할 수 있는 기능입니다.

01

❶ Ctrl + O 를 눌러 준비 파일 '리터칭 보정 실습_03.jpg'을 불러옵니다.

❷ [복구 브러시 도구 ✐]를 클릭한 후 ❸ Alt 를 누른 채 보정해야 할 부분과 가까운 곳을 클릭해 색을 복제합니다.

복제된 부분이 마우스 커서를 따라 움직이는 게 보이나요?

❹ 잡티가 있는 부분을 클릭하거나 드래그하면 잡티가 자연스럽게 제거됩니다.

잡티 제거

[스팟 복구 도구 ✐],
[복구 브러시 도구 ✐]의
옵션 바가 궁금하다면?
포토샵 사전 - 옵션 바 12, 13 참고

선택·이동

변형·화전

자르기·분할

색상·채색

보정·리터치

채도·명도

문자 도구

도형

필터

리얼경·성전

11-4

깔끔하게 복제하는 [패치 도구 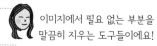],
[내용 인식 이동 도구 ✕], [적목 현상 도구 ✚ⓞ]

준비 파일 11/패치 도구 실습.jpg, 내용 인식 도구 실습.jpg,
　　　　　 가을 풍경.jpg, 적목 현상 도구 실습.jpg

이미지에서 필요 없는 부분을
말끔히 지우는 도구들이에요!

가끔 이미지를 보면서 '이 부분을 조금 옆으로 옮기면 참 좋을 텐데~', '이 부분은 지
우면 좋겠는데~'라는 생각을 할 때가 있지 않나요? 예를 들어 하늘 이미지를 발견했
는데 하늘을 날고 있는 새 때문에 합성이 어려운 경우 말이에요. 그럴 때 특정 부분
을 복제해 자연스럽게 이동하거나 지워 주는 기능이 있습니다.
그럼 기존에 있던 부분은 어떻게 되냐고요? 포토샵이 그 부분을 알아서 자연스럽게
합성해 말끔하게 채워 준답니다.

✧✦지금
하면 된다! 〉 [패치 도구 ⬡]로 자연스럽게 이미지 제거하기

[패치 도구 ⬡]는 이미지에서 특정 부분만 자연스
럽게 지우고 싶을 때 사용합니다. [패치 도구 ⬡]는
선택 영역을 지정해 사용해야 합니다.

01
❶ Ctrl + O를 눌러 준비 파일 '패치 도구 실습.jpg'을 불러옵니다.
❷ [패치 도구 ⬡]를 클릭한 후
❸ 삭제하고 싶은 부분을 드래그해 영역을 선택합니다.

삭제하고 싶은 부분보다 살짝 넉넉하게 선택하는 게 좋아요~

02 ❶ 선택된 영역 부분을 클릭, 드래그해 보세요.

이미지의 아래에 똑같은 이미지가 한 장 더 있는 것처럼 이동됩니다.

❷ 합성하고 싶은 배경 부분을 찾아 이동한 후 마우스에서 손을 떼면 이동된 부분의 이미지와 주변의 색상이 혼합돼 선택 영역이 자연스럽게 지워집니다.

가급적 다른 요소가 없는 빈 배경 쪽으로 이동하는 게 좋겠죠?

﹡﹡지금
하면 된다! ▷ [내용 인식 이동 도구 ✕]로 이미지를 자연스럽게 편집하기

[내용 인식 이동 도구 ✕]는 이미지에서 특정 부분
의 위치를 이동하고 싶을 때 사용합니다. 특정 부분
이 이동하면서 생기는 빈 부분은 주변을 자동으로
인식해 대체하죠.

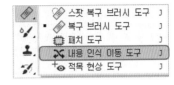

01
❶ Ctrl + O 를 눌러 준비 파일 '내용 인식 도구 실습.jpg'을 불러옵니다.

❷ [내용 인식 이동 도구 ✕]를 클릭한 후

❸ 이동할 개체의 영역을 드래그해 선택합니다.

❹ 선택된 이미지 영역을 이동한 후 Enter 를 누르세요.

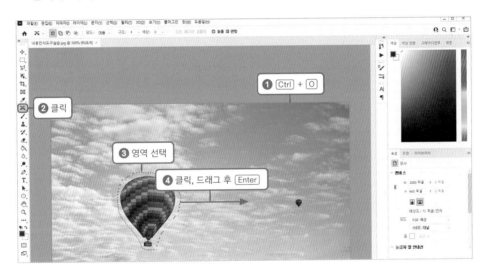

02
열기구의 위치가 이동되고
기존 위치는 주변 이미지를 인식한
대체 이미지로 변경돼 합성됩니다.

선택한 영역이 자연스럽게 이동합니다.

지금 하면 된다! > [내용 인식 채우기] 기능으로 자연스럽게 편집하기

메뉴 바의 [편집 → 내용 인식 채우기...]를 사용하면 [내용 인식 이동 도구 ⬚,]와 같은 효과를 낼 수 있습니다.

01 ① Ctrl + O 를 눌러 준비 파일 '가을풍경.jpg'을 불러옵니다.
② [올가미 도구 ○.]를 클릭한 후
③ 가운데에 있는 나무 이미지를 드래그해 선택 영역을 만듭니다.

02 [편집 → 내용 인식 채우기...]를 클릭합니다.

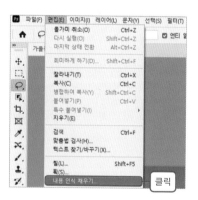

선택·이동

변형·회전

자르기·분할

색상·채색

보정·리터치

채도·명도

문자·도구

도형

필터

환경 설정

03 내용 인식 채우기 모드가 활성화됩니다.

❶ 오른쪽 [미리 보기]에서 나무 뒷배경이 합성된 이미지를 미리 볼 수 있습니다.

❷ 출력 위치를 [새 레이어]로 선택한 후 ❸ [확인]을 클릭합니다.

❷ 출력 위치: 새 레이어

❶ 미리 보기

❸ 클릭

04 앞서 선택했던 나무가 사라지면서 자연스럽게 합성됐습니다.

나무가 감쪽같이 사라졌어요!

✧✧ 지금 하면 된다! ➤ [적목 현상 도구 📷]로 보정하기

어두운 곳에서 플래시를 켜고 인물 사진을 찍으면 눈동자(동공) 부분이 붉게 나오는 '적목 현상'이 나타날 수 있어요. 이때 [적목 현상 도구 📷]를 사용하면 붉은 눈동자를 자연스럽게 변경할 수 있습니다.

01
❶ Ctrl + O 를 눌러 준비 파일 '적목 현상 도구 실습.jpg'을 불러옵니다.
❷ [적목 현상 도구 📷]를 클릭한 후
❸ 눈동자 부분을 클릭하면 검은색으로 변하는 것을 확인할 수 있습니다.

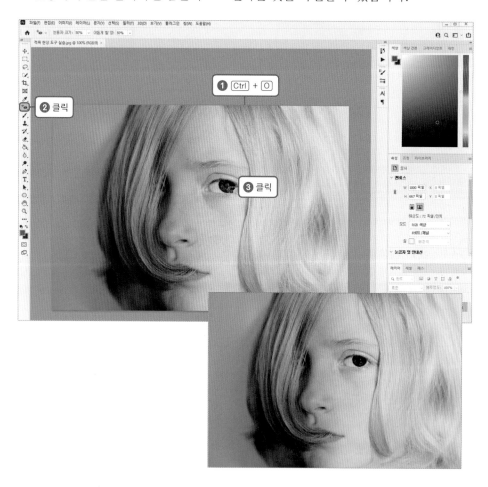

11-5

특정 영역을 복제하는 [복제 도장 도구]

준비 파일 11/복제 도장 도구 실습.jpg

도구의 이름처럼 이미지를
도장처럼 찍어 복제해요!

[복제 도장 도구]는 복제할 영역을 선택하기 힘들거나 필요 없는 부분을 자연스
럽게 지울 때 복제할 이미지를 도장처럼 찍어 사용합니
다. 손상된 이미지를 복원할 때 많이 사용합니다.

| | 복제 도장 도구 | S |
| | 패턴 도장 도구 | S |

[복제 도장 도구] 단축키 S

**지금
하면 된다!** [복제 도장 도구]로 이미지를 자연스럽게 복제하기

01

❶ Ctrl + O 를 눌러
준비 파일 '복제 도장 도구 실습.
jpg'을 불러옵니다.
❷ [복제 도장 도구]를 클릭
한 후 ❸ Alt 를 누른 채 이미
지에서 복사하고 싶은 부분을
클릭하면 해당 부분이 복제됩
니다.

❶ Ctrl + O

❷ 클릭

❸ Alt + 클릭

02

이미지를 붙여 넣고 싶은 부분을 드래그하면 이미지를 복제할 때 클릭했던
부분을 기준으로 나머지 부분을 복사합니다. 서서히 드래그하면서 해당 부분을 복제
할 수 있어요.

복권을 긁듯이 드래그하면
이미지가 나타납니다!

클릭, 드래그

11 · 이미지 보정하고 리터칭하기 **213**

전문가처럼 보정하는 조정 메뉴 사용하기

 미묘한 톤 변화로도 결과물의
퀄리티가 달라져요!

 아윤쌤의

강의노트 "이미지 보정 기능은 [조정] 메뉴에 모여 있어요!"

11장에서 배운 도구를 활용하면 간단한 보정과 리터칭을 할 수 있었지요? 12장에서 배울 조정 메뉴를 사용하면 이미지를 좀 더 디테일하고 전문적으로 보정하고 편집할 수 있습니다. 조정 메뉴에는 비슷한 듯하지만 다른 기능이 여러 가지 있는데, 대부분 명도, 채도, 색상을 조절하는 것이므로 몇 번만 사용해 보면 금방 익숙해질 거예요.

✔ **체크 포인트**

☐ 조정 메뉴 살펴보기 ☐ 이미지 색상 반전하기
☐ 명도, 채도 조절하기 ☐ 스케치처럼 색상을 단순화하기
☐ 색상 조절하기

12-1

조정 메뉴 살펴보기

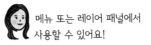 메뉴 또는 레이어 패널에서
사용할 수 있어요!

조정 메뉴 살펴보기

메뉴 바의 [이미지 → 조정]을 누르면 조정 메뉴를 확
인할 수 있습니다.

🔵 **영문판** [Image → Adjustments]

조정 레이어 사용하기

조정 기능은 메뉴 바 또는 조정 레이어로 사용할 수
있습니다. 메뉴 바에서 조정 메뉴를 사용하면 보정
이 원본 이미지에 바로 적용되므로, 나중에 원본 이
미지로 복구할 수 없게 됩니다.

반면, 조정 레이어를 사용하면 '상위 레이어'가 별도
로 생성되면서 적용됩니다. 따라서 원본으로 복구하고 싶을 때 생성된 조정 레이어
를 삭제하면 다시 원본 이미지를 사용할 수 있습니다.

메뉴 바에서 조정 메뉴 사용

조정 레이어로 보정

 원본으로 되돌릴 수 있는
'조정 레이어'로 실습할게요!

조정 레이어는 [레이어] 패널 아래쪽에 있는 조정 아이
콘 🔘 을 클릭해 사용할 수도 있고, [조정] 패널을 열어
원하는 아이콘을 누를 수도 있습니다.

[조정] 패널

명도를 조절하는 [레벨 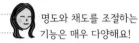], [곡선], [노출]

준비 파일 12/조정 메뉴 보정 실습_01.jpg

명도와 채도를 조절하는
기능은 매우 다양해요!

자동으로 톤, 대비, 색상 보정하기

❶ Ctrl + O를 눌러 준비 파일 '조정 메뉴
보정 실습_01.jpg'을 불러오세요.

❷ 메뉴 바에서 [이미지 → 자동 톤], [이미지 →
자동 대비], [이미지 → 자동 색상]을 선택하
면 기본 이미지를 자동으로 보정할 수 있습
니다.

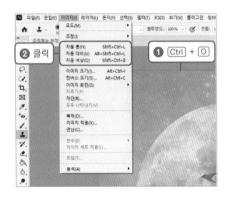

자동 톤(Auto Tone)	자동 대비(Auto Contrast)	자동 색상(Auto Color)

이미지의 색조 범위를 최대화해
보정합니다.

🔹 단축키 Shift + Ctrl + L

전체적인 색상은 유지하되, 밝은
영역은 더 밝게, 어두운 영역은 더
어둡게 해 대비를 줍니다.

🔹 단축키 Alt + Shift + Ctrl + L

이미지에서 가장 밝은 부분과 가장
어두운 부분을 찾아 2개의 영역을
평균적으로 조화롭게 합니다.

🔹 단축키 Shift + Ctrl + B

하면 된다! › [명도/대비 ☀]로 밝기와 대비 조절하기

[명도/대비 ☀] 기능은 이미지의 밝기를 간단하게 조절할 때 빠르게 사용할 수 있지만, 세밀하게 조절하는 데 한계가 있습니다.

● **메뉴 바** [이미지 → 조정 → 명도/대비]
● **영문판** [Image → Adjustments → Brightness/Contrast]

01 ❶ Ctrl + O를 눌러 준비 파일 '조정 메뉴 보정 실습_01. jpg'을 불러옵니다. ❷ [조정] 패널에서 ☀을 클릭합니다.

🌢 [조정] 패널은 기본 인터페이스 설정일 때 오른쪽 중간 부분에 있습니다. 보이지 않는다면 메뉴 바에서 [창 → 조정]을 누르세요.

02 ❶ [속성] 패널에 [명도/대비] 항목이 나타나면 ❷ [명도]와 [대비] 슬라이더를 오른쪽으로 이동하세요.

이미지가 밝게 보정됩니다.

명도/대비 패널이 궁금하다면?
포토샵 사전 - 패널 01 참고

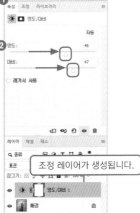

조정 레이어가 생성됩니다.

지금 하면 된다! 〉 [레벨 ▰]을 사용해 명도를 세밀하게 조절하기

[레벨 ▰]은 [명도/대비 ☀]보다 명도와 대비를 세밀하게 조절할 수 있습니다.

🔵 **메뉴 바** [이미지 → 조정 → 레벨]
🔵 **영문판** [Image → Adjustments → Levels]
🔵 **단축키** Ctrl + L

01 ❶ Ctrl + O 를 눌러 준비 파일 '조정 메뉴 보정 실습_01.jpg' 을 불러옵니다.
❷ [조정] 패널에서 ▰을 클릭합니다.

02 ❶ [레벨] 패널에서 어두운 슬라이더를 오른쪽으로 이동합니다.
❷ 이미지가 진해지면서 선명해집니다.

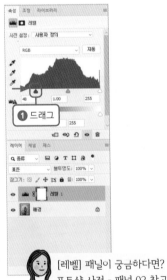

[레벨] 패널이 궁금하다면?
포토샵 사전 - 패널 02 참고

03

❶ 어두운 슬라이더의 위치를 처음 위치로 이동해 되돌립니다.

❷ 이번에는 밝은 슬라이더를 왼쪽으로 이동합니다. 이미지가 기존보다 밝아집니다.

이렇게 슬라이더를 조절하면 이미지 밝기와 선명도를 세밀하게 조절할 수 있습니다.

지금 하면 된다! 〉 [곡선 ▦]을 사용해 밝기와 선명도 조절하기

[곡선 ▦]은 [레벨 ▦]과 비슷한 기능으로, 그래프의 선을 이용해 밝기와 선명도를 조절합니다. 밝기와 선명도를 세밀하게 보정할 수 있어 [레벨 ▦]과 함께 가장 많이 사용됩니다.

💧 메뉴 바 [이미지 → 조정 → 곡선]
💧 영문판 [Image → Adjustments → Curves]
💧 단축키 Ctrl + M

01

❶ Ctrl + O 를 눌러 준비 파일 '조정 메뉴 보정 실습_01.jpg'을 불러옵니다.

❷ [조정] 패널에서 ▦을 클릭합니다.

12 · 전문가처럼 보정하는 조정 메뉴 사용하기 **219**

02 [곡선] 패널에서 그래프를 조절하겠습니다.

❶ 위 지점을 클릭해 위로 드래그합니다.

❷ 이미지가 밝아지죠?

03 ❶ 이번에는 좀 더 아래 지점을 클릭해 아래로 드래그합니다.

❷ 밝기 대비가 심해져 이미지가 전체적으로 선명해지는 것을 볼 수 있습니다.

✧⋄ 지금 하면 된다! › [노출 ◪]을 사용해 카메라 노출 효과 보정하기

사진을 카메라로 촬영할 때 빛의 양을 조절하는 기능을 '노출'이라고 합니다. 이미지의 노출이 부족하거나 과한 경우 조정 메뉴의 [노출 ◪] 기능을 사용해 보정할 수 있습니다.

💧 **메뉴 바** [이미지 → 조정 → 노출]
💧 **영문판** [Image → Adjustments → Exposure]

01
❶ Ctrl + O를 눌러 준비 파일 '조정 메뉴 보정 실습_01.jpg'을 불러옵니다.
❷ [조정] 패널에서 ◪을 클릭합니다.

02
❶ [노출] 슬라이더를 오른쪽으로 이동해 빛의 양을 증가시킵니다.
❷ [감마 교정]도 오른쪽으로 이동합니다.
선명하게 하기 위해 ❸ [오프셋]을 왼쪽으로 이동해 노출 보정을 완료합니다.

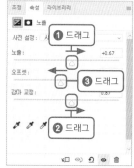

✧✦지금 하면 된다! ⟩ [어두운 영역/밝은 영역]으로 조절하기

[어두운 영역/밝은 영역]은 이미지의 어두운 부분을 밝
게, 밝은 부분을 어둡게 보정하는 기능입니다. 역광 사
진 또는 노출이 부족하거나 과할 사진의 경우 이 기능
을 사용해 보정합니다.

◆ **메뉴 바** [이미지 → 조정 →
어두운 영역/밝은 영역]
◆ **영문판** [Image → Adjustments →
Shadows/Highlights]

01 ❶ Ctrl + O 를 눌러 준비 파일 '조정 메뉴 보정 실습_01.jpg'을 불러옵니다.
❷ 메뉴 바에서 [이미지 → 조정 → 어두운 영역/밝은 영역]을 선택합니다.

02 ❶ [어두운 영역] 슬라이더를 오른쪽으로 옮기면 이미지의 어두운 부분이 밝
아지고 ❷ [밝은 영역] 슬라이더를 오른쪽으로 옮기면 밝은 부분이 어두워집니다.

12-3

색상과 채도를 조절하는
[활기 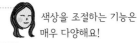], [색조/채도 ▦], [흑백 ▯], [포토 필터 📷]

준비 파일 12/조정 메뉴 보정 실습_02.jpg, 조정 메뉴 보정 실습_03.jpg,
　　　　　조정 메뉴 보정 실습_04.jpg, 조정 메뉴 보정 실습_05.jpg

색상을 조절하는 기능은
매우 다양해요!

지금
하면 된다! ▷ [활기 ▽]를 사용해 색을 선명하게 하기

[활기 ▽]는 기존 이미지의 색상을 보호하면서 색상과 채도를 조절하는 기능입니다.
기능이 간단하기 때문에 빠르게 사용하고자
할 때 유용합니다.

🔵 **메뉴 바** [이미지 → 조정 → 활기]
🔵 **영문판** [Image → Adjustments → Vibrance]

01
❶ Ctrl + O를 눌러 준
비 파일 '조정 메뉴 보정 실습_02.
jpg'를 불러옵니다.
❷ [조정] 패널에서 ▽를 클릭합
니다.

02
❶ [활기]와 [채도] 슬라이더를 오른쪽으로 이동합니다.
❷ 이미지의 색상이 좀 더 생동감 있게 변하고 색이 진해졌습니다.

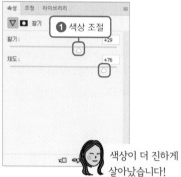

색상이 더 진하게
살아났습니다!

지금 하면 된다! > [색조/채도 ▦]를 사용해 보정하기

[활기 ▽]와 비슷한 [색조/채도 ▦]는 색상, 채도, 명도까지 조절할 수 있습니다. 색을 좀 더 세밀하게 조절하거나 원하는 색으로 쉽게 바꿀 수 있죠.

특정 개체의 색상을 완전히 다른 색으로 변경할 수 있기 때문에 실무에서 색상을 조절할 때 많이 사용합니다.

💧 **메뉴 바** [이미지 → 조정 → 색조/채도]
💧 **영문판** [Image → Adjustments → Hue/Saturation]

01 ❶ Ctrl + O를 눌러 준

비 파일 '조정 메뉴 보정 실습_02. jpg'를 불러옵니다.

❷ [조정] 패널에서 ▦를 클릭합니다.

02   ❶ [색조], [채도] 슬라이더를 오른쪽으로 이동하면 색이 변경됩니다.

❷ ᠑을 눌러 초기화합니다.

주황색 톤으로
바뀌었어요!

03   ❶ [색상화]에 체크 표시를 합니다.

❷ 그런 다음 [색조], [채도], [명도] 슬라이더를 원하는 방향으로 이동하면 이미지 전체에 색채가 적용돼 기존 이미지와 다른 분위기를 연출할 수 있습니다.

[색상 균형 🔀]은 이미지의 고유의 톤에 색상을 추가하거나 빼면서 균형을 맞추는 기
능입니다. 색상의 균형을 맞추면서 톤을 변   🔹 메뉴 바 [이미지 → 조정 → 색상 균형]
경해 자연스럽고 감성적인 분위기를 연출   🔹 영문판 [Image → Adjustments → Color Balance]
할 수 있습니다.   🔹 단축키 [Ctrl] + [B]

01 ❶ [Ctrl] + [O]를 눌러 준
비 파일 '조정 메뉴 보정 실습_02.
jpg'를 불러옵니다.
❷ [조정] 패널에서 🔀을 클릭합
니다.

02 색상 슬라이더를 클릭해 원하는 곳으로 이동하면 색상이 변경돼 적용됩니다.

색상의 균형을
맞출 수 있습니다.

지금 하면 된다! › 이미지를 흑백으로 만들기

[흑백 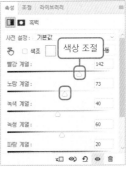]은 이미지를 흑백 사진으로 변경하는 기능입니다. 특정 색상을 단색으로 변경해 이미지를 분위기 있게 보정할 수도 있습니다.

🌢 **메뉴 바** [이미지 → 조정 → 흑백]
🌢 **영문판** [Image → Adjustments → Black&White]
🌢 **단축키** Alt + Shift + Ctrl + B

01
❶ Ctrl + O를 눌러 준비 파일 '조정 메뉴 보정 실습_03. jpg'을 불러옵니다.
❷ [조정] 패널에서 ▮을 클릭하면 이미지가 즉시 흑백으로 변경됩니다.

❶ Ctrl + O

02
[빨강 계열], [노랑 계열] 등의 슬라이더를 이동하면 해당 부분의 흑백이 좀 더 어두워지거나 밝아집니다.

03

❶ [색조]에 체크 표시를 하면 이미지의 색상이 단색으로 변경됩니다.
❷ 원하는 색상을 선택해 분위기 있는 이미지로 보정해 보세요.

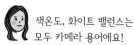

**지금
하면 된다!** ▶ [포토 필터 📷]를 사용해 색온도 조절하기

색온도, 화이트 밸런스는
모두 카메라 용어예요!

[포토 필터 📷]는 카메라 렌즈의 필터와 같은 특수 효과를 적용합니다.
색온도를 조절하면 이미지의 분위기를 강조하거나 다른 분위기로 연출할 수 있습니다. 화이트 밸런스가 맞지 않을 경우, 사진 필터를 사용해 균형을 맞추기도 합니다. 이미지가 지니고 있는 고유의 톤에 색상을 추가하거나 빼면서 균형을 맞추는 기능으로, 색상 균형을 맞추면서 색 톤을 변경하면 자연스럽고 감성적인 분위기를 연출할 수 있습니다.

💧 **메뉴 바** [이미지 → 조정 → 색상 균형]
💧 **영문판** [Image → Adjustments → Color Balance]
💧 **단축키** Alt + Shift + Ctrl + B

01

❶ Ctrl + O 를 눌러 준
비 파일 '조정 메뉴 보정 실습_04.
jpg'를 불러옵니다.
❷ [조정] 패널에서 📷 를 클릭합
니다.

02 ❶ 필터를 [Green]으로 설정합니다.
❷ 이미지의 전체 분위기가 녹색 계열로 변경됩니다.

03 [색상]에서 원하는 색상을 선택해 이미지 톤을 변경해 보세요.

둘째마당

선택·이동

변형·회전

자르기·분할

색상·채색

보정·리터치

채도·명도

문자 도구

도형

필터

환경 설정

[채널 혼합 🔵]은 RGB 색상 채널을 사용해 색상을 수정합니다. 하지만 수정하는 방법이 어렵기 때문에 실무에서는 많이 사용하지 않습니다. 그 이유는 RGB 채널을 직관적으로 수정하는 방식이라 초보자의 입장에서는 어렵고, 실무자의 입장에서는 빠른 디자인을 할 수 없어 비효율적이기 때문입니다.

🔵 **메뉴 바** [이미지 → 조정 → 채널 혼합]
🔵 **영문판** [Image → Adjustments → Channel Mixer]

01
❶ Ctrl + O를 눌러 준비 파일 '조정 메뉴 보정 실습_05.jpg'를 불러옵니다.
❷ [조정] 패널에서 🔵을 클릭합니다.

02
[녹색]과 [파랑] 슬라이더를 오른쪽으로 이동하면 녹색과 파란색이 흰색에 가까워지면서 색상이 변경됩니다.

[채널 혼합]은 초보자에게 조금 어려울 수도 있어요. 실무에서는 자주 사용하지 않으니 참고만 하세요!

12-4

효과를 사용해 보정하는
[반전 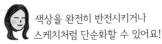], [포스터화], [그레이디언트 맵]

준비 파일 12/반전 실습.jpg, 포스터화 실습.jpg, 한계값 실습.jpg,
　　　　　선택 색상 실습.jpg, 그레이디언트 맵 실습.jpg, 색상 대체 실습.jpg

색상을 완전히 반전시키거나
스케치처럼 단순화할 수 있어요!

조정 메뉴를 사용해 이미지에 특수한 효과를 넣을 수도 있습니다.
앞에서 계속 살펴봤던 [조정] 패널의 마지막 줄에 있는 아이콘을 클릭하면 됩니다.
특수한 연출을 구상하고 있다면 이번 효과를 주목하세요.

◇◆ 지금
하면 된다! ▶ [반전]으로 이미지 색상 반전하기

[반전]은 '반대로 바꾸는 기능'으로, 이미지 색
상의 보색으로 반전합니다. 카메라의 필름과 유
사한 효과를 줍니다.

🍎 메뉴 바 [이미지 → 조정 → 반전]
🍎 영문판 [Image → Adjustments → Invert]
🍎 단축키 Ctrl + I

01　❶ Ctrl + O 를 눌러 준
비 파일 '반전 실습.jpg'을 불러옵
니다.
❷ [조정] 패널에서 을 클릭합
니다.

02 이미지의 색상이 반전됩니다.

✦지금✦ 하면 된다! ﹥ [포스터화 ]로 포스터 느낌 만들기

[포스터화 ◪]는 이미지에서 사용한 색상의 수를 줄여 단순화하는 기능입니다.
색상이 단순화되면서 포스터로 그린 듯한 효과   🔵 **메뉴 바** [이미지 → 조정 → 포스터화]
를 줍니다.   🔵 **영문판** [Image → Adjustments → Posterize]

01
❶ Ctrl + O 를 눌러 준
비 파일 '포스터화 실습.jpg'을 불러
옵니다.
❷ [조정] 패널에서 ◪를 클릭합
니다.

02 [레벨] 수치를 드래그하거나 값을 입력해 채널당 사용할 색상 수를 조절합니다.

낮은 수치를 입력할수록
이미지가 단순해집니다.

지금 하면 된다! ▶ [한계값 ▣]을 이용해 무채색으로 단순화하기

[한계값 ▣]은 대비를 강하게 해 이미지를 흰색과 검은색으로 만듭니다.
[포스터화 ▣]와 달리, 고대비를 사용한 흑백 효과이기 때문에 판화나 만화 효과를
낼 때 많이 사용합니다.

◈ 메뉴 바 [이미지 → 조정 → 한계값]
◈ 영문판 [Image → Adjustments → Threshold]

01 ❶ Ctrl + O를 눌러 준
비 파일 '한계값 실습.jpg'을 불러
옵니다.
❷ [조정] 패널에서 ▣을 클릭합
니다.

❶ Ctrl + O

02 [한계값] 패널에서 슬라이더를 조절해 이미지 대비 효과를 줍니다.

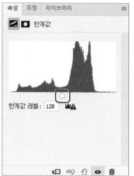

**지금
하면 된다!** ▸ [선택 색상 ■]으로 특정 색상만 보정하기

[선택 색상 ■]은 말 그대로 특정 색상을 선택해 보정하는 기능입니다.
선택한 색상을 다른 색으로 바꾸거나 더
욱 진하게 만듭니다.

🔹 **메뉴 바** [이미지 → 조정 → 선택 색상]
🔹 **영문판** [Image → Adjustments → Selective Color]

01 ❶ Ctrl + O 를 눌러 준비 파
일 '선택 색상 실습.jpg'을 불러옵니다.
❷ [조정] 패널에서 ■을 클릭합니다.

02

[선택 색상] 패널에서 ❶ 색상을 [노랑 계열]로 변경한 후 ❷ 슬라이더를 이동하면 ❸ 이미지의 노랑 계열만 색이 보정됩니다.

⇨⇨ 지금 하면 된다! ▶ [그레이디언트 맵 ▣]으로 색상 바꾸기

그레이디언트 효과를 혼합해 이미지에 적용합니다.
이미지 색상 보정뿐 아니라 여러 색상을 혼합해 개성 있는 효과를 연출할 수 있습니다.

🖢 **메뉴 바** [이미지 → 조정 → 그레이디언트 맵]
🖢 **영문판** [Image → Adjustments → Gradient Map]

01

❶ Ctrl + O를 눌러 준비 파일 '그레이디언트 맵 실습.jpg'을 불러옵니다.
❷ [조정] 패널에서 ▣을 클릭합니다.

02

❶ [그레이디언트] 패널에서 색상 부분을 클릭하면 [그레이디언트 편집기] 대화상자가 나타납니다.

❷ 색상을 설정한 후 ❸ [확인]을 클릭합니다.

이미지에 그레이디언트 색상이 혼합되는 것을 확인할 수 있습니다.

✦✦ 지금
하면 된다! ❭ [색상 대체]로 색상 범위를 지정해 색 변경하기

[색상 대체]는 색상의 범위를 직접 지정해 색상을 변경하는 기능입니다.

단순히 색만 변경하는 것이 아니라 이미지가 지니고 있는 색상, 채도, 명도까지 함께 변경합니다.

🔵 **메뉴 바** [이미지 → 조정 → 색상 대체]
🔵 **영문판** [Image → Adjustments → Replace Color]

01

❶ [Ctrl] + [O]를 눌러 준비 파일 '색상 대체 실습.jpg'을 불러옵니다.

❷ [이미지 → 조정 → 색상 대체]를 클릭합니다.

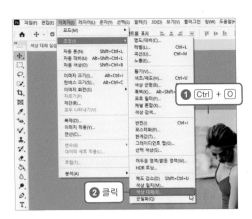

02 [색상 대체] 대화상자가 나타난 후 작업 이미지 위에 마우스 커서를 올려놓으면 스포이드 모양으로 변경됩니다.
색상을 대체할 영역을 클릭합니다.

03 ❶ [색상 대체] 대화상자의 미리 보기에서는 클릭한 부분이 흰색으로 표시됩니다.
❷ [추가 스포이드 ✎]를 선택한 후 ❸ 색상을 대체할 영역 부분을 추가로 선택합니다.

04 [색조], [채도], [밝기] 슬라이더를 조절해 원하는 색상으로 조절합니다.

선택·이동

따라·회전

자르기·분할

색상·채색

보정·리터치

채도·명도

문자 도구

도안

필터

환경 설정

음료를 상큼하고 맛있게 색상 보정하기

준비 파일 12/응용/음료 포스터 실습.psd
완성 파일 12/응용/음료 포스터 완성.jpg

앞에서 배운 색상 보정 기능을
활용해 봐요~

미션 | "어두운 음료 이미지를 상큼하고 맛있는 색상으로 맛깔스럽게 보정해 보세요."

제품을 촬영하면 원본 사진을 그대로 사용하는 경우가 많지 않아요. 특히, 음료와 같은 음식의 경우에는 색상이 환하고 선명해야 더 맛있어 보인답니다. 색상 보정과 밝은 톤으로 보정하는 방법을 실습으로 익혀 실무에 꼭 활용해 보세요.

동영상 강의

둘째마당

선택·이동

변형·환경

자르기·분할

색상·채색

보정·리터치

채도·명도

문자 도구

도형

필터

환경 설정

1단계 제품 색상 보정하기 1

❶ 준비 파일 '음료 포스터 실습.psd'을 불러옵니다. ❷ [레이어] 패널에서 [블루베리 스무디]를 선택합니다. ❸ 메뉴 바에서 [이미지 → 조정 → 색조/채도]를 선택합니다.

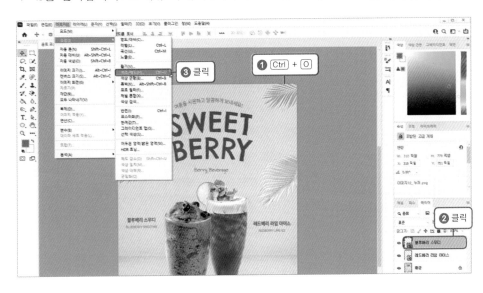

[색조/채도] 대화상자에서 ❹ 색조에 '-80', ❺ 채도에 '10', ❻ 밝기에 '0'을 입력한 후 ❼ [확인]을 클릭합니다. 색상이 블루베리가 연상되도록 보정됐죠?

2단계 제품 선명도 보정하기 1

❶ [이미지 → 조정 → 명도/대비]를 선택합니다.

❷ [명도/대비] 대화상자에서 대비에 '40'을 입력하고 ❸ [확인]을 클릭합니다.

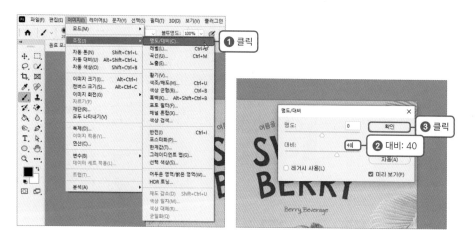

대비로 인해 블루베리 스무디가 더욱 뚜렷해졌습니다.

3단계 제품 색상 보정하기 2

❶ [레이어] 패널에서 [레드베리 라임 아이스]를 클릭합니다.

❷ [이미지 → 조정 → 색조/채도]를 선택합니다.

[색조/채도] 대화상자에서 ❸ 색조에 '0', ❹ 채도에 '20', ❺ 밝기에 '5'를 입력한 후
❻ [확인]을 클릭합니다. 음료의 색상이 훨씬 밝고 선명하게 보정됩니다.

4단계 제품 선명도 보정하기 2

❶ [이미지 → 조정 → 명도/대비]를 선택합니다.

❷ [명도/대비] 대화상자에서 대비에 '25'를 입력한 후 ❸ [확인]을 클릭합니다.

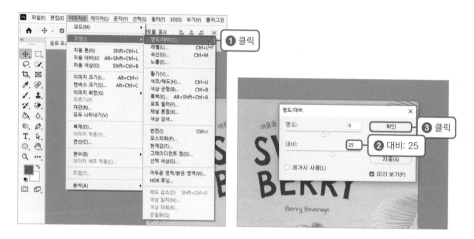

대비로 인해 레드베리 라임 아이스가 더욱 뚜렷해졌습니다.

선택·이동

변형·회전

자르기·분할

색상·채색

보정·리터치

채도·명도

문자 도구

도형

필터

환경 설정

13

[문자 도구 T.] 사용하기

 단순한 입력을 넘어 글자로
디자인하는 방법을 배워요!

아윤쌤의

**강의
노트** "디자인에서 문자는 메시지를 전달하는 역할을 해요!"

문자는 디자인에서 메시지를 직관적으로 전달하는 역할을 하는 동시에 시각적인 역할
을 하므로 매우 중요합니다. 포토샵의 [문자 도구 T.]를 사용하는 방법을 익힌 후 이
를 응용해 타이포그래피 디자인까지 완성해 보겠습니다.

✔ **체크 포인트**

☐ 문자 입력하고 정렬하기　　　　　☐ 텍스트를 뒤틀어 왜곡하기
☐ 문자 마스크 도구 활용하기　　　　☐ 패스 선을 따라 문자 입력하기

문자 입력하기

준비 파일 13/인생샷 추천 실습.psd
완성 파일 13/인생샷 추천 완성.jpg

[문자 도구 **T**]를 클릭하고 원하는 위치를 클릭하면 글자가 입력돼요!

[문자 도구 **T**]는 말 그대로 문자를 넣는 도구입니다. 일반적으로는 문자를 가로로 입력하는 [수평 문자 도구 **T**]를 사용하며, 이외에 3가지 도구가 있습니다.

T ▪ **T** 수평 문자 도구	T
↓**T** 세로 문자 도구	T
↓**T** 세로 문자 마스크 도구	T
T 수평 문자 마스크 도구	T

[수평 문자 도구 T]
[문자 도구 **T**]를 사용할 때 가장 기본적으로 사용하는 도구로, 문자를 가로 방향으로 입력합니다.

[세로 문자 도구 ↓T]
문자를 세로 방향으로 입력합니다.

[세로 문자 마스크 도구 ↓T]
문자가 세로 방향으로 입력되며, 입력한 글자의 형태가 선택 영역이 됩니다.

[수평 문자 마스크 도구 T]
문자가 가로 방향으로 입력되며, 입력한 글자의 형태가 선택 영역이 됩니다.

❖❖지금
하면 된다! 〉 문자 입력하기

01
① Ctrl + N을 눌러 새 작업 문서를 만듭니다.
② [문자 도구 T,]를 선택한 후
③ 원하는 위치를 클릭합니다.

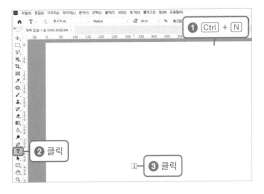

02
① 원하는 내용을 입력합니다.
② Ctrl + Enter를 눌러 적용합니다.

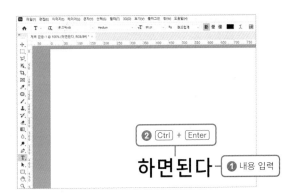

03
[문자 도구 T,]를 선택한 채 수정할 문자를 클릭하세요. 문자 입력이 활성화돼 수정할 수 있는 상태가 됩니다.

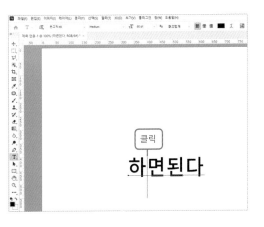

선택·이동

변형·회전

지우기·분할

색상·채색

보정·리터치

제도·요도

문자 도구

도안

필터

환경 설정

**✦✧지금
하면 된다!** ▸ 문자 입력하기

01

❶ Ctrl + O 를 눌러 '인생샷 추천 실습.psd'을 불러옵니다.

❷ [문자 도구 T.]를 선택한 후 ❸ 옵션 바에서 [문자 패널 📃]을 클릭해 [문자] 패널을 엽니다.

[문자] 패널은 메뉴 바의 [창 → 문자]를 선택해 열 수도 있어요!

02

[문자] 패널에서 글꼴을 선택하겠습니다.

❶ 클릭하면 여러 종류의 글꼴이 나타납니다. 원하는 글꼴을 선택하세요.

❷ 실습에서는 'Noto Sans CJK KR'을 사용하겠습니다.

마음에 드는 글꼴을 선택하세요!

둘째마당

선택·이동

변형·회전

자르기·분할

색상·채색

보정·리터치

채도·명도

문자 도구

도안

필터

환경 설정

03

❶ 글자 크기는 '95pt', ❷ 행간은 '100pt', ❸ 색상은 [흰색]으로 설정합니다.
❹ 캔버스의 배경 이미지를 클릭해 문구를 입력합니다.

04

이번에는 글꼴 스타일을 변경하겠습니다.

❶ '부산에서' 글자를 클릭, 드래그해 선택하세요.

❷ 글꼴 스타일을 [Black]으로 선택해 굵게 변경합니다.

05

❶ '인생샷 추천' 글자를 클릭, 드래그해 선택합니다.

❷ 글꼴 스타일을 [Light]로 선택해 얇게 변경합니다.

06

❶ '다대포 해수욕장' 글자를 클릭, 드래그해 선택합니다.

❷ 글꼴 스타일을 [Black]으로 선택해 굵게 변경합니다.

❸ Ctrl + Enter 를 눌러 적용합니다.

07

이번에는 조금 작은 글자로 입력해 보겠습니다.

❶ [문자 도구 T.]로 이미지를 클릭해 활성화합니다.

❷ 글자 크기를 '40pt', ❸ 행간을 '50pt'로 설정합니다.

08

❶ 문구를 입력한 후 Ctrl + Enter 를 눌러 적용합니다.

❷ 글꼴 스타일을 [Regular]로 선택합니다.

09 ❶ [이동 도구 ✛]를 선택한 후 ❷ 입력한 문구를 클릭, 드래그해 보기 좋게 맞춥니다.

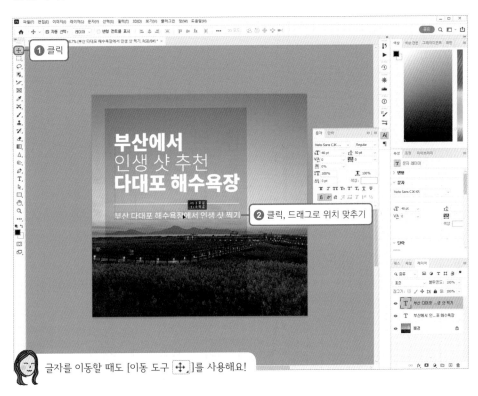

❶ 클릭

❷ 클릭, 드래그로 위치 맞추기

글자를 이동할 때도 [이동 도구 ✛]를 사용해요!

10 문자 크기와 정렬, 글꼴 스타일을 간단하게 수정해 콘텐츠를 완성했습니다.
여러분도 [문자] 패널에서 글자를 자유롭게 수정해 만들어 보세요.

문자 정렬하기

준비 파일 13/문자 정렬.jpg, 문자 정렬 텍스트.txt
완성 파일 13/문자 정렬 완성.jpg

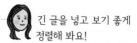

긴 글을 넣고 보기 좋게
정렬해 봐요!

지금 하면 된다! 〉 문자 정렬하기

01 ❶ Ctrl + O를 눌러 준
비 파일 '문자 정렬.jpg'을 불러옵
니다.
❷ [문자 도구 T.]를 선택한 후
❸ 클릭, 드래그해 텍스트 상자를
만듭니다.

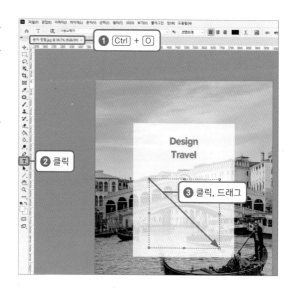

02 포토샵은 그대로 둔 채
준비 파일 '문자 정렬 텍스트.txt'
를 열어 보세요. 입력할 문구를
미리 정리해 뒀습니다.
글자 전체를 선택한 후 Ctrl +
C를 눌러 복사합니다.

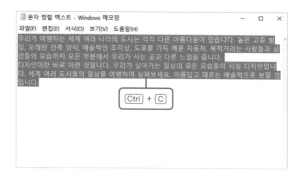

03 포토샵으로 돌아온 후

❶ Ctrl + V 를 눌러 복사한 텍
스트를 붙여 넣고

❷ Ctrl + Enter 를 누릅니다.

💧 글꼴 나눔스퀘어 / Regular
💧 글자 크기 20pt

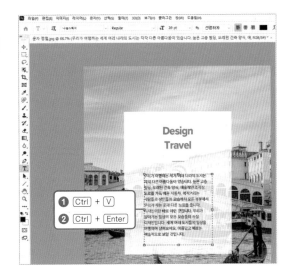

04 ❶ 옵션 바에서 [문자] 패널을 불러온 후

❷ [단락] 패널에서 [중앙 정렬 📰]을 클릭합니다.

문자를 따라 테두리를 만드는 [문자 마스크 도구 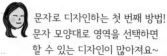]

준비 파일 13/문자 마스크 도구 활용.jpg
완성 파일 13/문자 마스크 도구 활용 완성.jpg

문자로 디자인하는 첫 번째 방법!
문자 모양대로 영역을 선택하면
할 수 있는 디자인이 많아져요~

지금 하면 된다! 〉 문자 마스크를 사용해 테두리 만들기

[수평 문자 마스크 도구 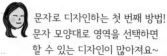]로 입력하면 문자가 선택 영역이 됩니다. 글자의 테두리
만 사용해 디자인 콘텐츠를 제작할 때 많이 사용합니다.

01

❶ Ctrl + O 를 눌러 준비 파일 '문자 마스크 도구 활용.jpg'을 불러옵니다.

❷ [수평 문자 마스크 도구 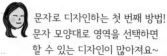]를 선택합니다.

❸ 옵션에서 원하는 글꼴과 문자 크기를 조절합니다.

❹ [레이어] 패널에서 [레이어 추가 田]를 클릭하고

❺ 화면을 클릭합니다.

🔹 글꼴 Noto Sans CJK KR / Bold
🔹 글자 크기 290pt

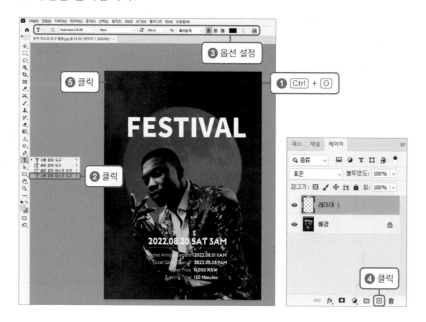

02

문자를 입력한 후 [Ctrl] + [Enter]를 누르면 입력한 문자의 형태가 선택 영역이 됩니다.

 [Ctrl] + [Enter]를 누르면 영역이 글자의 테두리를 따라 선택됩니다!

03

글자에 테두리 선을 넣기 위해 메뉴 바에서 [편집 → 획]을 선택합니다.

◈ 영문판 [Edit → Stroke]

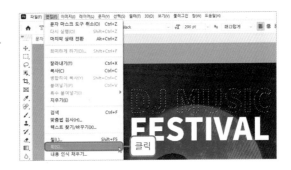

04

[획] 대화상자에서 ❶ 폭에 '3픽셀'을 입력한 후 ❷ 색상은 [흰색]으로 설정합니다. 선이 나타나는 위치를 선택하기 위해 ❸ 위치에서 [중앙]을 클릭한 후 ❹ [확인]을 클릭합니다.

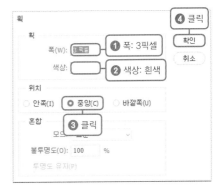

05 $\boxed{\text{Ctrl}}$ + $\boxed{\text{D}}$ 를 눌러 선택 영역을 해제합니다.

입력한 글자에 테두리가 만들어졌습니다.

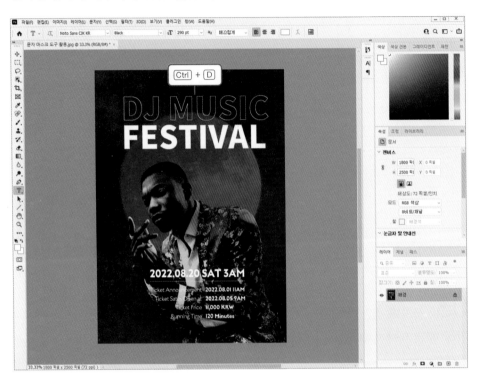

 테두리만 만들어도 글자 디자인이 달라 보여요!

13-4

문자 뒤틀기, 왜곡하기

준비 파일 13/텍스트 왜곡.jpg
완성 파일 13/텍스트 왜곡 완성.jpg

 문자를 왜곡하거나 뒤틀면 문자에
곡선이 나타나 재미를 줄 수 있어요!

왜곡 기능이라고도 하는 뒤틀기 기능은 카드 뉴스, 이벤트 페이지, 유튜브 섬네일 디자인 등에서 자주 사용하는 기능입니다. 주로 이벤트, 홍보성 콘텐츠 디자인에서 많이 사용하는 유용한 기능이므로 디자인 콘텐츠에 멋지게 활용해 보세요!

지금 하면 된다! ▸ 텍스트 뒤틀기 사용하기

01

❶ Ctrl + O 를 눌러 준비 파일 '텍스트 왜곡.jpg'을 불러옵니다.

❷ [문자 도구 T.]를 선택한 후 ❸ 옵션 바에서 글꼴과 크기, 색상을 선택합니다.

❹ 행간은 '175pt'로 설정합니다. 　　　　　💧 글꼴 여기어때 잘난체 OTF
　　　　　　　　　　　　　　　　　　　　　　💧 글자 크기 145pt

❺ 문자를 입력한 후 Ctrl + Enter 를 눌러 적용합니다.

❻ 옵션 바에서 ⬈ 를 클릭합니다.

이 아이콘 ⬈ 이
핵심이에요!

<u>02</u> [텍스트 뒤틀기] 대화
상자가 나타나면 스타일에서
[위 부채꼴]을 선택합니다.

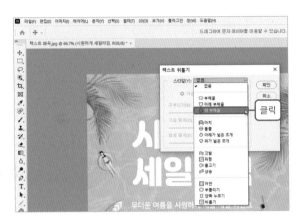

<u>03</u> ❶ [구부리기] 항목의 수치를 조절해
뒤틀림의 정도를 조절합니다.
❷ [확인]을 클릭해 텍스트 뒤틀기를 완료합
니다.

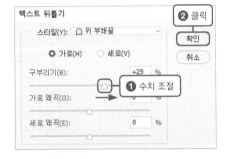

실무에 추천하는 뒤틀기 스타일

텍스트 뒤틀기 스타일에는 15가지 종류가 있습니다. 하지만 실무에서 이 모든 스타일을 자주 사용하진 않아요! 작업자마다 다르겠지만, 실무에 자주 사용하는 스타일은 다음과 같습니다.

[텍스트 뒤틀기] 대화상자에서 값을 섬세하게 조절할 수 있어요!

부채꼴(Arc)

아래 부채꼴(Arc Lower)

위 부채꼴(Arc Upper)

아치(Arch)

돌출(Bulge)

깃발(Flag)

13-5

패스 선을 따라 문자 입력하기

준비 파일 13/패스 곡선 문자.jpg
완성 파일 13/패스 곡선 문자 완성.jpg

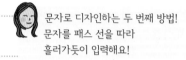

문자로 디자인하는 두 번째 방법!
문자를 패스 선을 따라
흘러가듯이 입력해요!

원하는 곡선의 형태를 [펜 도구 🖊️]로 만들고 문자를 패스 선을 따라 흘러가듯이 입력할 수 있습니다. 곡선을 자유롭게 활용해 문자를 입력할 수 있기 때문에 재미있는 타이포그래피 디자인을 제작할 수 있어요!

**지금
하면 된다!** 〉 **[펜 도구 🖊️]를 활용해 패스 곡선 문자 만들기**

01

❶ Ctrl + O를 눌러 준비 파일 '패스 곡선 문자.jpg'를 불러옵니다.

❷ [펜 도구 🖊️]를 선택합니다.

❸ 모델의 머리 부분부터 라인을 따라 패스 선을 만듭니다.

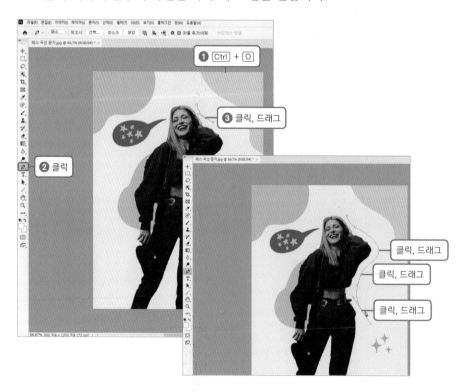

02

❶ [문자 도구 **T**]를 선택
합니다.

❷ 옵션 바에서 글꼴, 크기, 색상
을 선택합니다.

❸ 마우스 커서의 위치를 패스 선
의 시작점으로 옮겨 모양이 [아이콘]로
변경됐을 때 클릭합니다.

🔹 **글꼴** 나눔스퀘어OTF / ExtraBold
🔹 **글자 크기** 30pt

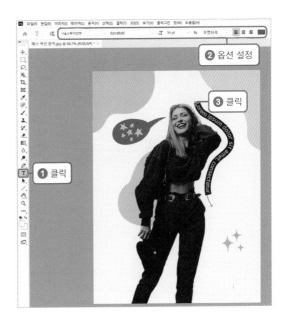

03

문자를 입력합니다. 문자가 패스 선을 따라 입력됩니다.

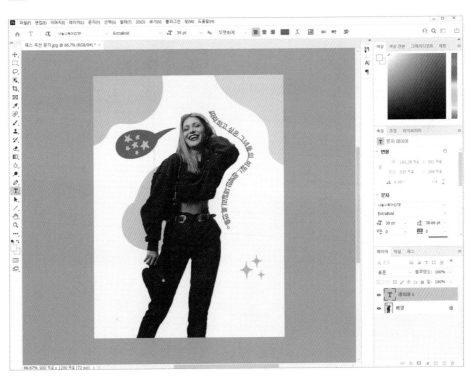

[모양 도구 🔲]로 다양한 벡터 도형 만들기

이미지 위에 요소를 그릴 때는 [모양 도구 🔲]를 주로 사용해요!

아윤쌤의
강의 노트 "포토샵에서도 벡터 형식의 모양을 만들 수 있어요!"

포토샵은 '비트맵 방식', 일러스트레이터는 '벡터 방식'이라고 설명했던 것을 기억하나요? 그런데 사실은 포토샵에서도 벡터 방식을 사용할 수 있습니다. 그 방법은 바로 [모양 도구 🔲]를 사용하는 것인데요. 이번에는 다양한 형태의 [모양 도구 🔲]와 [펜 도구 ✒️]를 활용하는 방법을 알아보겠습니다.

✓ 체크 포인트

☐ 벡터 방식 이해하기
☐ 사각형, 타원, 다각형, 선, 사용자 정의 모양 만들기
☐ 도형의 테두리 색상 바꾸고 두께 조절하기
☐ 펜 도구로 도형 그리기

14-1

벡터 방식과 [모양 도구 ]

벡터 방식은 아무리 확대해도
깨지지 않아요!

벡터 방식이란?

벡터 방식은 점과 점을 선으로 연결해 도형을 만듭니다. 도형을 수학적 함수로 계산
해 표현하기 때문에 크기를 늘리거나 줄여도 이미지가 깨지지 않습니다. 보통 일러스
트레이터는 '벡터 방식', 포토샵은 '비트맵 방식'을 사용합니다. 하지만 포토샵에서도
[모양 도구]를 사용하면 벡터 방식을 구현할 수 있습니다. [모양 도구]는 벡터
방식으로 점과 점을 선으로 이어 형태를 만들기 때문에 이미지가 깨지지 않습니다.

벡터 방식

비트맵 방식

벡터 방식을 만드는 2가지! [모양 도구]와 [펜 도구]

[모양 도구]로 만든 도형은 원하는 형태와 색상으
로 쉽게 수정할 수 있습니다. [펜 도구]를 이용하
면 비정형의 형태를 만들 수도 있습니다.

[모양 도구]를 사용하면 [레이어] 패널의 섬네일에
셰이프 모양의 아이콘이 나타나기 때문에 실무에
서는 [모양 도구]를 '셰이프 도구'라고도 부릅니다.

[모양 도구 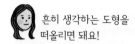] 사용하기

흔히 생각하는 도형을 떠올리면 돼요!

[모양 도구 🔲]의 종류 살펴보기

[모양 도구 🔲]의 종류는 6가지입니다.

■ □ 사각형 도구		U
○ 타원 도구		U
△ 삼각형 도구		U
⬠ 다각형 도구		U
╱ 선 도구		U
✿ 사용자 정의 모양 도구		U

[사각형 도구 🔲]

가장 기본적으로 많이 사용하는 도구입니다. 사각형 도형을 만듭니다.

[타원 도구 ⭕]

타원 도형을 만듭니다.

[삼각형 도구 △]

삼각형 도형을 만듭니다.

[다각형 도구 ⬠]

다각형 도형을 만듭니다. 옵션 바의 [면 수]에 수치를 입력하면 오각형, 육각형, 별 모양 등 다양한 다각형을 만들 수 있습니다.

⚙ ⌗ 5 ⌒ 0 픽셀 ☑ 가장자리 맞춤

[선 도구 ╱]

선 모양을 만듭니다. 칠은 '색이 없음'으로 변경한 후 획 부분에 원하는 색상을 넣고 원하는 두께의 수치를 입력하면 선을 만들 수 있습니다.

칠: ╱ 획: ▭ 10 픽셀 ⌄ ▬▬

[사용자정의모양도구 ✿]

포토샵에서 제공하는 다양한 형태의 도형을 만듭니다.

🔲 🔲 🔲 ⚙ 모양: 🐾 ☑ 가장자리 맞춤

> 📁 야생동물 ⚙
> 📁 잎이 있는 나무
> 📁 보트
> 📁 꽃

✧✧ 지금 하면 된다! ⟩ [모양 도구 □]로 도형 만들기

[모양 도구 □]로 만든 도형은 면의 색과 선의 색을 다르게 설정할 수 있습니다.
[사각형 도구 □]로 연습해 보겠습니다.

01
① Ctrl + N 을 눌러 새 작업 문서를 만듭니다.
② [사각형 도구 □]를 선택합니다.
③ 작업 화면을 클릭, 드래그하면 사각형이 만들어집니다.

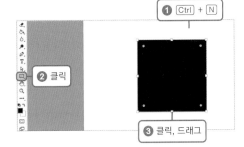

02
색상을 넣어 볼까요?
옵션 바에서 **①** [칠(Fill)]을 선택하면 면의 색상이 변경되고 **②** [획(Stroke)]을 설정하면 테두리의 색상이 변경됩니다.

 □ 아이콘을 클릭하면 원하는 색상으로 설정할 수 있어요!

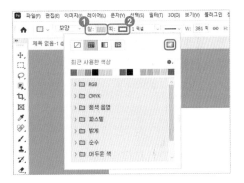

03
테두리의 두께도 조절할 수 있습니다. '10픽셀'로 설정해 보세요.

 [모양 도구 □]의 옵션 바가 궁금하다면?
포토샵 사전 - 옵션 바 18 참고

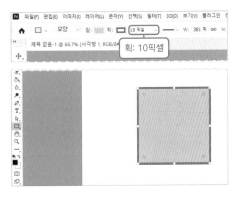

14-3

[펜 도구 ✐]로 셰이프 기능 사용하기

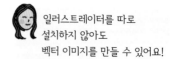
일러스트레이터를 따로
설치하지 않아도
벡터 이미지를 만들 수 있어요!

[펜 도구 ✐]는 점과 선으로 패스를 만드는 도구입니다. 벡터 속성의 개체를 원하는
모양으로 자유롭게 만드는 것은 물론, [모양 도구 ▢]로 만든 도형을 수정할 수도 있
습니다. 능숙한 실무자가 되기 위해서는 반드시 숙지해 두세요!

✧˖ 지금
하면 된다! ⟩ [펜 도구 ✐]로 모양 기능 사용하기

01
❶ Ctrl + N 을 눌러 새 작업 문
서를 만듭니다.

❷ [펜 도구 ✐]를 선택합니다.

❸ 옵션을 [모양]으로 변경합니다.

💧 [모양]으로 변경해야 여러분이 원하는 색상을 사용할 수
있습니다!

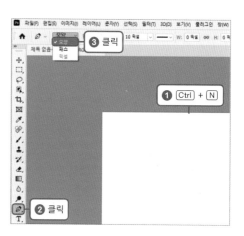

02
작업 화면에서 시작점을 클릭한 후 다음 방향을 다시 클릭합니다.
마지막으로 시작점을 다시 클릭하면 모양이 완성됩니다.

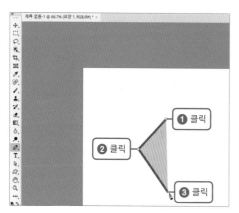
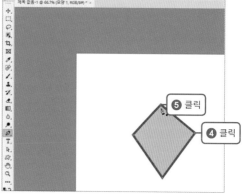

필터로 특수 효과 적용하기

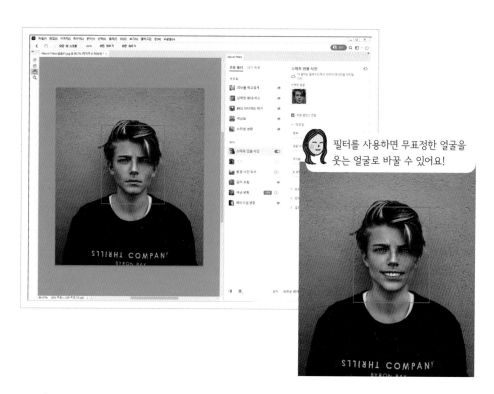

필터를 사용하면 무표정한 얼굴을 웃는 얼굴로 바꿀 수 있어요!

아윤쌤의
강의 노트 "회화, 조명, 인공지능을 이용한 효과까지! 신기한 필터 기능을 만나 봐요!"

필터는 이미지에 특수 효과를 넣는 신기한 기능입니다. 회화 느낌을 주거나, 이미지를 흐리게 하거나, 조명 효과를 추가할 수도 있습니다.

최신 버전에서는 인공지능 기능까지 업그레이드돼 초보자도 클릭 한 번으로 이미지에 다양한 효과를 적용할 수 있습니다. 필터는 실무에서 절대 빠질 수 없는 기능입니다. 특히 예술적인 아트워크 디자인에서 많이 사용하므로 필터를 꼭 익혀 두세요!

✔ 체크 포인트

☐ 필터 기능 이해하기   ☐ 인공지능을 이용한 신기능 필터 살펴보기
☐ 필터의 다양한 효과 살펴보기

필터 메뉴와 신기능 뉴럴 필터

준비 파일 15/인물 표정 바꾸기.jpg, 밤거리 합성.psd, 풍경 분위기 바꾸기.jpg

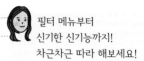

필터 메뉴부터
신기한 신기능까지!
차근차근 따라 해보세요!

기본 필터와 [고급 필터용으로 변환]

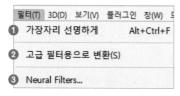

메뉴 바에서 [필터]를 선택하면 기본 필터가 하위 메뉴로 나타납니다. 그냥 봐서는 뭐가 뭔지 모르겠죠? 전체 메뉴를 조금 정리해 설명해 드릴게요.

❶ 마지막 필터: 여러 종류의 필터 중 최근에 사용한 필터의 이름이 나타납니다(위 이미지에서는 제가 가장 마지막으로 사용한 [가장자리 선명하게] 필터가 표시되고 있어요). 사용자의 편의에 맞춘 메뉴이므로 실무에서 많이 사용합니다. 　　　　　　　　　　　　　　　　　🖤 단축키 Alt + Ctrl + F

❷ 고급 필터용으로 변환: 이 기능을 사용하면 일반 레이어가 고급 개체 레이어로 변환됩니다.

❸ Neural Filters...: 어도비의 인공지능인 어도비 센세이(Adobe Sensei) 기능으로, 인물, 풍경 등의 이미지를 자동으로 인식해 자연스럽게 합성하거나 아예 다른 이미지로 만들 수 있습니다.

**아윤 쌤!
질문 있어요! │ 고급 필터는 뭐가 다른가요?**

일반 이미지 레이어에 필터를 사용하면 원본 이미지에 바로 효과가 적용돼 한 번 사용하면 수정할 수 없지만, [고급 필터용으로 변환] 기능을 사용해 고급 개체 레이어로 사용하면 필터를 수정할 수 있어요. 이렇게 고급 개체 레이어로 변환해 적용한 필터를 '스마트 필터'라고도 부릅니다. 고급 개체 레이어는 일반 레이어와 달리, 레이어 축소판의 오른쪽 아래에 작은 아이콘 표시 🔲가 나타납니다.

고급 개체 레이어는 [레이어] 패널에서 필터 이름을 클릭하면 필터를 언제든지 수정할 수 있어요!

일반 레이어에 필터를 적용한 경우

고급 개체 레이어에 필터를 적용한 경우

✦✧지금 하면 된다! › 무표정한 얼굴을 웃는 얼굴로 만들기

[Neural Filters] 기능을 사용하면 무표정한 얼굴의 이미지를 환하게 웃는 이미지로
만들 수 있습니다.

01
❶ Ctrl + O 를 눌러 준비 파일
'인물 표정 바꾸기.jpg' 를 불러옵니다.
❷ 메뉴 바에서 [필터 → Neural Filters...]
를 클릭합니다.

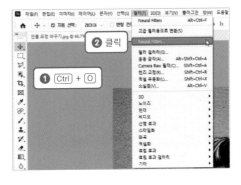

02
메뉴에서 [스마트 인물 사진]을 선택해 옵션을 활성화합니다.

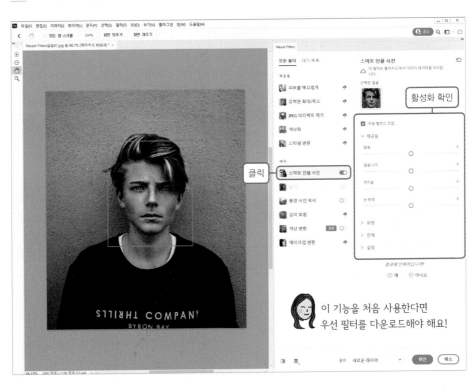

이 기능을 처음 사용한다면
우선 필터를 다운로드해야 해요!

03 ❶ [행복] 슬라이더를 오른쪽으로 이동해 보세요.

❷ 왼쪽 이미지의 얼굴이 웃는 표정이 됩니다. 적당히 조절하고 ❸ [확인]을 클릭합니다.

04 무표정했던 얼굴이 환하게 웃는 얼굴로 변경됐습니다.

하면 된다! › 합성 이미지의 색상을 자연스럽게 보정하기

[Neural Filters] 기능을 사용하면 합성에 사용한 2개
이미지의 색감을 자연스럽게 보정할 수 있습니다.

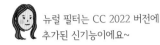 뉴럴 필터는 CC 2022 버전에
추가된 신기능이에요~

01 ❶ Ctrl + O 를 눌러 준비 파일
'밤거리 합성.psd' 을 불러옵니다.
❷ 메뉴 바에서 [필터 → Neural Filters...]
를 클릭합니다.

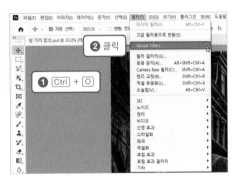

02 ❶ 필터 메뉴에서 [일치]를 클릭합니다.
❷ [레이어 선택]을 클릭하고 ❸ [레이어 2]를 선택합니다.

🔵 영문판 [Harmonization]

03 [레이어 2]의 인물이 선택돼 배경의 색상 분위기와 비슷하게 보정됩니다.

보정이 좀 더 필요하다면 옵션을 드래그해 수정할 수 있습니다.

수정을 마쳤다면 [확인]을 클릭합니다.

04 [레이어 2]의 인물이 배경의 색상 과 조화롭게 보정됐습니다.

지금 하면 된다! › 풍경 이미지 다양한 분위기로 변경하기

[Neural Filters] 기능을 사용하면 가을 풍경 이미지를 겨울 풍경 이미지로 단번에 바꿀 수 있습니다.

01
❶ Ctrl + O를 눌러 준비 파일 '풍경 분위기 바꾸기.jpg'를 불러옵니다.
❷ 메뉴 바에서 [필터 → Neural Filters...]를 클릭합니다.

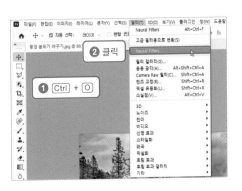

02
필터 메뉴에서 [풍경 사진 믹서]를 클릭합니다.

💧영문판 [Landscape Mixer]

03

[사전 설정]에 다양한 풍경 이미지가 보이죠? 여기 있는 다양한 이미지 중 하나를 클릭하면 해당 이미지의 분위기로 합성됩니다.
겨울 분위기 풍경 이미지를 클릭하면 이미지가 겨울 풍경 이미지처럼 합성됩니다.

04

또 다른 이미지를 선택하면 해당 이미지의 분위기와 조화롭게 합성됩니다.
신기하죠? 이제 여러분도 클릭 몇 번으로 쉽게 합성할 수 있답니다.

15-2

[필터 갤러리]의 다양한 효과 미리 보기

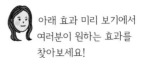

아래 효과 미리 보기에서
여러분이 원하는 효과를
찾아보세요!

여러 가지 필터가 모여 있는 [필터 갤러리]

이번에는 실무에서 많이 사용하는 [필터 갤러리]를 알아보겠습니다. 메뉴에서 [필터 → 필터 갤러리]를 누르면 그림을 그린 듯한 효과, 연필로 스케치한 효과, 독특한 질감을 표현하는 효과 등 6가지의 메뉴가 나타납니다. 실무에서 많이 사용하는 효과를 중심으로 하나씩 살펴보겠습니다.

❶ 브러시 획(Brush Strokes)

붓의 질감 느낌과 잉크를 사용해 수채화나 순수 미술의 느낌을 내는 필터입니다. 메뉴 바의 [필터 → 필터 갤러리 → 브러시 획]을 클릭하면 적용됩니다.

원본

각진 획(Angled Strokes)

강조된 가장자리(Accented Edges)

그물눈(Crosshatch)

뿌리기(Spatter)

수묵화(Sumi-e)

스프레이 획(Sprayed Strokes)

어두운 획(Dark Strokes)

잉크 윤곽선(Ink Outlines)

❷ 스케치 효과(Sketch)

메뉴 바에서 [필터 → 필터 갤러리 → 스케치 효과]를 클릭하면 적용됩니다.

[스케치 효과]는 연필이나 펜 등을 사용해 손으로 직접 스케치한 듯한 느낌을 줍니다.
색상은 전경색과 배경색으로 조절합니다.

원본

가장자리 찢기(Torn Edges)

그래픽 펜(Graphic Pen)

도장(Stamp)

망사 효과(Reticulation)

메모지(Note Paper)

목탄(Charcoal)

물 종이(Water Paper)

복사(Photocopy)

석고(Plaster)

저부조(Bas Relief)

크롬(Chrome)

크레용
(Conté Crayon)

하프톤 패턴
(Halftone Pattern)

분필과 목탄
(Chalk & Charcoal)

❸ 스타일화(Stylize)

[스타일화]는 픽셀을 변경하거나 이미지의 대비를 고조시켜 그림을 그린 듯한 효과나 표면이 돌출되는 등의 효과를 낼 때 사용합니다. [필터 → 필터 갤러리 → 스타일화] 또는 [필터 → 스타일화]를 클릭하면 적용됩니다.

[필터 → 필터 갤러리 → 스타일화 → 가장자리 광선 효과]

원본

가장자리 광선 효과(Glowing Edges)

[필터 → 스타일화]

가장자리 찾기(Find Edges)

과대 노출(Solarize)

돌출(Extrude)

바람(Wind)

엠보스(Emboss)

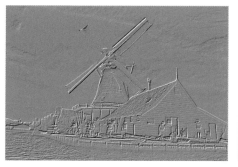

유화(Oil Paint)

윤곽선 추적(Trace Contour)

타일(Tiles)

확산(Diffuse)

❹ **예술 효과(Artistic)**

다양한 미술 도구를 사용한 느낌으로 회화적이고 예술적인 효과를 적용해 주는 필터입니다. 메뉴에서 [필터 → 필터 갤러리 → 예술 효과]를 클릭하면 적용됩니다.

원본

거친 파스텔 효과(Rough Pastels)

네온광(Neon Glow)

드라이 브러시(Dry Brush)

문지르기 효과(Smudge Sick)

비닐랩(Plastic Wrap)

색연필(Colored Pencil)

수채화 효과(Watercolor)

스폰지(Sponge)

언더 페인팅 효과(Underpainting)

오려 내기(Cutout)

팔레트 나이프(Palette Knife)

페인트 바르기(Paint Daubs)

포스터 가장자리(Poster Edges)

프레스코(Fresco)

필름 그레인(Film Grain)

❺ 왜곡(Distort)

[왜곡]은 이미지를 뒤틀거나 기하학적으로 변경합니다.

[필터 → 필터 갤러리 → 왜곡] 또는 [필터 → 왜곡]을 클릭하면 적용됩니다.

[필터 → 필터 갤러리 → 왜곡]

원본

광선 확산(Diffuse Glow)

바다 물결(Ocean Ripple)

유리(Glass)

[필터 → 왜곡]

구형화(Spherize)

극좌표(Polar Coordinates)

기울임(Shear)

돌리기(Twirl)

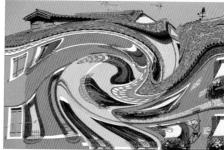

잔물결(Ripple)

지그재그(ZigZag)

파형(Wave)

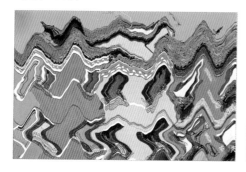

핀치(Pinch)

❻ 텍스처(Texture)

[텍스처]는 이미지 표면의 다양한 질감을 표현해 주는 필터입니다. 벽처럼 거친 느낌, 타일, 모자이크 등 다양한 표면 질감을 넣을 수 있습니다.

[필터 → 필터 갤러리 → 텍스처]를 클릭하면 적용됩니다.

원본

균열(Craquelure)

그레인(Grain)

모자이크 타일(Mosaic Tiles)

이어붙이기(Patchwork)

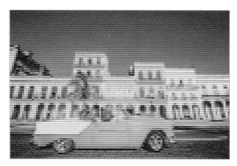

채색 유리(Stained Glass)

텍스처화(Texturizer)

15-3

그 밖의 필터 살펴보기

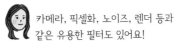
카메라, 픽셀화, 노이즈, 렌더 등과
같은 유용한 필터도 있어요!

이외에도 다양한 필터 기능이 있습니다. 유용하게 사
용할 수 있는 기능들이므로 함께 살펴보겠습니다.

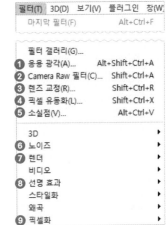

❶ 응용 광각

광각 렌즈 카메라로 촬영하면 이미지 굴곡 현상이 발
생합니다. [필터 → 응용 광각]은 광각 렌즈 사용으로
인해 구부러진 이미지를 바르게 교정할 수 있으며,
[어안] 옵션을 선택하면 어안 렌즈를 사용한 효과를
낼 수도 있습니다. 　　　　🔵 영문판 [Adaptive Wide Angle]

광각으로 인해 도로가 굴곡된 모습

[응용 광각]을 이용해 똑바르게 교정

❷ Camera Raw 필터

[필터 → Camera Raw 필터]는 디지털 카메라로 촬영한 RAW 파일을 보정하고 다른
형식으로 변환해 줍니다. JPEG, PNG, TIFF 등 다른 포맷의 이미지를 포토샵으로 불
러와 작업할 수도 있습니다. 포토샵의 [조정] 기능과 비슷하지만, 좀 더 전문적인 보
정 기능이라고 생각하면 됩니다. 그렇지만 기능이 어렵지는 않습니다. 옵션 값을 조
정하면 누구나 쉽게 보정할 수 있어요. 　　　　🔵 영문판 [Camera Raw Filter]

❸ 렌즈 교정

사진을 촬영할 때 왜곡되거나 흔들려 원근이 기울어지는 경우, [필터 → 렌즈 교정]을
사용해 수직, 수평, 왜곡 현상 등을 교정합니다.　　　　　🔵 **영문판** [Lens Correction]

원본

수평 맞춤

❹ 픽셀 유동화

[필터 → 픽셀 유동화]는 이미지의 선명한 화질을 유지하면서 이미지의 형태를 원하는 대로 변형할 수 있는 필터입니다. 특히, 인물 이미지를 보정할 때 빠질 수 없는 기능이죠. 통통한 얼굴을 갸름한 얼굴로 바꿔 주거나, 짧은 다리를 긴 다리로 만들어 주거나, 살찐 몸을 날씬한 몸으로 만들어 주기도 하는 고마운 기능입니다. 옵션을 조절해 눈, 코, 입 등을 교정할 수도 있답니다.

영문판 [Liquify]

원본　　　　　　　　　　　　　　　　　갸름해진 얼굴

❺ 소실점

[필터 → 소실점]은 원근감이 있는 벽이나 입체적인 건물 이미지에 다른 텍스트나 이미지를 자연스럽게 배치합니다.

영문판 [Vanishing Point]

원본　　　　　　　　　　　　　　　　　건물 외벽에 이미지를 합성한 모습

❻ 노이즈

[노이즈]는 이미지 속 잡티를 없애거나 추가합니다.

[필터 → 노이즈]를 클릭하면 적용됩니다.

💧 영문판 [Noise]

원본

노이즈 감소(Despeckle)

노이즈 추가(Add Noise)

먼지와 스크래치(Dust & Scratches)

반점 제거(Reduce Noise)

중간값

❼ 렌더

[렌더]는 구름 패턴, 굴절 패턴, 이미지에서 시뮬레이션된 빛의 반사, 패턴 조명 효과 등을 만들 때 사용합니다. [필터 → 렌더]를 클릭하면 적용됩니다. 💧 **영문판** [Render]

원본

구름 효과 1(Clouds)

구름 효과 2(Difference Clouds)

렌즈 플레어(Lens Flare)

섬유(Fibers)

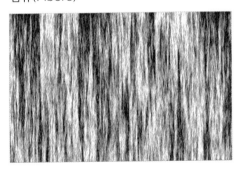

조명 효과(Lighting)

❽ 선명 효과

[선명 효과]는 이미지 픽셀의 대비 효과를 주어 흐린 이미지를 선명하게 만듭니다.
[필터 → 선명 효과]를 클릭하면 적용됩니다. 🌢 영문판 [Sharpen]

원본

선명하게(Sharpen)

더 선명하게(Sharpen More)

흔들기 감소(Shake Reduction)

고급 선명 효과(Smart Sharpen)
선명 효과를 좀 더 디테일하게 조절합니다.

언샵 마스크(Unsharp Mask)
선명도를 좀 더 디테일하게 조절합니다.

[노이즈 감소] 옵션을 조절해 주요 부분은
선명하게, 그 외 부분은 흐리게 만들어요!

❾ 픽셀화

[픽셀화]는 주변 픽셀을 이동시켜 도트 효과와 모자이크 효과 등을 만듭니다.

[필터 → 픽셀화]를 클릭하면 적용됩니다.

💧 영문판 [Pixelate]

원본

단면화(Facet)

메조틴트(Mezzotint)

모자이크(Mosaic)

분열(Fragment)

색상 하프톤(Color Halftone)

수정화(Crystallize)

점묘화(Pointillize)

선택·이동

변형·회전

지우기·보정

색상·채색

보정·리터치

채도·명도

문자 도구

도형

필터

환경 설정

인물 사진을 웹툰처럼 만들기

준비 파일 15/응용/만화 효과 만들기 실습.psd
완성 파일 15/응용/만화 효과 만들기 완성.jpg

그림을 그리지 않아도 위와 같은 이미지를 만들 수 있어요!

미션 | "필터 갤러리와 다양한 필터를 사용해 만화처럼 만들어 보세요."

필터의 특수 효과와 같은 기능을 과연 어디에 활용할지 궁금하지 않았나요?

물론 다양하게 활용하지만, 인물 사진을 마치 웹툰 이미지처럼 만들 수도 있답니다.

실습을 통해 필터의 기능을 직접 체험해 보겠습니다.

동영상 강의

1단계 필터를 사용해 드로잉 효과 적용하기

❶ 준비 파일 '만화 효과 만들기 실습.psd'을 불러옵니다. ❷ [레이어] 패널에서 [여자 이미지] 레이어를 클릭합니다. ❸ 메뉴 바에서 [필터 → 필터 갤러리]를 선택합니다.

❹ [예술 효과 → 포스터 가장자리]를 클릭합니다. 오른쪽에 있는 옵션 설정에서 ❺ 가장자리 두께는 '1', ❻ 가장자리 강도는 '0', ❼ 포스터화는 '2'를 입력하고 ❽ [확인]을 클릭합니다.

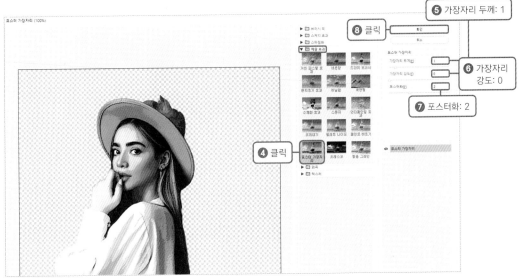

2단계 필터를 여러 개 겹쳐 사용하기

사진 이미지가 마치 그림을 그린 것처럼 변했죠? 붓으로 그림을 그릴 때 덧칠하면서
깊게 표현하듯이 필터를 여러 번 사용해 웹툰 효과를 구현해 보겠습니다.
먼저 이미지를 선명하게 만들기 위해 ❶ [필터 → 선명 효과 → 언샵 마스크...]를 선택
합니다. [언샵 마스크] 대화상자에서 ❷ 양은 '90', ❸ 반경은 '5.0', ❹ 한계값은 '10'으
로 설정한 후 ❺ [확인]을 클릭하면 이미지가 선명해집니다.

이번에는 거친 이미지를 조금 부드럽게 만들어 보겠습니다.

❻ [필터 → 스타일화 → 유화...]를 선택합니다.

[유화] 대화상자에서 ❼ 스타일화는 '1.0', ❽ 정확성은 '4.0', ❾ 비율은 '0.1', ❿ 강모 상세정보는 '0.0'으로 설정한 후 ⓫ 조명의 체크 표시를 해제하고 ⓬ [확인]을 클릭합니다. 유화 효과로 조금 부드러워졌죠?

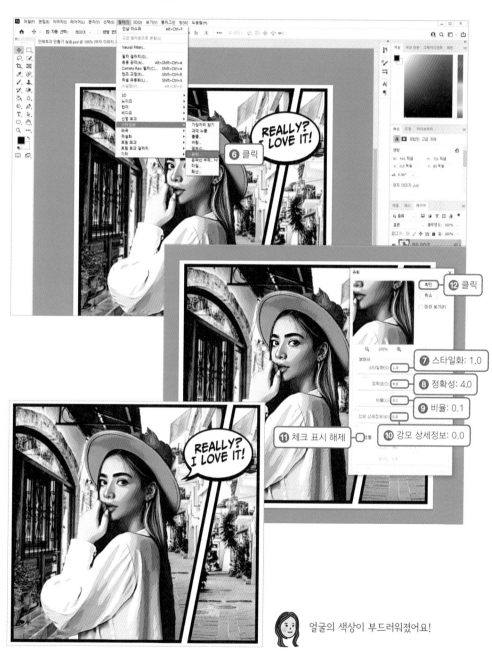

얼굴의 색상이 부드러워졌어요!

다시 ⑬ [필터 → 선명 효과 → 언샵 마스크...]를 선택합니다.

[언샵 마스크] 대화상자에서 ⑭ 양은 '60', ⑮ 반경은 '5.0', ⑯ 한계값은 '5'로 설정한 후

⑰ [확인]을 클릭하면 이미지가 선명해집니다.

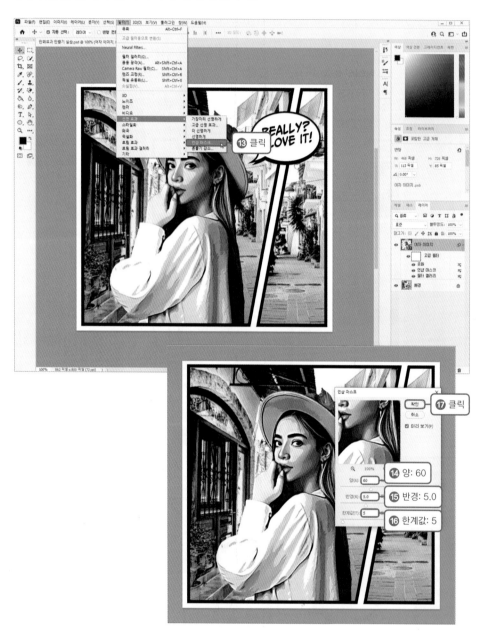

3단계 블렌딩 모드 함께 사용하기

보정을 자연스럽게 마무리하려면 원본 이미지와 자연스럽게 합쳐지는 블렌딩 모드를 사용하면 됩니다.

블렌딩 모드를 사용하기 위해 ❶ Ctrl + J 를 눌러 레이어를 복사합니다. 복사한 레이어는 필터 효과를 지운 후에 사용하겠습니다. ❷ [고급 필터]를 마우스 오른쪽 버튼으로 클릭한 후 ❸ [고급 필터 지우기]를 클릭해 필터 효과를 지웁니다.

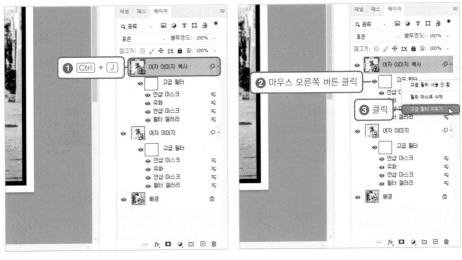

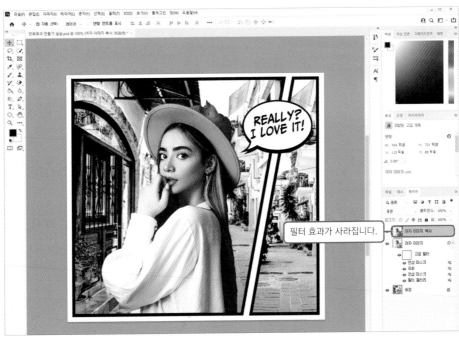

[레이어] 패널에서 ❹ 블렌딩 모드를 [하드 라이트]로 설정한 후 ❺ 불투명도를 '50%'로 설정합니다.

❻ [필터 → 필터 갤러리...]를 선택합니다. 오른쪽에 있는 옵션 설정에서 ❼ 가장자리 두께는 '0', ❽ 가장자리 강도는 '3', ❾ 포스터화는 '6'으로 설정한 후 ❿ [확인]을 클릭합니다.

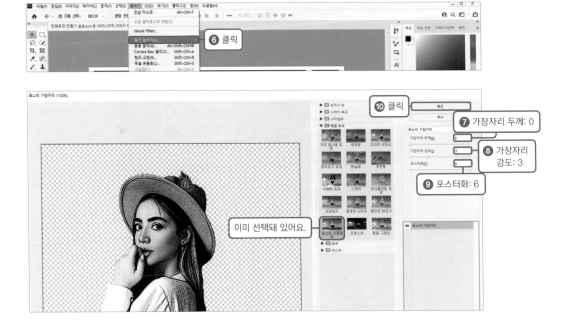

⓫ [필터 → 스타일화 → 유화...]를 선택합니다. [유화] 대화상자에서 ⓬ 스타일화는 '2.0', ⓭ 정확성은 '2.0', ⓮ 비율은 '0.1'로 설정한 후 ⓯ [확인]을 클릭합니다.

포토샵 편리하게 사용하기

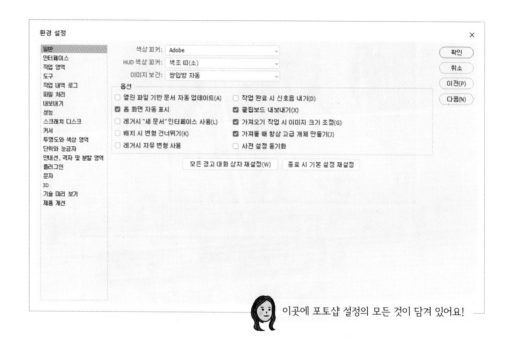

이곳에 포토샵 설정의 모든 것이 담겨 있어요!

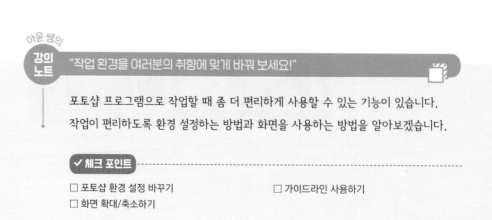

아윤 쌤의

강의 노트 "작업 환경을 여러분의 취향에 맞게 바꿔 보세요!"

포토샵 프로그램으로 작업할 때 좀 더 편리하게 사용할 수 있는 기능이 있습니다.
작업이 편리하도록 환경 설정하는 방법과 화면을 사용하는 방법을 알아보겠습니다.

✔ **체크 포인트**

□ 포토샵 환경 설정 바꾸기   □ 가이드라인 사용하기
□ 화면 확대/축소하기

16-1

포토샵 환경 설정하기

 단축키 Ctrl + K 를 기억해 두면
쉽게 환경 설정 창을 열 수 있어요!

포토샵의 환경을 목적에 맞게 설정하면 더
욱 편리하게 사용할 수 있습니다. [환경 설
정]에서 모든 것을 변경할 필요는 없습니다.
실무에서 편리하게 사용하는 환경 설정만
점검하면 됩니다.
[편집 → 환경 설정 → 일반...]을 클릭합니다.
환경 설정에는 18개 메뉴가 있습니다. 이 중
자주 사용하는 몇 가지만 살펴보겠습니다.

💧 단축키 Ctrl + K

[환경 설정 → 인터페이스]

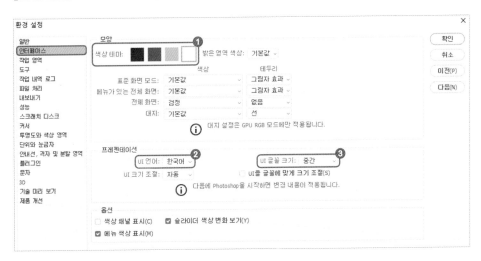

❶ 색상 테마: 원하는 테마의 색상을 선택합니다.

❷ UI 언어: 언어를 설정합니다. Adobe Creative Cloud에서 언어를 설정한 후 이곳에서 변경할 수 있
습니다.

❸ UI 글꼴 크기: 포토샵 프로그램의 인터페이스 글자 크기를 설정합니다. 글자가 너무 작아 사용하기
불편할 경우, 이곳에서 글자의 크기를 조절합니다.

[환경 설정 → 파일 처리]

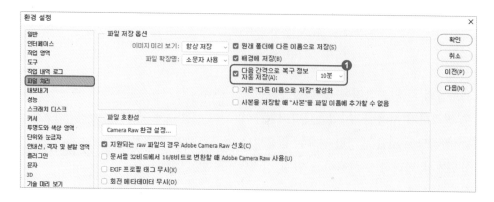

❶ **다음 간격으로 복구 정보 자동 저장:** 포토샵 작업을 할 때 지정한 시간을 간격으로 자동으로 백업해 줍니다. 프로그램이 갑자기 종료돼도 파일을 복구해 사용할 수 있습니다.

[환경 설정 → 성능]

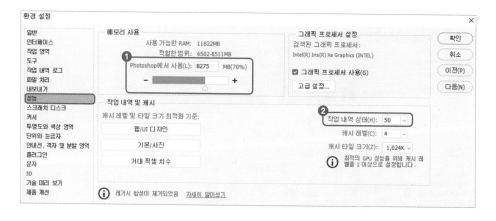

❶ **Photoshop에서 사용:** 포토샵은 메모리를 많이 차지하는 프로그램이기 때문에 컴퓨터의 성능에 따라 메모리를 설정해야 합니다. 컴퓨터 성능이 좋다면 그냥 사용해도 괜찮지만, 좋지 않다면 작업 처리 속도가 느려지므로 [메모리 사용] 항목에서 용량을 늘린 후에 작업해야 합니다. 이때 주의해야 할 점은 메모리의 용량을 아무리 늘리더라도 전체 사용량의 85%를 넘지 않아야 한다는 것입니다.

❷ **작업 내역 상태:** 포토샵 작업을 하다가 이전 작업 상태로 되돌리고 싶을 때 몇 번까지 되돌릴지를 설정하는 기능입니다. 많이 설정해 두면 좋을 것 같지만, 너무 많은 양으로 설정하면 포토샵의 실행 속도가 느려지거나 성능에 문제가 생길 수 있습니다. 50~70 정도가 적절합니다.

[환경 설정 → 단위와 눈금자]

❶ **눈금자:** 포토샵에서 눈금자를 사용할 때 나타나는 단위입니다. 기본 단위는 '픽셀'이지만, 필요에 따라 단위를 변경해 사용하기도 합니다.

[환경 설정 → 문자]

❶ **누락된 글리프 보호 사용:** 가끔 포토샵 문자에서 글자 영역을 선택했는데 글리프 확장 창이 나타난 경험이 있을 거예요. 이러한 현상이 나타나면 실무에서 매우 불편합니다. 사용을 원하지 않는다면 [누락된 글리프 보호 사용]의 체크 표시를 해제하면 됩니다.

❷ **글꼴 이름을 영어로 표시:** [글꼴 이름을 영어로 표시]의 체크 표시를 해제하면 한글로 된 글꼴의 이름이 영문이 아닌 한글로 표시됩니다.

글꼴 이름이 영문으로 표시되는 모습

글꼴 이름이 한글로 표시되는 모습

작업 화면 확대/축소, 이동하기, 가이드라인 사용하기

준비 파일 16/확대 축소.jpg, 가이드라인.jpg

 화면 확대/축소, 가이드라인
사용 방법 등을 알아봐요~

작업 화면 확대/축소하기

포토샵으로 작업할 때 화면을 확대/축소할 일이 많습니다. 이때 [돋보기 도구 🔍]를
사용합니다. 단축키로는 Ctrl + + 를 누르면 확대되고, Ctrl + − 를 누르면 축소
됩니다. Alt 를 누른 채 마우스 휠을 위/아래로 움직여도 확대/축소할 수 있습니다.

**지금
하면 된다! ▶ 작업 화면 확대/축소하기**

01
❶ Ctrl + O 를 눌러 준비 파일 '확대 축소.jpg'를 불러옵니다.
❷ [돋보기 도구 🔍]를 선택한 후 ❸ 화면을 클릭하면 화면이 확대됩니다.

02 ❶ 옵션 바의 🔍를 선택한 후 ❷ 화면을 클릭하면 화면이 축소됩니다.

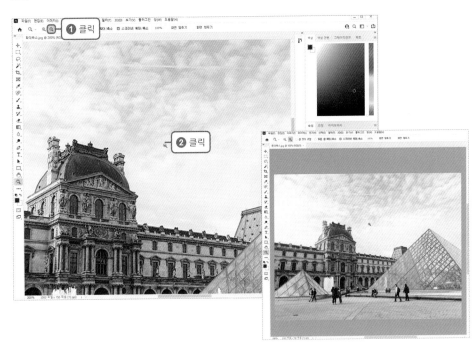

작업 화면 이동하기

포토샵의 작업 화면을 이동할 때 [손 도구 ✋]를 사용합니다.

Spacebar를 누른 채 마우스로 드래그해도 원하는 화면으로 쉽게 이동할 수 있습니다.

☆ 지금 하면 된다! 〉 [손 도구 ✋]로 화면 이동하기

01 ❶ Ctrl + O를 눌러 준비 파일 '확대 축소.jpg'를 불러옵니다.

화면을 확대한 후 ❷ [손 도구 ✋]를 선택합니다.

❸ 작업 화면을 클릭, 드래그하면 화면이 이동합니다.

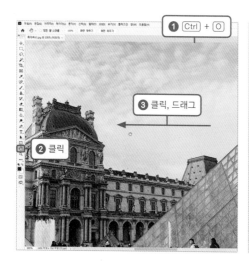

가이드라인 사용하기

여백 영역이나 위치를 맞추면서 작업할 때 가이드라인을 사용합니다.

실무에서 여백을 정확하게 맞춰야 하거나 간격을 서로 정확하게 맞춰 작업해야 할 때
유용합니다.

지금
하면 된다! 〉 가이드라인 사용하기

01
❶ Ctrl + O 를 눌러 준비 파일 '가이드라인.jpg'을 불러옵니다.

❷ Ctrl + R 을 눌러 눈금자를 나타나게 합니다.

❸ 작업 화면의 위쪽에 있는 눈금자를 아래쪽으로 클릭, 드래그하면

❹ 가로 방향의 가이드라인이 만들어집니다.

💧 메뉴 바 [보기 → 눈금자]

02 세로 가이드라인도 왼쪽 눈금자를 클릭, 드래그해 만듭니다.

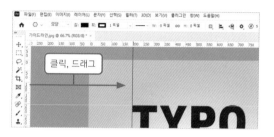

03 작업할 때 불필요한 가이드라인이 계속 보이면 매우 불편하겠죠?

❶ 이번에는 [이동 도구 ✛.]를 선택합니다.

❷ 가이드라인의 마우스 커서 모양이 변경됐을 때 클릭, 드래그해 눈금자 밖으로 이동시키면 가이드라인이 사라집니다.

가이드라인 모두 삭제하기

생성한 가이드라인을 한 번에 삭제하는 방법도 있습니다.
메뉴 바에서 [보기 → 안내선 → 캔버스 안내선 지우기]를 클
릭하면 모든 가이드라인이 사라집니다.
단축키 [Ctrl] + [;]을 눌러도 가이드라인을 한 번에 나타나
게 하거나 사라지게 할 수 있습니다.

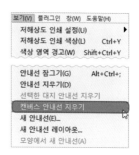

내 포토샵 작업 환경 저장하기

포토샵 작업을 하면 내가 자주 사용하는 패널과 환경들이 익숙해질 거예요. 하지만
여러 작업을 하다 보면 자꾸 작업 환경이 변경되는데, 내가 처음에 익숙하게 사용했
던 작업 환경을 저장해 두고 다시 돌려놓을 수 있습니다.

지금 하면 된다! ﹜ 포토샵 작업 환경 저장하기

01 메뉴 바에서 [창 → 작업 영역 → 새 작
업 영역...]을 클릭합니다.

💧 **영문판** [Window → Workspace → New Workspace]

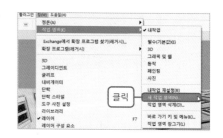

02 ❶ [새 작업 영역] 대화상자에 원하는
이름을 입력합니다.
❷ [저장]을 클릭하면 현재 상태의 포토샵 작
업 환경이 저장됩니다.

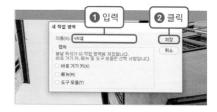

03 저장한 작업 환경을 사용해 볼까요?

작업 화면에 여러 패널을 꺼내 정리되지 않은 상태로 배치해 주세요.

❶ 오른쪽 패널의 위쪽에 있는 ▣ 을 클릭합니다.

❷ [내작업(02에서 설정한 이름) 재설정]을 선택하면 저장했던 환경으로 다시 정리됩니다.

선택·이동

변형·회전

지우기·분할

색상·채색

보정·리터치

채도·명도

문자 도구

도안

필터

환경 설정

여기까지 알아야 '진짜 실무자'
— 전문가로 한 발 더 나아가기

포토샵의 기본 기능을 배웠다면
이제 실력을 조금 더 높여 볼까요?
셋째마당에서는 지금까지 배운 기능을 떠올리면서
실무에서 많이 사용하는 필수 기능을 배워 볼 거예요!
실무에서 자주 사용하는 기능일 뿐만 아니라
이 책의 가장 마지막에 있는 실전 프로젝트 예제를
완성도 있게 만들기 위해서라도
반드시 알아야 하는 기능입니다.

17 다양한 레이어 기능 사용하기

18 인물에 바로 적용하는 이미지 보정 기술

19 상황별로 유용한 누끼 따는 방법

다양한 레이어 기능 사용하기

유튜브에서 많이 보던 섬네일 디자인!
레이어 스타일로 가능해요~

 아윤 쌤의

**강의
노트** "실전 레이어 활용 방법을 익혀 보세요!"

레이어의 기본 개념을 이해했으므로 이번에는 레이어의 다양한 기능을 활용해 보겠습니다. 레이어는 실무에서 가장 많이 사용하는 기능입니다. 특히, [레이어] 패널의 블렌딩 모드와 마스크는 이미지를 자연스럽게 합성할 때 유용합니다.

✓ 체크 포인트

□ 블렌딩 모드 사용하기   □ 레이어 마스크 활용하기
□ 레이어 스타일 사용하기   □ 채널 활용하기
□ 클리핑 마스크 활용하기

블렌딩 모드 사용하기

준비 파일 17/블렌딩 모드 실습_01.jpg, 블렌딩 모드 실습_02.jpg

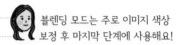 블렌딩 모드는 주로 이미지 색상
보정 후 마지막 단계에 사용해요!

블렌딩 모드(blending mode)는 2개의 이미지를 혼합해 사용하는 것을 말합니다.
즉, 기본 베이스 이미지인 상위 레이어에 하위 레이어를 혼합하는 기능입니다.

레이어 블렌딩 모드

블렌딩 모드의 종류는 총 27개입니다. 하지만 종류가 많다고 해서 블렌딩 모드의 종
류를 모두 외울 필요는 없습니다. 각 모드가 비슷한 기능끼리 묶여 있기 때문이죠.
큰 그룹 단위로 이해해 두고 그때그때 맞는 블렌딩 모드를 적용하면 됩니다.

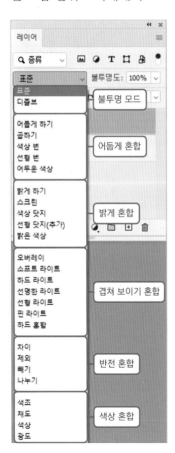

블렌딩 모드 사용하기

각각의 블렌딩 모드가 어떤 모습인지 확인하기 전에 [레이어] 패널에서 블렌딩 모드를 어떻게 사용하는지 알아볼게요.

01 Ctrl + O 를 눌러 준
비 파일 '블렌딩 모드 실습_01.
jpg'을 불러옵니다.

02 또 다른 준비 파일 '블렌
딩 모드 실습_02.jpg'를 작업 화
면 위로 드래그해 불러옵니다.

💧 만약 두 이미지의 크기가 다르다면 컨트롤
박스를 드래그해 동일한 크기로 맞추세요.

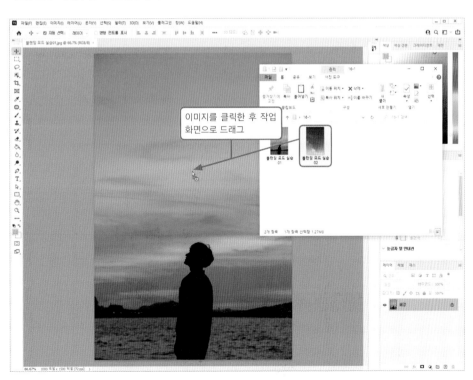

이미지를 클릭한 후 작업
화면으로 드래그

이미지가 위에 들어왔는지 확인

03 이제 상위 레이어가 하위 레이어와 혼합되도록 블렌딩 모드를 사용해 볼게요. [레이어] 패널에서 블렌딩 모드로 [어둡게 하기]를 선택합니다. 별 이미지가 혼합됩니다.

클릭

블렌딩 모드의 스타일은 이렇게 다양하기 때문에 여러분이 가장 마음에 드는 혼합 모드를 선택하면 됩니다. 이제부터 직접 모든 블렌딩 모드를 사용해 보세요.

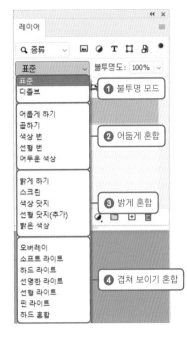

❶ 불투명 모드

표준(Normal)
두 레이어가 혼합되지 않은 일반 모드입니다. 하위 이미지와 아직 혼합되지 않은 상태이므로 상위 레이어의 이미지만 보입니다.

디졸브(Dissolve)
하위 레이어 이미지의 윤곽을 점으로 표시하는 혼합 모드입니다. 거칠고 투박한 이미지를 만들 때 유용합니다.

표준(Normal)

디졸브(Dissolve)

❷ 어둡게 혼합

어둡게 하기(Darken)

상·하위 레이어의 어두운 부분을 강조하면서 레이어를 합성합니다. 밝은 색상이 투명해지면서 어두운 색상을 중심으로 합성합니다.

곱하기(Multiply) ★필수

상·하위 레이어의 색상을 곱하는 방식입니다. 흰색일수록 투명하게, 이미지가 겹치는 부분은 어둡게 합성합니다. 검은색을 곱하면 검은색으로 표현되고, 흰색을 곱하면 투명하게 표현됩니다. 실무에서 많이 사용하는 기능입니다.

색상 번(Color Burn)

이미지가 어두워지는 방향으로 합성합니다. [번 도구 ⬚]처럼 이미지를 어둡게 만듭니다.

선형 번(Linear Burn)

상·하위 두 레이어 이미지의 명도를 감소시켜 색상을 어둡게 한 후 합성합니다. 흰색과 혼합하면 색이 변하지 않습니다.

어두운 색상(Darker Color)

색상이 있는 부분을 제외한 나머지 부분을 어둡게 만듭니다.

어둡게 하기(Darken)

곱하기(Multiply)

색상 번(Color Burn)

선형 번(Linear Burn)

어두운 색상(Darker Color)

❸ 밝게 혼합

밝게 하기(Lighten)
상·하위 레이어의 색상 중 밝은 색상을 강조해 표현합니다.

스크린(Screen) ★필수
상·하위 레이어의 색상 중 밝은색은 더 밝아지고, 검은색은 투명해집니다. [어둡게 혼합]의 [곱하기] 모드와 반대입니다.

색상 닷지(Color Dodge)
상·하위 레이어의 대비를 감소시켜 색상을 밝게 한 후에 합성합니다. 빛이 강하게 빛나는 효과를 표현할 때 유용합니다.

선형 닷지(추가)
(Linear Dodge(Add))
상·하위 레이어의 명도를 증가시켜 색상을 밝게 한 후에 합성합니다. 기존의 색상을 밝게 표현할 때 유용합니다.

밝은 색상(Lighter Color)
상·하위 레이어의 색상값을 비교해 밝은 색상을 중심으로 합성합니다.

밝게 하기(Lighten)

스크린(Screen)

색상 닷지(Color Dodge)

선형 닷지(추가)
(Linear Dodge(Add))

밝은 색상(Lighter Color)

❹ 겹쳐 보이기 혼합

오버레이(Overlay) ★필수
상·하위 레이어의 색상을 필요에 따라 [곱하기] 모드나 [스크린] 모드로 바꿉니다. 밝은 영역은 더 밝게, 어두운 영역은 더 어둡게 합성해 2개의 레이어가 겹쳐 보입니다.

소프트 라이트(Soft Light)
상·하위 두 레이어의 색상을 어둡게 하거나 밝게 합니다. [오버레이]와 같은 방식으로, 합성된 색상이 50% 회색보다 밝으면 [닷지 도구 🔍]를 사용한 것처럼 밝아지고, 50% 회색보다 어두우면 [번 도구 ✊]를 사용한 것처럼 어두워집니다.

하드 라이트(Hard Light)
[소프트 라이트] 모드와 같은 방식으로 합성합니다. 색상이 [소프트 라이트] 모드보다 강합니다.

선명한 라이트(Vivid Light)
상·하위 레이어의 합성 색상 대비를 증가시키거나 감소시킵니다. [번 도구 ✊] 효과와 [닷지 도구 🔍] 효과를 좀 더 강하게 표현합니다. 색상이 [하드 라이트]보다 강합니다.

오버레이(Overlay)

소프트 라이트(Soft Light)

하드 라이트(Hard Light)

선명한 라이트(Vivid Light)

선형 라이트(Linear Light)

상·하위 레이어의 합성 색상 명도를 증가시키거나 감소시켜 합성합니다. 혼합한 색상이 50% 회색보다 밝으면 명도를 증가시키고, 어두우면 감소시킵니다. 특수 효과를 표현할 때 유용합니다.

핀 라이트(Pin Light)

상·하위 레이어 중 채도가 높은 방향으로 합성합니다.

하드 혼합(Hard Mix)

상·하위 레이어의 색상값을 합해 표현합니다. 기본 색상이 RGB라면 3개의 채널 합계값으로 표현하기 때문에 원색에 가깝습니다.

선형 라이트(Linear Light)

핀 라이트(Pin Light)

하드 혼합(Hard Mix)

❺ 반전 혼합

차이(Difference)

상·하위 레이어 색상에서 어두운 색상은 반전하고, 명도가 높은 색상은 보색으로 반전합니다.

제외(Exclusion)

[차이(Difference)] 모드와 동일하게 반전하지만, 비교적 부드럽고 약하게 합성합니다.

차이(Difference)

제외(Exclusion)

빼기(Subtract)
상·하위 레이어의 색상에서 합성된 색상을 뺍니다.

나누기(Divide)
상·하위 레이어의 색상에서 합성된 색상을 나눕니다.

빼기(Subtract)

나누기(Divide)

❻ 색상 혼합

색조(Hue)
상·하위 레이어 색조를 광도와 채도로 혼합해 새로운 색상으로 만든 후 합성합니다.

채도(Saturation)
상위 레이어에서는 채도, 하위 레이어에서는 채도와 명도를 반영해 합성합니다.

색상(Color)
상위 레이어에서는 색상과 채도, 하위 레이어에서는 명도를 반영해 합성합니다.

광도(Luminosity)
상위 레이어에서는 명도, 하위 레이어에서는 색상과 채도를 반영해 합성합니다. [색상] 모드와 반대입니다.

색조(Hue)

채도(Saturation)

색상(Color)

광도(Luminosity)

17-2

실무에서 자주 사용하는 블렌딩 모드

준비 파일 17/헤드셋.jpg, 헤드셋 배너.jpg, 불꽃 축제.jpg, 불꽃.jpg

완성 파일 17/헤드셋 배너_완성.jpg, 불꽃 축제_완성.jpg

 배경이 흰색인 물체는 누끼를
따지 않고도 블렌딩 모드로
합성할 수 있어요~

앞에서 살펴본 것처럼 블렌딩 모드는 정말 다양합니다. 그중에서도 자주 사용하는
블렌딩 모드만 예제로 살펴보겠습니다.

지금 하면 된다! [곱하기] 블렌딩 모드로 흰색을 투명하게 사용하기

흰색 부분을 투명하게 만드는 [곱하기(Multiply)] 블렌딩 모드는 실무에서 가장 많이
사용합니다. 흰색 배경에서 촬영한 제품 이미지를 가져와 [곱하기] 모드로 블렌딩하
면 제품의 이미지만 쉽게 추출할 수 있기 때문입니다. 어두운 개체만 남기고 싶을 때
도 쉽게 합성할 수 있습니다.

01
❶ Ctrl + O 를 눌러 준비 파일 '헤드셋 배너.jpg'를 불러옵니다.

❷ 또 다른 준비 파일 '헤드셋.jpg'을 클릭, 드래그해 작업 화면 위로 불러옵니다.

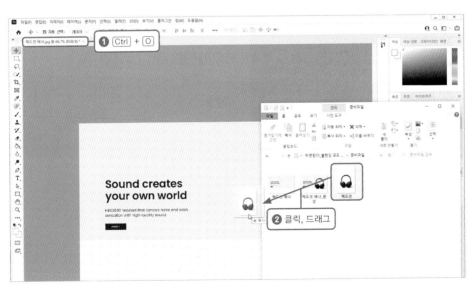

02 ❶ 불러온 헤드셋 이미지의 크기를 조절한 후 ❷ 알맞게 배치하고 Enter 를 눌러 적용하세요.

03 [레이어] 패널에서 블렌딩 모드의 [곱하기]를 선택하세요. 헤드셋의 흰색 배경이 투명해지면서 자연스럽게 합성됩니다.

누끼를 따지 않아도 합성할 수 있어요!

지금 하면 된다! ▶ [스크린] 모드로 하늘에 불꽃 합성하기

이번에는 흰색 부분은 나타나게 하고, 어두운 부분은 투명하게 하는 [스크린(Screen)] 모드를 활용해 볼게요. [스크린] 모드를 활용해 밤하늘에 화려한 불꽃 이미지를 자연스럽게 합성해 보겠습니다.

01 ❶ Ctrl + O 를 눌러 준비 파일 '불꽃 축제.jpg'를 불러옵니다.

❷ 합성에 사용할 준비 파일 '불꽃.jpg'을 작업 화면으로 클릭, 드래그해 작업 화면 위로 불러옵니다.

02 크기와 위치를 알맞게 조절한 후 Enter 를 눌러 적용합니다.

$\underline{03}$ [레이어] 패널에서 블렌딩 모드의 [스크린]을 선택합니다. '불꽃.jpg'의 검은색 배경이 투명해지면서 불꽃 이미지가 자연스럽게 합성된 것을 확인할 수 있습니다.

 밝은 배경은 [곱하기],
어두운 배경은 [스크린]!
기억해 두세요~

17-3

레이어 스타일 사용하기

준비 파일 17/레이어 스타일 실습.psd

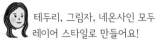
테두리, 그림자, 네온사인 모두 레이어 스타일로 만들어요!

레이어 스타일은 테두리, 그림자, 입체적인 효과 등을 지정한 레이어에 사용할 수 있는 기능입니다. 레이어 스타일은 카드 뉴스, 유튜브 섬네일, 상세 페이지, 이벤트 페이지 등과 같은 디자인 콘텐츠에서 많이 사용하는 기능으로, 레이어 스타일만 잘 사용해도 디자인 수준을 한층 높일 수 있습니다.

레이어 스타일 살펴보기

[레이어] 패널의 *fx* 를 클릭하면 레이어 스타일을 사용할 수 있습니다. 레이어 스타일의 종류는 총 10개입니다.

[레이어] 패널에서 레이어 스타일을 적용할 레이어를 선택한 후 *fx* 를 클릭해 원하는 레이어 스타일을 적용하면 됩니다.

💧 레이어 스타일별 적용 모습은 327~328쪽을 참고하세요.

지금 하면 된다! ▸ 레이어 스타일 적용하기

01 ❶ Ctrl + O 를 눌러 준비 파일 '레이어 스타일 실습.psd'을 불러옵니다.

❷ [레이어] 패널에서 [찐실무 포토샵] 텍스트 레이어를 선택한 후 ❸ *fx* 를 클릭해 [혼합 옵션...]을 클릭합니다.

💧 준비 파일에서는 '여기어때 잘난체 OTF' 글꼴을 사용했습니다. 웹 사이트 (www.goodchoice.kr/font)에서 미리 설치해 준비해 두면 좋아요! 만약 없다면, 이와 비슷한 글꼴을 사용해 주세요.

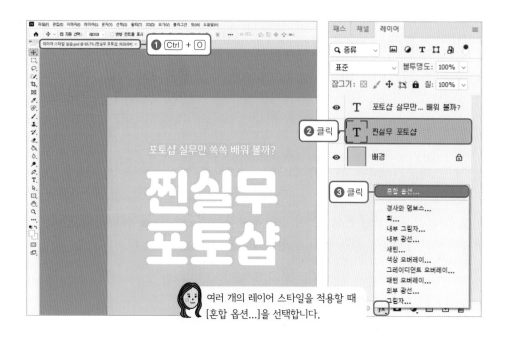

여러 개의 레이어 스타일을 적용할 때 [혼합 옵션...]을 선택합니다.

02

❶ [레이어 스타일] 대화상자에서 항목을 클릭하면 적용됩니다.

❷ 여러 가지 항목을 한 번씩 선택해 본 후 ❸ [확인]을 클릭합니다.

❹ 선택한 레이어 스타일 항목이 [레이어] 패널에 표시되는 것을 확인할 수 있습니다.

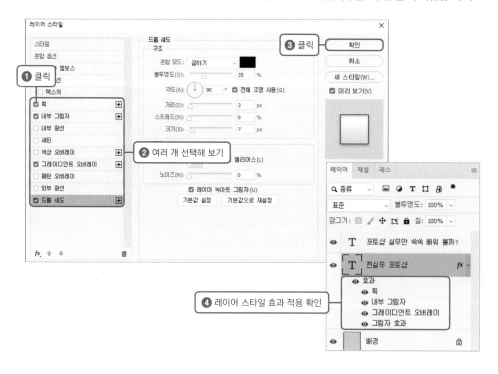

레이어 스타일 수정하기

[레이어] 패널에서 레이어 스타일 효과가 적용된 항목 중 수정할 항목을 더블클릭합니다. [레이어 스타일] 대화상자가 다시 나타나면 레이어 스타일을 추가 또는 수정할 수 있습니다.

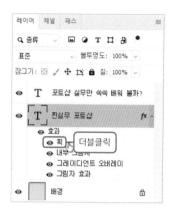

레이어 스타일 삭제하기

[레이어] 패널에서 레이어 스타일 효과가 적용된 항목 중 삭제하고 싶은 항목을 클릭한 후 패널의 아래쪽에 있는 🗑으로 드래그합니다.

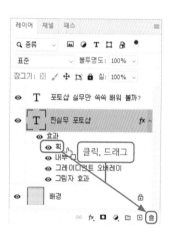

아윤 쌤! 질문 있어요! | 레이어 스타일을 모두 삭제하고 싶어요

적용한 레이어 스타일을 모두 삭제하려면 ❶ 레이어 스타일이 적용된 레이어를 마우스 오른쪽 버튼으로 클릭한 후 ❷ [레이어 스타일 지우기]를 클릭합니다.

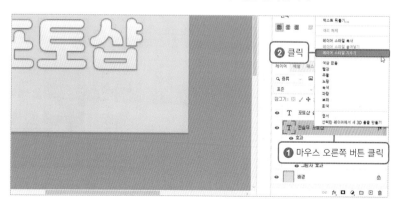

지금 하면 된다! ▸ 레이어 스타일 복사하기

❶ Alt 를 누른 상태에서 레이어 스타일의 [효과]를 클릭한 채 ❷ 복사할 레이어로 드래그합니다. 마우스 커서의 모양이 ▸ 로 변하는 것을 볼 수 있는데요. 마우스에서 손을 떼면 레이어 스타일이 복사됩니다.

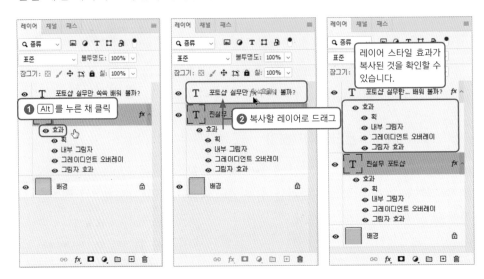

레이어 스타일의 종류

레이어 스타일의 종류는 총 10가지입니다.
레이어 스타일을 사용하는 방법을 배웠으므로 레이어 스타일을 자유롭게 사용해 보세요.
각 스타일의 특징을 잘 알아 두면 레이어 스타일을 디자인 콘셉트에 어울리게 사용할 수 있습니다.

경사와 엠보스(Bevel & Emboss)
레이어가 튀어나와 보이는 효과입니다.

획(Stroke)
레이어에 테두리를 만듭니다.

내부 그림자(Inner Shadow)
레이어 안쪽에 그림자 효과를 만듭니다.

내부 광선(Inner Glow)
레이어 안으로 빛이 번져 나오는 효과입니다.

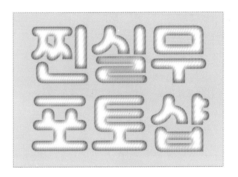

새틴(Satin)
레이어의 표면에 광택과 점토질 효과를 입힙니다.

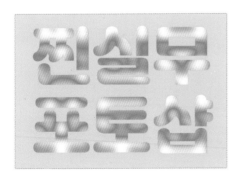

색상 오버레이(Color Overlay)
레이어의 표면을 다른 색상으로 변경합니다.

그레이디언트 오버레이 (Gradient Overlay)

레이어 표면에 그레이디언트를 만듭니다.

패턴 오버레이(Pattern Overlay)

레이어의 표면에 패턴을 만듭니다.

외부 광선(Outer Glow)

레이어 밖으로 빛이 번지는 효과입니다.

그림자(Drop Shadow)

레이어 뒤로 그림자를 만듭니다.

17-4

실무에서 자주 사용하는 레이어 스타일

준비 파일 17/텍스트 레이어 스타일.psd, 네온 사인.psd
완성 파일 17/텍스트 레이어 스타일 완성.jpg, 네온 사인 완성.jpg

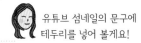 유튜브 섬네일의 문구에 테두리를 넣어 볼게요!

레이어 스타일의 특징을 배웠지만, 이를 실무에 어떻게 활용해야 하는지는 아직 실 감이 나지 않을 거예요. 실무 디자인에 활용되는 레이어 스타일을 직접 만들어 지금 당장 실무에 활용해 보겠습니다.

지금
하면 된다! 〉 텍스트에 레이어 스타일 활용하기

01
❶ Ctrl + O 를 눌러 준비 파일 '텍스트 레이어 스타일.psd'을 불러옵니다.
❷ [레이어] 패널의 [유튜브 섬네일] 텍스트 레이어를 클릭한 후
❸ 레이어 스타일 fx 의 ❹ [획...]을 클릭합니다.　　　　💧 글꼴 여기 어때 잘난체

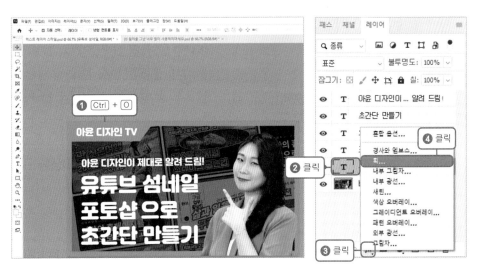

02 [레이어 스타일] 대화상자에 [획] 항목이 나타납니다.

옵션에서 ❶ 크기는 '5px', ❷ 위치는 [바깥쪽], ❸ 색상은 [검은색]을 선택합니다.
글자에 검은색 테두리가 생깁니다.

03 ❶ 획 항목의 ⊞를 클릭하면 획이 아래에 하나 더 추가됩니다.

❷ 추가된 [획] 항목을 클릭한 후 옵션 설정에서 ❸ 크기는 '10px', ❹ 색상은 [흰색]으로 변경합니다.

04 ❶ 추가된 [획]에서 ⊞를 클릭해 아래쪽에 [획] 항목을 하나 더 추가합니다.

❷ 추가된 [획] 항목을 클릭한 후 ❸ 크기는 '15px', ❹ 색상은 [검은색]으로 변경합니다.
글자에 테두리가 한 겹 더 생겼죠?

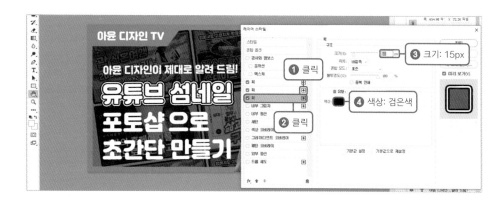

05 이번에는 ❶ [그레이디언트 오버레이]를 선택합니다.
옵션 설정의 ❷ [그레이디언트] 항목에서 원하는 그러데이션 색상을 선택한 후
❸ [확인]을 클릭하면 레이어 스타일 효과가 설정됩니다.

06 나머지 텍스트에도 레이어 스타일을 적용해
야겠죠?
❶ [레이어] 패널에 적용된 레이어 스타일의 [효과]를
Alt 를 누른 채 클릭한 후 ❷ [포토샵] 텍스트 레이어
로 드래그해 레이어 스타일을 복사합니다.

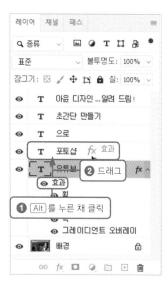

07 레이어 스타일이 한 번에 복사됐죠?

이번에는 그레이디언트 레이어 스타일만 수정해 볼
게요.

[포토샵] 텍스트 레이어에 적용된 레이어 스타일 항
목에서 [그레이디언트 오버레이]를 더블클릭합니다.

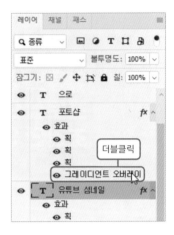

08 ❶ [그레이디언트] 항목에서 원하는 색상으로 변경한 후
❷ [확인]을 클릭하면 변경이 적용됩니다.

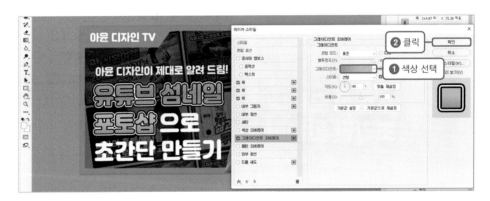

09 ❶ Alt 를 누른 채 [포토샵] 텍스트 레이어의
[효과]를 클릭한 후 ❷ [초간단 만들기] 텍스트 레이어
로 드래그해 복사합니다.

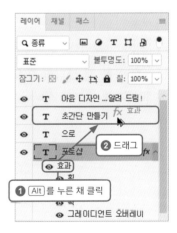

10 ❶ [Alt]를 누른 채 [포토샵] 텍스트 레이어의 [효과]를 클릭한 후 ❷ [으로] 텍스트 레이어로 드래그해 복사합니다.

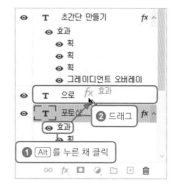

11 [으로] 텍스트 레이어는 색상을 빼 흰색으로 만들겠습니다.
레이어 스타일 항목의 [그레이디언트 오버레이]에 있는 👁을 클릭해 보이지 않게 합니다.

12 마지막으로 [초간단 만들기] 텍스트 레이어의 레이어 스타일 항목에서 ❶ [Alt]를 누른 채 첫 번째 [획] 항목을 클릭한 후 ❷ [아윤 디자인 …알려 드림!] 텍스트 레이어로 복사합니다.

13 레이어 스타일을 활용한 텍스트 디자인이 완성됐습니다.

✧✧ 지금
하면 된다! ⟩ [외부 광선]으로 네온사인 글자 만들기

01 ❶ Ctrl + O 를 눌러 준비 파일 '네온사인.psd'을 불러옵니다.
❷ [레이어] 패널의 [글자] 텍스트 레이어를 클릭한 후
❸ 레이어 스타일 _fx._ 에서 [외부 광선...]을 클릭합니다.

02 [외부 광선] 항목 옵션에서 ❶ 불투명도는 '100%', ❷ 색상 코드는 '0500ff', ❸ 스프레드는 '5%', ❹ 크기는 '12px'로 설정합니다.

03 네온사인 간판을 입체적으로 표현하기 위해 그림자를 넣어 볼게요.
❶ [드롭 섀도]를 클릭한 후 옵션에서 ❷ 불투명도는 '30%', ❸ 각도는 '35°', ❹ 거리는 '15px', ❺ 스프레드는 '50%', ❻ 크기는 '3px'로 설정하고 ❼ [확인]을 클릭합니다.

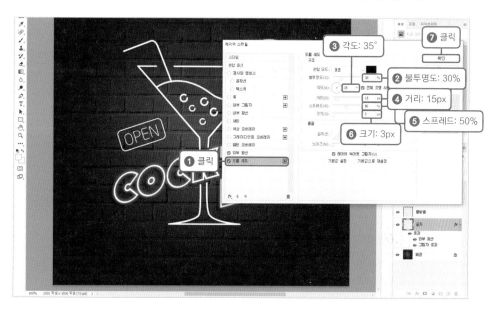

04 [레이어] 패널에서 [글자] 텍스트 레이어에 적용된 효과를 복사하기 위해
❶ Alt 를 누른 채 [효과]를 클릭하고 ❷ [물방울] 레이어로 드래그해 복사합니다.
색상을 변경하기 위해 ❸ [물방울] 레이어에서 [외부 광선]을 더블클릭합니다.

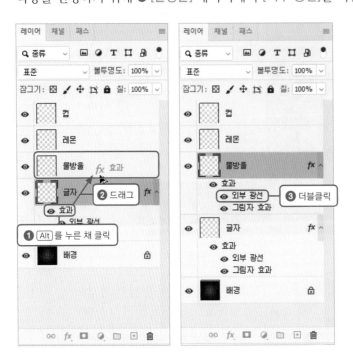

05 [외부 광선] 레이어 스타일의 옵션에서 ❶ 원하는 색상으로 변경한 후 ❷ [확인]을 클릭합니다.

06 ❶ Alt 를 누른 채 [물방울] 레이어의 [효과]를 클릭, 드래그해
❷ [레몬], [컵] 레이어에 레이어 스타일 효과를 복사합니다.

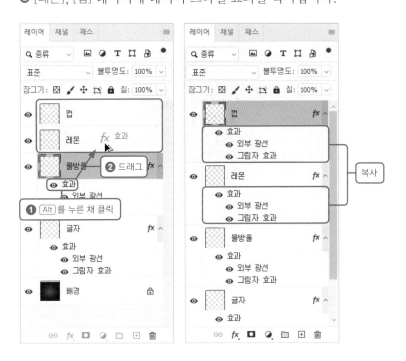

07 [레몬] 레이어에서 ❶ [외부 광선]을 더블클릭한
후 ❷ 색상을 변경하고 ❸ [확인]을 클릭합니다.

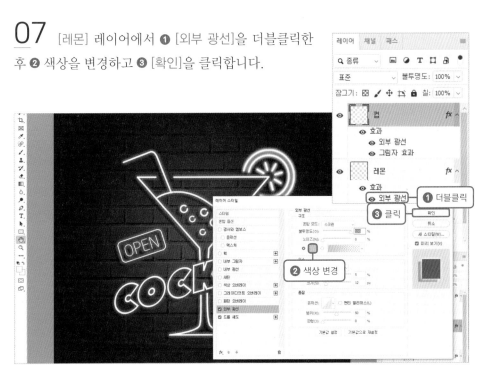

08
[컵] 레이어에서 ❶ [외부 광선]을 더블클릭한 후 ❷ 색상을 변경하고 ❸ [확인]을 클릭합니다.

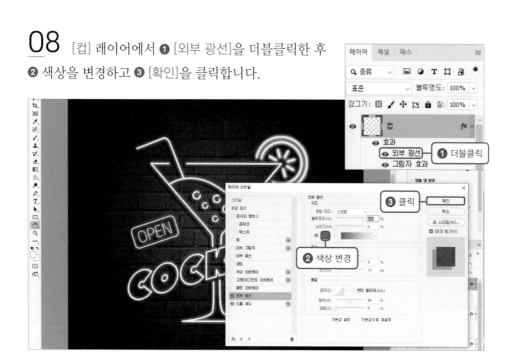

09
외부 광선을 활용한 네온사인이 완성됐습니다.

17-5

클리핑 마스크로 합성하기

준비 파일 17/텍스트 클리핑 마스크.psd, 마스크 활용.jpg
완성 파일 17/텍스트 클리핑 마스크 완성.jpg

 클리핑 마스크는 특정 형태 만큼만 위 레이어의 모습을 보여 주는 기능이에요!

클리핑 마스크는 하위 레이어 이미지 형태만큼만 상위 레이어를 보여 주는 기능입니다. 글자에 배경 이미지가 들어간 디자인을 보면 클리핑 마스크가 무엇인지 이해될 거예요. 여기에서 하위 레이어는 글자이고, 글자의 형태만큼 상위 레이어에 있는 이미지가 보이는 것이죠.

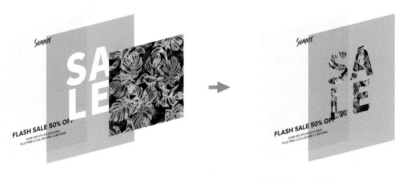

클리핑 마스크 적용 전   클리핑 마스크 적용 후

지금 하면 된다! 텍스트에 클리핑 마스크 사용하기

01
❶ Ctrl + O 를 눌러 준비 파일 '텍스트 클리핑 마스크.psd'를 불러옵니다.
❷ 준비 파일 '마스크 활용.jpg'을 작업 화면으로 드래그해 가져오고
❸ 크기와 위치를 조절한 후 Enter 를 누릅니다.　　　🔸글꼴 Noto Sans CJK KR

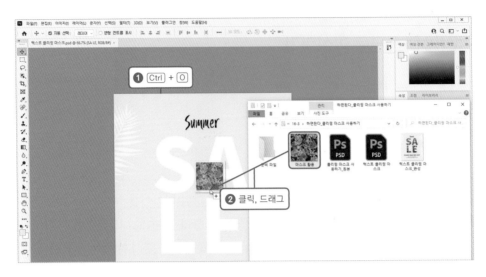

02

[레이어] 패널의 ❶ [마스크 활용] 레이어를 마우스 오른쪽 버튼으로 클릭한 후 ❷ [클리핑 마스크 만들기]를 클릭합니다.

🔵 단축키 Ctrl + Alt + G

클리핑 마스크를 빠르게 적용하는 방법은 341쪽을 참고하세요!

03 [SALE] 텍스트 레이어에 [마스크 활용] 레이어가 클리핑 마스크로 적용된 것을 확인할 수 있습니다.

레이어 섬네일에 이렇게 표시돼 있다면 클리핑 마스크가 적용된 것입니다.

아윤 쌤! 질문 있어요! | 클리핑 마스크 빠르게 적용하기

실무에서는 클리핑 마스크를 적용할 때 주로 단축키를 사용합니다.

Alt 를 누른 채 마우스 커서를 [SALE] 레이어와 [마스크 활용] 레이어의 경계선으로 이동시키면 클리핑 마스크 적용 아이콘 이 나타납니다. 이때 클릭하면 클리핑 마스크가 빠르게 적용됩니다.

경계선

Alt 를 누른 채 마우스 커서를 경계선으로 이동시키면 모양이 변경돼요!

레이어 마스크로 합성하기

준비 파일 17/합성 이미지01.jpg, 합성 이미지02.jpg

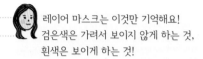

레이어 마스크는 이것만 기억해요!
검은색은 가려서 보이지 않게 하는 것,
흰색은 보이게 하는 것!

레이어 마스크는 원본 이미지의 상태를 유지하면서 특정 부분을 가려 주는 기능입니다. 지우는 것이 아니라 가려서 보이지 않게 하는 것이죠. 원본 상태를 원상 복구할 수 있기 때문에 [지우개 도구 ◢.]로 삭제하는 것보다 훨씬 효율적인 방법이라고 할 수 있습니다. 특히 실무에서 합성할 때 많이 사용합니다.

레이어 마스크의 원리

레이어 마스크는 검은색, 흰색, 회색으로만 사용할 수 있습니다. 보통은 검은색과 흰색 2가지만 선택해 브러시로 칠하는 방법을 사용합니다. 검은색과 흰색을 사용하는 이유는 레이어 마스크가 무채색만 인식하기 때문이에요. 검은색을 선택한 후 브러시를 칠하면 원본 이미지가 가려집니다. 레이어 마스크에서 검은색은 투명을 의미하기 때문이에요. 이렇게 검은색으로 칠하다가 원상 복구를 할 때 흰색을 선택하고 브러시로 칠하면 다시 원본 이미지가 보입니다. 흰색을 인지하는 것이죠. 조금 헷갈리겠지만, '검은색은 가려서 보이지 않게 하는 것이고, 흰색은 보이게 하는 것!'이라는 것만 기억하면 됩니다.

레이어 마스크에서 검은색으로 칠해 가려진 모습

레이어 마스크에서 흰색으로 칠해 복구된 모습

지금 하면 된다! 두 개의 이미지를 자연스럽게 합성하기

01

❶ Ctrl + O 를 눌러 준비 파일 '합성 이미지01.jpg'을 불러옵니다.

❷ 준비 파일 '합성 이미지 02.jpg'를 작업 화면으로 드래그한 후 ❸ Enter 를 누릅니다.

02 호수 부분의 이미지만 레이어 마스크로 합성해 볼게요.

❶ [합성 이미지02] 레이어를 선택한 후 ❷ [레이어] 패널의 아래쪽에 있는 ▣을 클릭합니다.

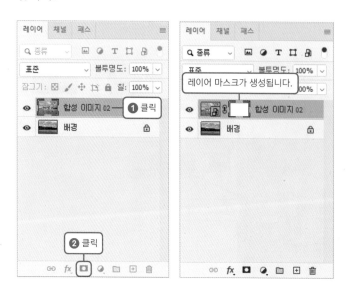

03 ❶ [브러시 도구 ✒]를 선택한 후 ❷ 전경색을 [검은색]으로 설정합니다.

❸ 옵션의 불투명도에 '100%'를 입력합니다. ❹ 작업 화면에서 마우스 오른쪽 버튼을 클릭한 후 ❺ 브러시의 크기는 '70픽셀', ❻ 종류는 [부드러운 원]을 선택합니다.

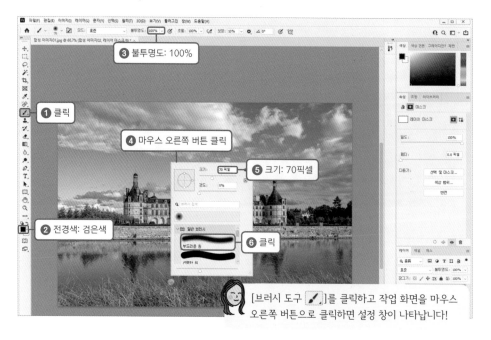

04
이제 세팅이 완료됐으므로 레이어 마스크를 사용해 볼게요.
호수의 왼쪽 부분을 브러시로 클릭한 후 오른쪽으로 드래그하면 호수 이미지가 지워집니다.

클릭, 드래그

마스크의 적용으로 드래그한 위치에 있는 이미지가 사라집니다.

05
호수의 나머지 부분도 레이어 마스크로 가려서 잔디로 변경합니다.

호수 부분만 드래그해 잔디 이미지가 나타나게 합니다.

06 검은색으로 칠하다가 잘못 지워졌거나 다시 복구하고 싶을 때는
❶ 전경색을 [흰색]으로 변경해 ❷ 다시 칠해 주면 이미지가 복구됩니다.

너무 많이 지워진 부분

❶ 전경색: 흰색

❷ 클릭, 드래그

17-7

채널과 알파 채널

준비 파일 17/채널 보정.jpg, 알파 채널.jpg

완성 파일 17/채널 보정 완성.jpg, 알파 채널 완성.jpg

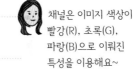

채널은 이미지 색상이 빨강(R), 초록(G), 파랑(B)으로 이뤄진 특성을 이용해요~

채널 기본 이해하기

포토샵에서 레이어 다음으로 중요한 것이 바로 '채널'입니다. 채널에는 '기본 채널' 과 '알파 채널'이 있는데, 기본 채널은 색상을 보정할 때 사용하기 때문에 개념을 꼭 이해해야 합니다. 특히, 조정 기능에서 밝기나 색상을 보정할 때 이미지를 채널 색상 의 상태에 따라 보정할 수 있습니다. 예를 들어 하늘을 푸르게 보정하고 싶다면 [파 랑] 채널을 이용합니다. 또한 알파 채널은 흑백의 대비를 사용해 영역을 꼼꼼하게 선 택하고 저장까지 할 수 있기 때문에 누끼 작업을 할 때 매우 유용합니다.

[채널] 패널 살펴보기

[레이어] 패널 옆에 있는 [채널] 패널을 이용해 채널 을 알아보겠습니다. 현재 이미지가 RGB 색상이기 때 문에 채널에서 상위 레이어가 [RGB]인 것을 확인할 수 있습니다. 그 아래로 [빨강(Red)], [녹색(Green)], [파랑(Blue)] 채널이 순서대로 나열돼 있어요. 이 3개 의 채널이 합쳐져 현재의 RGB 이미지가 나타나는 것입니다. 예를 들어 [빨강] 채널의 👁을 끄면 빨간 색이 사라진 이상한 이미지가 됩니다.

[빨강] 채널을 끈 모습

[녹색]과 [파랑] 채널 역시 👁 을 끄면 각 색상이 사라진 이미지를 확인할 수 있습니다.

[녹색] 채널을 끈 모습

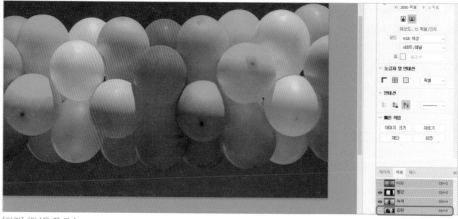
[파랑] 채널을 끈 모습

현재 이미지는 3개의 채널이 합쳐져 나타나는 색상이라고 이해하면 됩니다.

채널별 흑백 대비 확인하기

[빨강] 채널만 클릭하면 흑백 이미지를 확인할 수 있습니다. 나머지 채널도 클릭하면 흑백 이미지가 되는데, 명도 대비가 각각 다르게 나옵니다. 예를 들어 [파랑] 채널에서는 파란색이 많을수록 흰색, 적을수록 검은색에 가깝게 나타납니다.

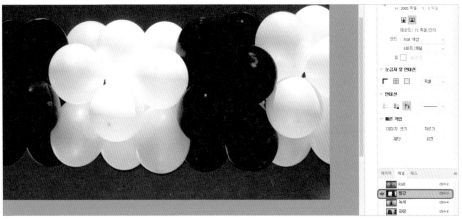

[빨강] 채널만 남긴 모습

[녹색] 채널만 남긴 모습

[파랑] 채널만 남긴 모습

지금
하면 된다! ⟩ 채널을 활용해 이미지 보정하기

이제 기본 채널을 활용해 이미지 색상을 보정하는 방법을 알아보겠습니다.

01 ❶ Ctrl + O 를 눌러 준비 파일 '채널 보정.jpg'을 불러옵니다.
❷ 패널의 [레벨 🎚]을 선택합니다.

02 [속성] 패널에서 ❶ 색상 채널을 [빨강]으로 변경합니다.

❷ 중간 영역을 '0.85', ❸ 밝은 영역을 '202'로 설정하면 붉은색으로 보정됩니다.

 실무에서는 정확한 수치를 입력하기보다 이미지를 보면서 적당하게 드래그해요!

03 ❶ 채널을 [녹색]으로 변경합니다.

❷ 중간 영역을 '0.89', ❸ 밝은 영역을 '206'으로 설정합니다.

녹색이 선명해지면서 붉은색이 노란색으로 변경됩니다.

04 ❶ 채널을 [파랑]으로 변경합니다.

❷ 중간 영역을 '0.39', ❸ 밝은 영역을 '177'로 설정합니다.
녹색의 나뭇잎이 밝게 변경됩니다.

05 ❶ 채널을 [RGB]로 변경합니다.

❷ 중간 영역을 '1.49'로 설정해 전체를 밝게 해줍니다.

알파 채널이란?

알파 채널은 선택한 영역을 저장하거나 불러오는 기능입니다. 알파 채널은 흰색과 검은색 그리고 회색만 사용할 수 있는데, 알파 채널에서 검은색은 투명, 흰색은 선택할 수 있는 영역으로 인지합니다. 그럼 회색은 어떻게 인지할까요? 흰색의 투명도가 100%라면 완전한 흰색이기 때문에 선택하는 영역인 반면, 회색은 흰색의 투명도가 30%일 때 영역이 70%로 투명하게 선택돼 표현됩니다.

조금 이해하기 어렵죠? 알파 채널은 직접 사용해 봐야 이해할 수 있어요. 알파 채널을 실무에서 많이 사용하는 이유는 선택 영역을 알파 채널로 저장하면 파일을 종료해도 다시 사용할 수 있기 때문이에요.

지금 하면 된다! 알파 채널에서 레이어 이미지로 가져오는 방법

알파 채널에서 선택 영역을 레이어 이미지로 가져오는 원리를 이해하기 위해 실습을 해 볼게요. 이 원리를 이해해야만 알파 채널을 사용할 수 있어요. 실무에서는 채널로 보정하는 것보다 알파 채널을 레이어로 가져오는 작업을 훨씬 많이 사용합니다.

01 ❶ Ctrl + O 를 눌러 준비 파일 '알파 채널.jpg'을 불러옵니다.
❷ 오른쪽에 있는 [채널] 패널 탭을 선택합니다.

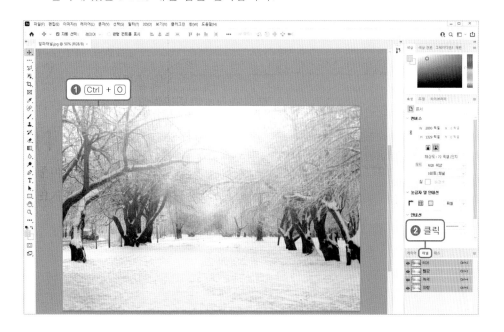

<u>02</u> 새로운 채널을 만들기 위해 ❶ ⊞ 를 클릭해 새로운 알파 채널을 추가합니다.
❷ 전경색을 [흰색]으로 설정한 후 ❸ [브러시 도구 ✏️]를 선택합니다.
❹ 브러시의 종류는 [부드러운 원], ❺ 크기는 '40px', ❻ 불투명도는 '100%'로 설정합니다.

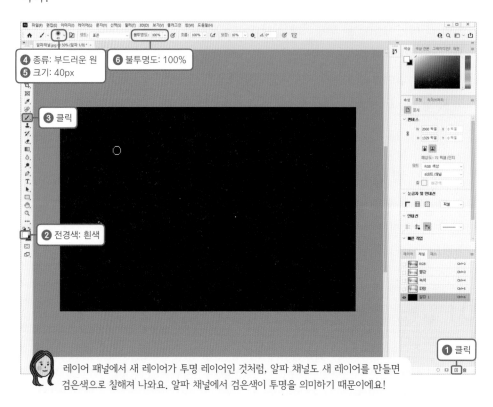

레이어 패널에서 새 레이어가 투명 레이어인 것처럼, 알파 채널도 새 레이어를 만들면 검은색으로 칠해져 나와요. 알파 채널에서 검은색이 투명을 의미하기 때문이에요!

<u>03</u> 작업 화면을 여러 번 클릭해 눈송이처럼 점을 많이 만드세요.

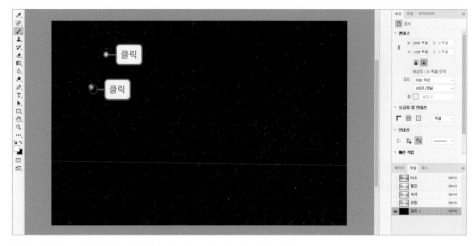

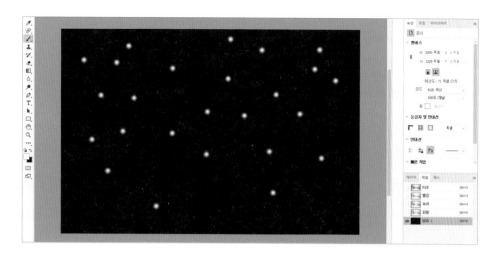

04   [RGB] 채널을 클릭하면 다시 원본 이미지로 돌아옵니다.

'RGB' 글자 부분을 클릭하세요!

05   ❶ [레이어] 패널 탭을 선택한 후

    ❷ [선택 → 선택 영역 불러오기...]를 클릭합니다.

◉ 영문판 [Select → Load Selection]

06

[선택 영역 불러오기] 대화상자에서 ❶ 채널로 [알파 1]을 선택한 후
❷ [확인]을 클릭합니다.

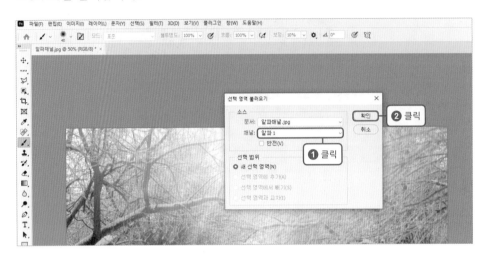

07

영역이 알파 채널에서 브러시로 만들었던 모양으로 선택됩니다. 정말 그런
지 확인해 볼까요?

[레이어] 패널에 있는 ⊞를 클릭해 새 레이어를 추가합니다.

08 ❶ 전경색을 [흰색]으로 설정한 후 ❷ Alt + Delete 를 눌러 전경색을 채웁니다. ❸ Ctrl + D 를 눌러 선택 영역을 해제합니다.

눈이 내리는 이미지가 더해져 완성됩니다.

아윤 쌤의

회사 실무 문제

화장품 홍보 디자인을 자연스럽게 표현하기

준비 파일 17/응용/필링젤 실습.psd, 그림자.jpg
완성 파일 17/응용/필링젤 완성.jpg

미션 | "화장품 이미지를 입체감 있게 만들어 보세요."

동영상 강의

레이어의 다양한 기능을 사용해 제품 이미지를 자연스럽게 합성해 보겠습니다. 그림자를 넣거나 밋밋한 이미지에 입체감을 넣는 등의 작업을 하다 보면 포토샵에서 레이어가 왜 중요한지 알 수 있을 거예요.

1단계 화장품 이미지에 자연스럽게 그림자 만들기

① 준비 파일 '필링젤 실습.psd'을 불러옵니다. ② [레이어] 패널에서 [제품] 레이어를
선택합니다. ③ Ctrl + +를 눌러 화면을 확대합니다.
④ fx를 클릭한 후 ⑤ [내부 그림자...]를 선택합니다.

[내부 그림자] 레이어 스타일 옵션에서 ⑥ 색상은 [검은색], ⑦ 불투명도는 '25%',
⑧ 각도는 '-53°', ⑨ 거리는 '30px', ⑩ 경계 감소는 '0%', ⑪ 크기는 '30px'로 설정한 후
⑫ [확인]을 클릭합니다.

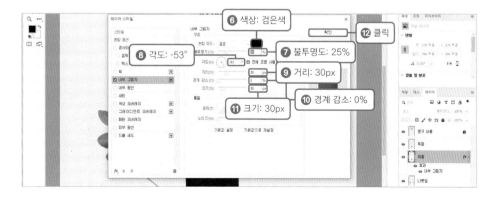

제품 이미지 오른쪽에 자연스러운 그림자가 생겼습니다!

2단계 제품 뚜껑에 빛 반사 효과를 넣어 보정하기

제품의 뚜껑 부분에 자연스러운 빛 반사를 넣어 보겠습니다.

❶ [레이어 추가 ⊞]를 클릭해 새 레이어를 만듭니다. ❷ 더블클릭 후 이름을 '보정' 으로 수정하고 ❸ [뚜껑] 레이어 위로 이동합니다.

❷ 더블클릭 후 이름 수정

❸ 위치 이동

❶ 클릭

❹ 도구 바에서 [사각형 선택 윤곽 도구 ▢]를 선택합니다.

❺ 클릭, 드래그해 사각형을 만듭니다.

❻ 전경색을 [흰색]으로 설정한 후 ❼ Alt + Delete 를 눌러 전경색을 채워 넣습니다. ❽ Ctrl + D 를 눌러 선택 영역을 해제합니다.

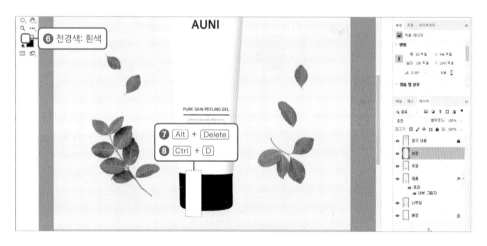

❾ 메뉴 바에서 [필터 → 흐림 효과 → 가우시안 흐림 효과...]를 선택합니다.

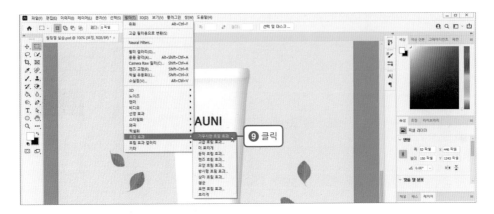

[가우시안 흐림 효과] 대화상자에서 ❿ 반경을 '10px'로 설정한 후 ⓫ [확인]을 클릭합니다.

⓬ [레이어] 패널에서 불투명도를 '30%'로 설정합니다.

⑬ (Alt)를 누른 채 마우스 커서를 [뚜껑]과 [보정] 레이어의 경계선에 올려놓으면 [클리핑 마스크 ↓⊡]로 변경되는데, 이때 클릭하면 클리핑 마스크가 적용됩니다.

뚜껑 부분에 자연스러운 빛 반사가 들어갔어요!

3단계 레이어를 복사해 적용하기

뚜껑의 왼쪽과 오른쪽에도 살짝 빛 반사가 들어가면 좋겠네요. 앞서 만든 레이어를 복사해 만들어 보겠습니다.

❶ (Ctrl) + (J)를 눌러 [보정] 레이어를 복사합니다.

❷ (Ctrl) + (T)를 눌러 자유 변형 모드로 만듭니다.

❸ [Shift]를 누른 채 오른쪽 중간점을 클릭한 후 왼쪽으로 드래그해 크기를 줄입니다.
❹ 영역을 왼쪽 끝부분으로 맞춘 후 ❺ [Enter]를 눌러 적용합니다.

❻ 불투명도를 '10%'로 변경한 후 ❼ [Alt]를 누른 채 [보정]과 [보정 복사] 레이어의
경계선을 클릭해 [클리핑 마스크 ↓□]를 적용합니다.

❽ [Ctrl] + [J]를 눌러 복사합니다. ❾ [Ctrl] + [T]를 눌러 자유 변형 모드를 만듭니다. ❿ 클릭, 드래그해 오른쪽으로 이동한 후 ⓫ [Enter]를 눌러 적용합니다.

⓬ [클리핑 마스크 ]를 적용합니다. 뚜껑 이미지가 빛 반사 효과로 인해 훨씬 자연스럽게 표현됩니다.

4단계 필터를 사용해 자연스러운 그림자 만들기

이번에는 제품 이미지의 안쪽이 아닌 바깥쪽에 그림자를 만들어 보겠습니다.

❶ [레이어] 패널의 [제품] 레이어를 클릭한 후 Ctrl + J 를 눌러 복사합니다.

❷ [효과]를 마우스 오른쪽 버튼으로 클릭한 후 ❸ [레이어 스타일 지우기]를 클릭해 레이어 스타일을 지웁니다.

❹ Ctrl 을 누른 채 [제품 복사] 레이어 축소판을 클릭하면 제품 영역이 선택됩니다.

❺ 전경색을 [검은색]으로 설정하고 ❻ Alt + Delete 를 눌러 전경색을 채웁니다.

❼ Ctrl + D 를 눌러 선택 영역을 해제합니다.

그림자가 퍼지는 효과를 주기 위해 ❽ 메뉴 바에서 [필터 → 흐림 효과 → 가우시안 흐림 효과]를 클릭합니다.

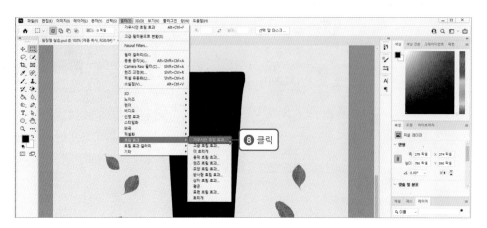

[가우시안 흐림 효과] 대화상자에서 ❾ 반경을 '10px'로 설정한 후 ❿ [확인]을 클릭합니다.

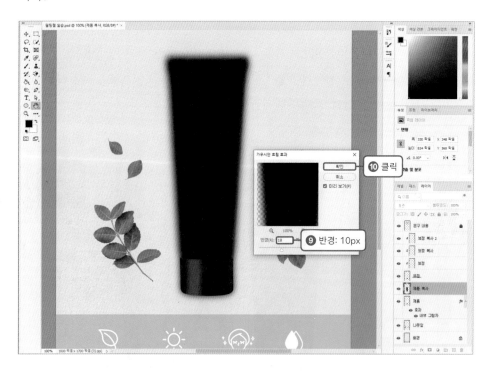

[레이어] 패널에서 ⓫ 불투명도를 '50%'로 설정합니다. ⓬ [제품 복사] 레이어를 [제품] 레이어의 아래로 이동합니다.

⑬ Ctrl + T 를 눌러 자유 변형 모드를 만듭니다. ⑭ 모서리를 클릭, 드래그해 크기
를 작게 조절하고 ⑮ 오른쪽으로 이동한 후 ⑯ Enter 를 눌러 적용합니다.

5단계 레이어 스타일 사용해 나뭇잎 이미지에 그림자 넣기

제품 이미지처럼 배경의 나뭇잎 이미지에도 그림자를 넣어 보겠습니다.

❶ Ctrl + − 를 눌러 화면을 축소합니다. ❷ [나뭇잎] 레이어를 선택합니다.

❸ fx 를 클릭한 후 ❹ [그림자…]를 선택합니다.

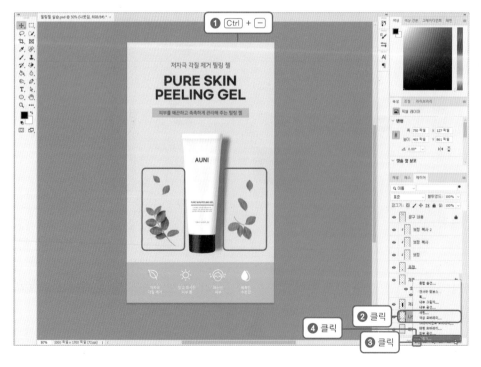

[드롭 섀도] 레이어 스타일에서 ❺ 색상은 [검은색], ❻ 불투명도는 '30%'로 설정합니다.
❼ [전체 조명 사용]의 체크 표시를 해제합니다. ❽ 각도는 '145°', ❾ 거리는 '10px',
❿ 스프레드는 '0%', ⓫ 크기는 '8px'로 설정한 후 ⓬ [확인]을 클릭합니다.

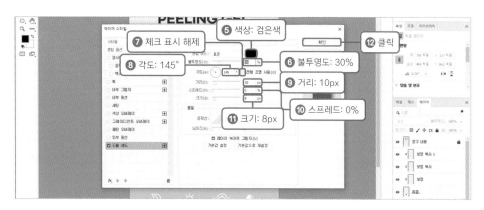

[전체 조명 사용]을 먼저 해제하지 않으면
그림자가 제품에까지 적용돼 버려요~

6단계 그림자 배경을 자연스럽게 합성하기

마지막으로 배경에 나뭇잎 그림자를 자연스럽게 합성해 보겠습니다.
❶ 준비 파일 '그림자.jpg'를 불러온 후 크기를 조절해 맞춥니다.

[레이어] 패널에서 블렌딩 모드를 ❷ [곱하기]로 설정한 후 ❸ 불투명도를 '60%'로 설정합니다.

나뭇잎 그림자가 생기긴 했는데 아래쪽의 설명 부분을 조금 가리네요!

레이어 마스크를 사용해 정리해 보겠습니다. ❹ 아래쪽에 있는 를 클릭해 레이어

마스크를 만듭니다. ❺ 도구 바의 [브러시 도구 ]를 선택합니다.

옵션 바에서 ❻ 크기를 '250픽셀'로 설정한 후 ❼ 브러시의 종류를 [부드러운 원]으로

설정합니다.

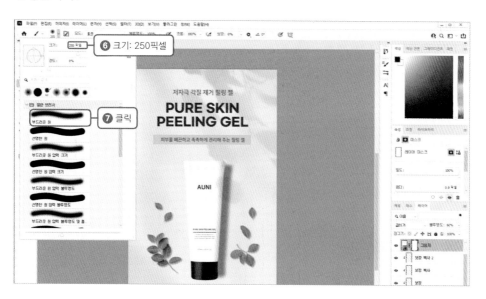

옵션 바에서 ❽ 불투명도를 '100%', ❾ 전경색을 [검은색]으로 설정한 후
❿ 경계 부분을 클릭, 드래그해 지웁니다.

인물에 바로 적용하는 이미지 보정 기술

아윤쌤의
강의 노트 **"인물이 들어간 경우에 사용하는 보정 기술이에요!"**

인물의 이미지 보정은 실무, 쇼핑몰에서 많이 사용합니다. 또한 디자인 콘텐츠 작업을 할 때도 인물 이미지와 함께 작업하는 경우가 많습니다. 이때 어두운 이미지를 그대로 둔 채 형태 등을 보정하는 것이 아니라 밝기도 함께 보정해야 해요. 밝기, 형태, 몸매, 색상, 분위기 등을 조합해 이미지를 보정해야 하기 때문입니다.

✔ 체크 포인트

☐ 이미지 분위기 보정하기   ☐ 다리 길이 보정하기
☐ 턱선과 몸매 보정하기   ☐ 피부 보정하기

18-1

SNS 감성으로 이미지 보정하기

준비 파일 18/웨딩.jpg, 인스타그램 보정.jpg

완성 파일 18/웨딩 완성.jpg, 인스타그램 보정 완성.jpg

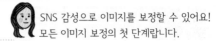 SNS 감성으로 이미지를 보정할 수 있어요!
모든 이미지 보정의 첫 단계랍니다.

밝기와 색상을 보정하면 평범한 이미지도 멋진 분위기로 연출할 수 있습니다. 핸드폰 앱으로도 간단하게 보정할 수 있지만, 포토샵을 사용하면 전문가처럼 보정할 수 있습니다. 이미지를 고급스럽게 보정해 주변 지인에게 선물할 수도 있어요.

지금 하면 된다! ▶ 웨딩 사진 보정하기

웨딩 촬영 이미지를 화사하고 따뜻하고 분위기 있게 보정하는 방법을 알아볼게요. 여러분의 웨딩 사진이나 기념 사진 등을 직접 보정해 보세요!

01 ❶ Ctrl + O 를 눌러 준비 파일 '웨딩.jpg'을 불러옵니다.

❷ [조정] 패널에서 [명도/대비 ☀️]를 클릭합니다.

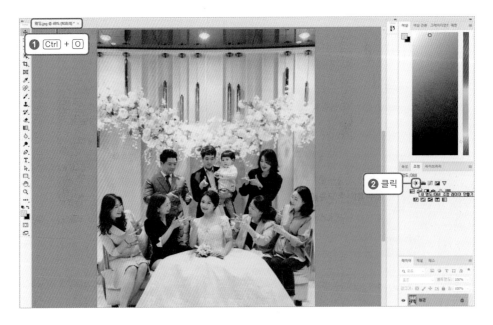

02

[명도/대비] 패널에서 ❶ 명도는 '15', ❷ 대비는 '30'으로 설정해 전체적으로
밝고 선명하게 변경합니다.

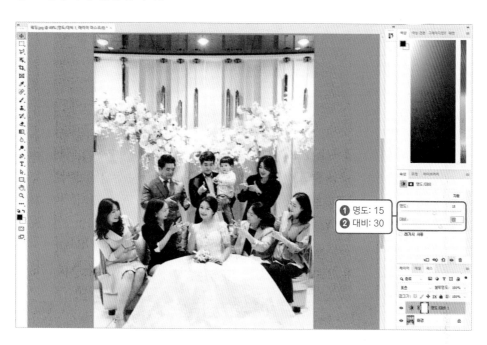

❶ 명도: 15
❷ 대비: 30

03

다시 [조정] 패널에서 [색상 균형 ⚖]을 클릭합니다.

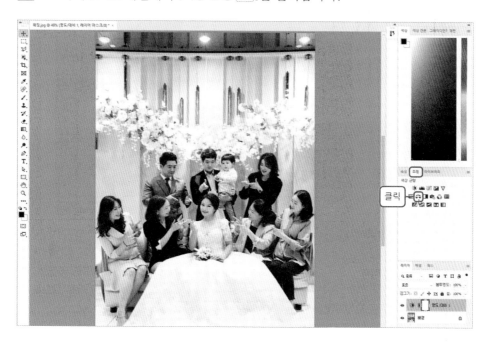

클릭

04 [색상 균형] 패널에서 ❶ 빨강은 '27', ❷ 노랑은 '-23'으로 설정합니다.

원본 이미지보다 훨씬 화사하고 밝은 분위기로 변경됐습니다.

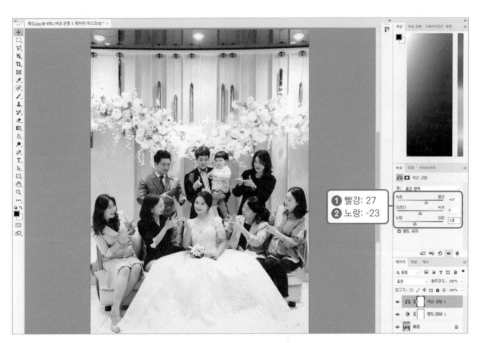

❶ 빨강: 27
❷ 노랑: -23

원본 이미지

화사하게 보정한 이미지

⋄⋄ 지금 하면 된다! ⟩ 인스타그램 감성으로 보정하기

요즘 인스타그램에는 감성 넘치는 이미지들이 많습니다. 앱 자체 필터를 적용해 예쁘게 찍는 경우도 있지만, 포토샵을 이용해 보정하면 여러분의 인스타그램이 한층 분위기 있게 변할 거예요.

01 ❶ [Ctrl] + [O]를 눌러 준비 파일 '인스타그램 보정.jpg'을 불러오세요.

❷ [필터 → Camera Raw 필터]를 선택합니다.

💧 영문판 [Filter → Camera Raw Filter]

02 ❶ [기본]을 클릭한 후 ❷ 노출은 '0.80', ❸ 대비는 '-15', ❹ 밝은 영역은 '-54', ❺ 어두운 영역은 '41', ❻ 흰색 계열은 '26', ❼ 검정 계열은 '19'로 설정해 전체적으로 밝고 은은하게 만듭니다.

❶ 클릭

❷ 노출: 0.80
❸ 대비: -15
❹ 밝은 영역: -54
❺ 어두운 영역: 41
❻ 흰색 계열: 26
❼ 검정 계열: 19

03 이번에는 온도와 색조를 설정해 따뜻하고 밝은 색감으로 바꿔 볼게요.
❶ 온도는 '18', ❷ 색조는 '16', ❸ 활기는 '25', ❹ 채도는 '-12'로 설정합니다.

04 ❶ [곡선]을 클릭한 후 ❷ [빨강] 채널을 선택합니다.
❸ 선 위에 있는 점을 클릭, 드래그하면 전체가 붉은색으로 보정됩니다.

05 ❶ 이번에는 [초록] 채널을 선택합니다.

❷ 선 위에 있는 점을 클릭, 드래그해 보정합니다.

06 ❶ [파랑] 채널을 선택합니다.

❷ 선 위에 있는 점을 클릭, 드래그해 보정합니다.

07 밝게 보정하면서 이미지에 노이즈가 생겼습니다. 노이즈를 줄여 부드럽게 표현해 보겠습니다.

❶ [세부]를 클릭한 후 ❷ 노이즈 감소는 '30', ❸ 색상 노이즈 감소는 '20'으로 설정합니다.

08 ❶ [색상 혼합]을 클릭한 후 ❷ 빨강 계열은 '25', ❸ 노랑 계열은 '30'으로 설정해 색조를 자연스럽고 선명하게 보정합니다.

09

① [효과]를 클릭한 후 **②** 비네팅을 '-18'로 설정하면 주변이 살짝 어두워지면서 감성적인 분위기로 변경됩니다. **③** [확인]을 클릭합니다.

🌢 비네팅은 사진의 모서리 부분이 어둡게 나오는 현상을 뜻하는 사진 용어입니다.

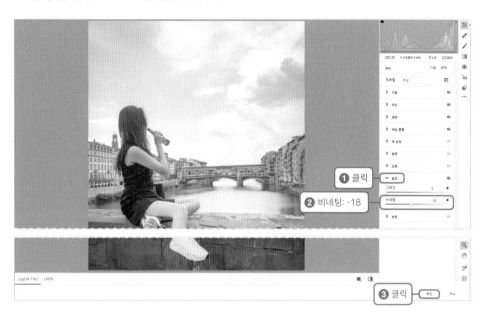

10

원본 이미지보다 은은하고 밝은 감성적인 분위기로 변경됐습니다.

출처: instagram.com/lovelee_young

턱선과 몸매를 날씬하게 보정하기

준비 파일 18/인물 보정.jpg   완성 파일 18/인물 보정 완성.jpg

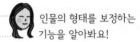
인물의 형태를 보정하는
기능을 알아봐요!

이번에는 인물 프로필 이미지를 보정해 보겠습니다. 인물 이미지 보정은 무엇보다
자연스러움이 중요합니다.

⸢지금 하면 된다!⸥ 인물 프로필 이미지 보정하기

01 ❶ Ctrl + O 를 눌러
준비 파일 '인물 보정.jpg'을 불
러옵니다.
❷ [필터 → 픽셀 유동화...]를
선택하거나 Ctrl + Shift +
X 를 누르세요.

🔹 영문판 [Filter → Liquify]

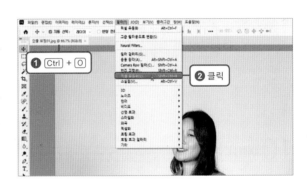

02 우선 동그란 얼굴을 보정해 보겠습니다. 픽셀 유동화 모드에서 ❶ [얼굴 도구
👤]를 선택한 후 ❷ 마우스 커서를 얼굴 외곽에 올려놓으면 수정 라인이 나타납니다.

❶ 클릭

❷ 마우스 커서를 얼굴
외곽에 올려놓으면 수
정 라인이 나타납니다.

03 턱선을 수정하기 위해 **❶** 턱선 지점을 클릭한 후 **❷** 안쪽으로 드래그하세요. 턱선이 갸름하게 변경됩니다.

04 자연스럽게 표현하기 위해 **❶** 턱 높이 지점을 클릭한 후 **❷** 안쪽으로 드래그 합니다.

05 얼굴이 전체적으로 줄어들었으므로 입의 위치도 살짝 수정해 보겠습니다.

❶ 입 이동 지점에 마우스 커서를 올려놓은 후 ❷ 위로 드래그합니다.

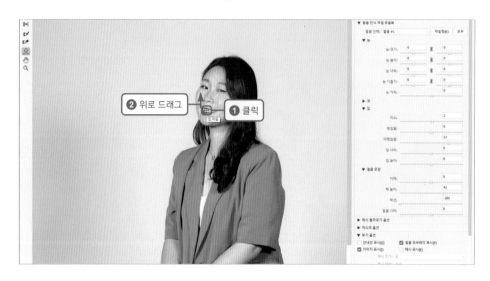

06 오른쪽 눈의 크기를 맞추겠습니다.

❶ 눈 윗부분의 점을 클릭한 후 ❷ 위로 드래그해 크기를 자연스럽게 맞추세요.

07 이번에는 몸매를 보정해 볼게요.

❶ [손 도구 ✋]를 선택한 후 ❷ 이미지를 클릭, 드래그해 화면을 아래로 이동합니다.

❶ 클릭

❷ 클릭, 드래그

[픽셀 유동화]의 대화상자가 궁금하다면?
포토샵 사전 - 대화상자 창 05 참고

08 ❶ 섬세한 보정을 위해 [뒤틀기 도구 🖐]를 선택한 후 ❷ 브러시의 크기를 '300px'로 설정합니다.

❸ 브러시로 왼쪽 팔을 클릭한 후 안쪽으로 드래그해 팔의 두께를 얇게 만듭니다.

❶ 클릭

❷ 크기: 300px

❸ 클릭, 드래그

[뒤틀기 도구 🖐]는 브러시를 크게 설정해 놓은 상태에서 사용하는 것이 좋습니다.

09 브러시로 허리를 클릭한 후 안쪽으로 드래그합니다.

클릭, 드래그

10 튀어나온 부분도 클릭한 채 안쪽으로 드래그해 자연스럽게 만드세요.

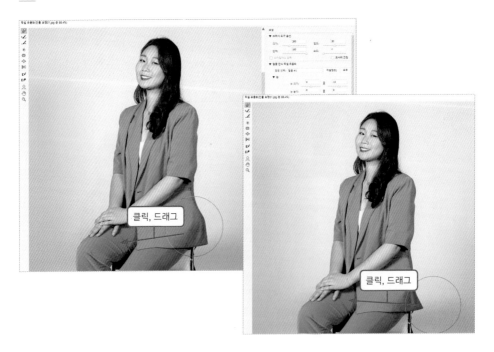

클릭, 드래그

클릭, 드래그

11 이번에는 팔도 얇게 보정해 볼게요.

❶ 브러시로 팔을 클릭한 후 안쪽으로 드래그합니다. ❷ [확인]을 클릭합니다.

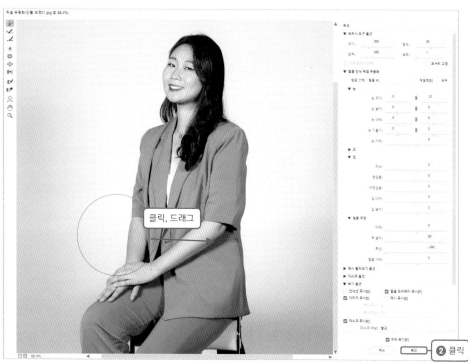

12 얼굴과 몸매가 자연스럽게 보정된 것을 확인할 수 있습니다.

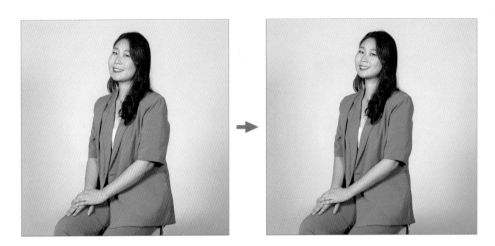

18-3

피부 미인처럼 보정하기

준비 파일 18/피부 보정.jpg   완성 파일 18/피부 보정 완성.jpg

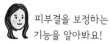

피부결을 보정하는
기능을 알아봐요!

아무리 메이크업을 해도 이미지에 잡티와 흉터 자국이 남아 있다면 보정하는 게 좋
겠죠? 이번에는 잡티 제거뿐 아니라 피부의 톤과 결도 화사하게 만들고 부드럽게 정
리하는 보정 방법을 알아볼게요.

지금
하면 된다! ▶ **잡티를 보정해 매끈한 피부로 만들기**

01
❶ [Ctrl] + [O]를 눌러
준비 파일 '피부 보정.jpg'을 불
러옵니다.
❷ [이미지 → 조정 → 명도/대
비]를 선택합니다.

💧 영문판 [Image → Adjustments →
Brightness/Contrast]

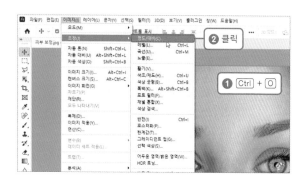

02
얼굴 톤을 밝게 설정해 볼게요.

[명도/대비] 대화상자에서 ❶ 명도는 '30', ❷ 대비는 '15'로 설정하고 ❸ [확인]을 클
릭합니다.

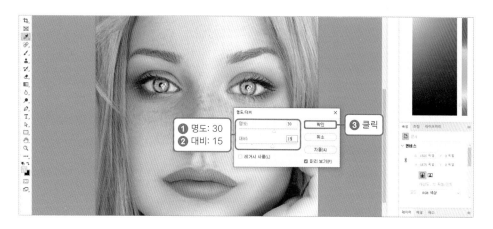

03 ❶ [스팟 복구 브러시 도구 ✏️]를 선택합니다.

❷ 브러시 크기는 '40px'로 설정합니다. ❸ 잡티 부분을 클릭합니다.

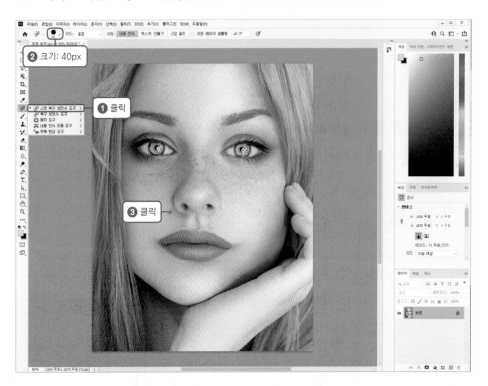

04 ❶ Ctrl + ＋를 눌러 작업 화면을 확대합니다.

❷ 눈에 띄는 잡티 부분을 클릭해 제거하세요.

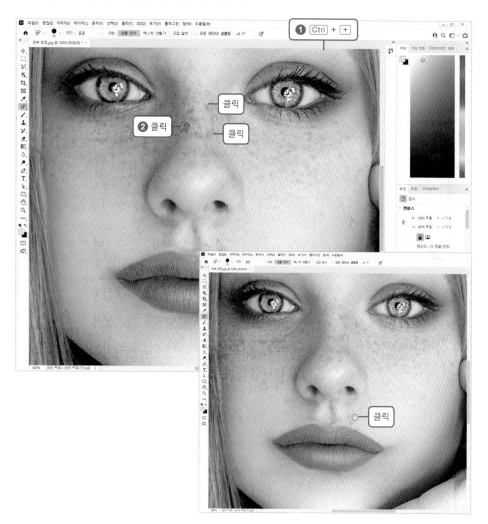

05 이번에는 피부 톤을 정리해 볼 거예요. 우선 조금 어두운 왼쪽 눈의 톤을 밝게 변경할게요.

❶ [닷지 도구 ◉]를 선택합니다. ❷ 크기는 '175px', ❸ 범위는 [중간 영역], ❹ 노출은 '50%'로 설정합니다.

❺ 왼쪽 눈의 안쪽 부분을 브러시로 클릭합니다.

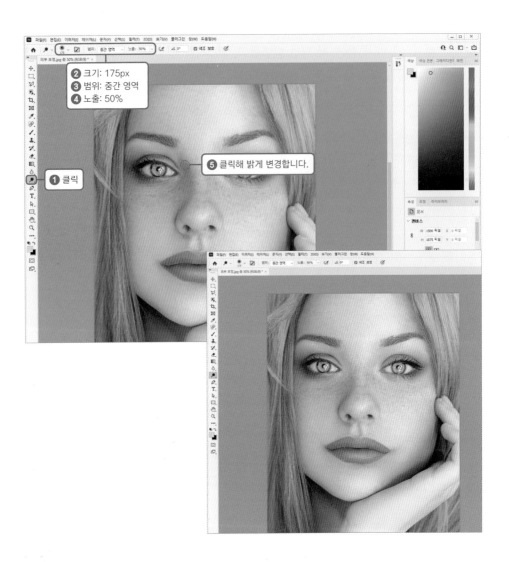

2 크기: 175px
3 범위: 중간 영역
4 노출: 50%

5 클릭해 밝게 변경합니다.

1 클릭

06 광대 부분도 [닷지 도구 🔍]로 클릭해 밝게 변경합니다.

오른쪽 광대의 밝기와 비슷하게 맞춘다고 생각하면서 작업하세요.

클릭해 밝게 변경합니다.

07 이마, 미간, 콧등도 [닷지 도구]로 클릭해 밝게 변경하세요.

클릭해 밝게 변경합니다.

08 이번에는 피부의 전체적인 톤과 결을 정리해 볼게요. 화장을 할 때 파운데이션을 이용해 피부의 톤과 결을 정리하는 것이라고 생각하면 됩니다.

도구 바에서 ❶ [전경색]을 클릭한 후 ❷ 마우스 커서가 [스포이드 도구]로 바뀌면 얼굴 왼쪽 부분을 클릭해 전경색을 변경하고 ❸ [확인]을 클릭합니다.

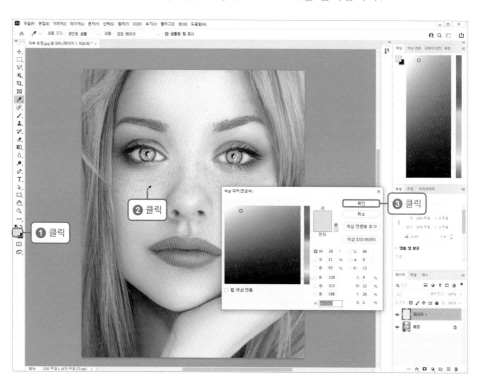

❶ 클릭

❷ 클릭

❸ 클릭

09

❶ [브러시 도구 ✏️]를 선택한 후 ❷ 옵션 바에서 브러시 크기는 '250px', ❸ 종류는 [부드러운 원], ❹ 불투명도는 '40%'로 설정합니다.

❺ 왼쪽 얼굴을 클릭하면서 피부의 톤과 결을 정리하세요.

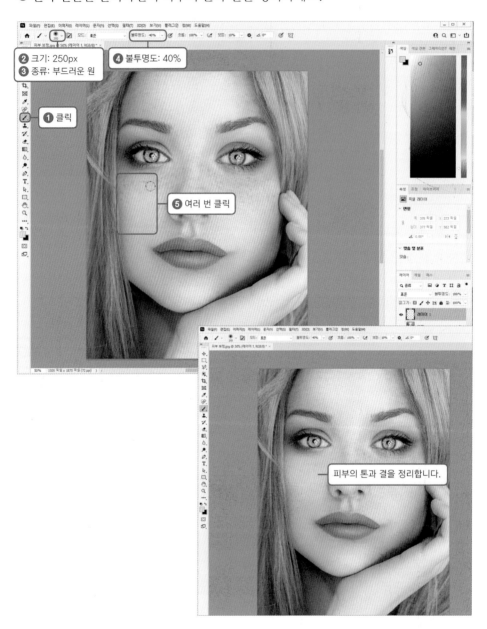

10

❶ [전경색]을 클릭한 후 ❷ 마우스 커서가 [스포이드 도구 ✎]로 바뀌면 오른쪽 얼굴을 클릭해 전경색을 변경하고 ❸ [확인]을 클릭합니다.
❹ 오른쪽 얼굴을 클릭하면서 피부의 톤과 결을 정리하세요.

11 ❶ [전경색]을 클릭한 후 ❷ 마우스 커서가 [스포이드 도구 ✐]로 바뀌면 콧등 부분을 클릭해 전경색을 변경하고 ❸ [확인]을 클릭합니다.

❹ 브러시 크기를 '200px'로 설정한 후 ❺ 콧등과 이마의 잡티 부분을 클릭해 피부의 톤과 결을 정리합니다.

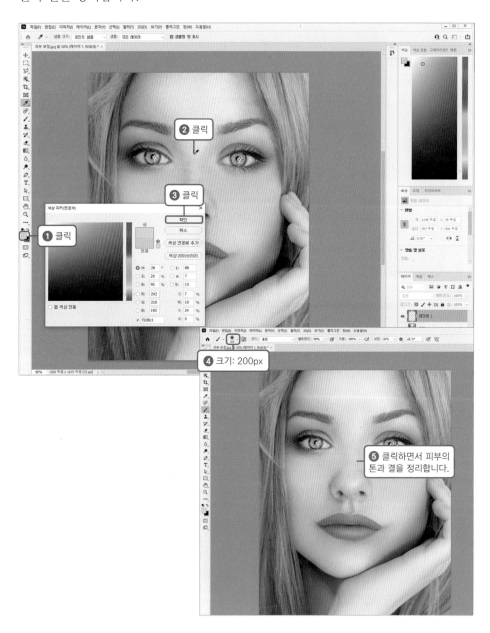

12

① [전경색]을 클릭한 후 **②** 마우스 커서가 [스포이드 도구 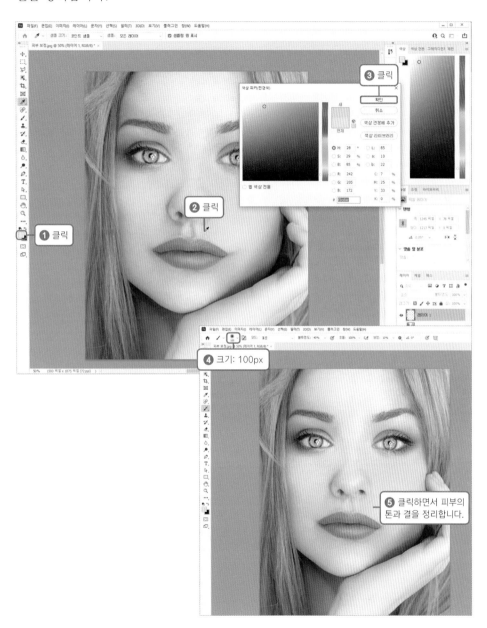]로 바뀌면 인중 부분을 클릭해 전경색을 변경하고 **③** [확인]을 클릭합니다.

④ 브러시의 크기를 '100px'로 설정한 후 **⑤** 인중의 잡티 부분을 클릭해 피부의 톤과 결을 정리합니다.

13 피부가 훨씬 밝고 매끈해진 것을 확인할 수 있습니다.

18-4

다리 길게 보정하기

준비 파일 18/다리 길이 보정.jpg   완성 파일 18/다리 길이 보정 완성.jpg

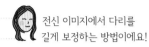 전신 이미지에서 다리를 길게 보정하는 방법이에요!

인물의 전신 이미지에서 다리를 길게 보정하면 모델처럼 보입니다.
매우 쉽게 보정할 수 있으므로 실무에 꼭 사용해 보세요.

지금 하면 된다! ▶ 짧은 다리를 길게 보정하기

01

❶ Ctrl + O 를 눌러 준비 파일 '다리 길이 보정.jpg'을 불러옵니다.

❷ [사각형 선택 윤곽 도구 ⬚]를 선택한 후 ❸ 무릎 위에서 신발 아래까지 드래그해 선택 영역을 만듭니다.

💧 다리 길이 보정으로 다리 부분의 영역이 늘어나면서 발 아래의 공간이 줄어들기 때문에 발 아래에 여백이 많은 이미지가 좋아요!

02 ❶ Ctrl + T 를 눌러 자유 변형 모드로 만든 후

❷ 가운뎃점을 클릭하고 Shift 를 누른 채 아래로 드래그합니다.

03 선택한 범위의 이미지가 늘어나죠?

❶ Enter 를 누른 후 ❷ Ctrl + D 를 눌러 선택 영역을 해제하면 다리의 길이가 자연스럽게 늘어납니다.

04 원본 이미지에 비해 다리가 길어진 것을 확인할 수 있습니다.

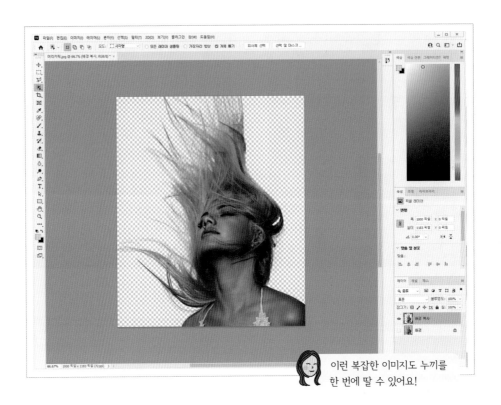

상황별로 유용한 누끼 따는 방법

이런 복잡한 이미지도 누끼를
한 번에 딸 수 있어요!

아윤쌤의
강의노트 "포토샵 작업의 필수! 누끼 작업을 상황별로 알아봐요!"

포토샵으로 디자인 콘텐츠를 만들 때 누끼를 딸 수 있느냐와 없느냐는 매우 중요합니다. 다시 말해, 누끼를 딸 수 있어야 디자인의 수준이 높아집니다. 여러 가지 이미지를 조화롭게 합성하기 위해서는 각각의 이미지를 배경과 분리해야 하기 때문입니다. 따라서 누끼 작업은 필수 중 필수입니다.

✔ **체크 포인트** --

☐ 빠른 마스크 모드로 누끼 따기   ☐ 펜 도구를 이용해 누끼 따기

☐ 채널을 이용해 누끼 따기   ☐ 고난이도 머리카락 누끼 따기

19-1

[빠른 마스크 모드]를 활용한 누끼 따기

준비 파일 19/빠른 마스크.jpg

 [빠른 마스크 모드 ▣]에서 검은색으로 칠하면 선택되고, 흰색 으로 칠하면 선택에서 제외됩니다!

[빠른 마스크 모드]의 사용 방식은 레이어 마스크와 비슷합니다. [레이어 마스크 모드] 에서 검은색으로 칠했을 때 이미지가 지워지고 흰색으로 칠했을 때 이미지가 복구됐 다면, [빠른 마스크 모드]에서는 검은색으로 칠하면 영역이 선택되고 흰색으로 칠하 면 영역 선택이 제외됩니다. 조금은 헷갈릴 수 있지만, 누끼를 쉽고 간단하게 딸 수 있는 이미지라면 [빠른 마스크 모드]를 활용해 영역을 빠르게 선택하는 것을 추천합 니다.

지금 하면 된다! [빠른 마스크 모드]로 제품 이미지만 선택하기

01
❶ Ctrl + O를 눌러 준비 파일 '빠른 마스크.jpg'를 불러옵니다.
❷ [빠른 선택 도구 ◪]를 클릭 한 후 ❸ 제품 이미지를 드래그 해 빠르게 선택합니다.
❹ [빠른 마스크 도구 ▣]를 더 블클릭합니다.

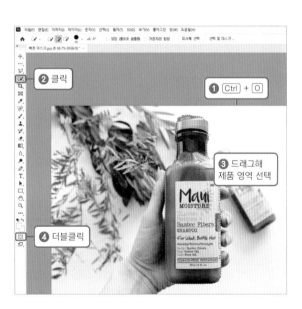

02

[빠른 마스크 옵션] 대화상자에서 ❶ [선택 영역]을 선택한 후 ❷ [확인]을 클릭
합니다.

03

선택한 부분이 붉은색으로 변경됩니다.

마스크 모드에서 붉은색은 '선택된 영역'이라는 뜻입니다.

04

❶ Ctrl + + 를 눌러 작업 화면을 확대합니다. 붉은색이 아직 채워지지 않은 부분이 보입니다.

❷ [브러시 도구 🖌]를 선택합니다.

❸ 전경색은 [검은색]으로 설정합니다.

❹ 브러시로 드래그하면 붉은색으로 칠해집니다. 마스크 모드에서 검은색으로 칠하면 영역이 선택되기 때문이에요.

천천히 드래그해 제품 이미지를 붉은색으로 꼼꼼하게 칠하세요.

브러시 종류는 [선명한 원]으로 설정하는 것이 좋겠죠?

05 혹시 칠을 하다가 붉은 부분이 제품 밖으로 튀어나왔나요?

❶ 전경색을 [흰색]으로 설정한 후 ❷ [브러시 도구 ]로 드래그하면 붉은색이 지워집니다.

06 전경색을 활용해 제품 이미지만 붉은색으로 칠한 후 [빠른 마스크 도구 ▣]를 클릭하면 제품 이미지만 선택되는 것을 확인할 수 있습니다.

붉은색으로 칠한 부분이
선택 영역이 됩니다.

07 ❶ Ctrl + J 를 누르면 제품 이미지 영역만 [레이어 1]로 생성됩니다.

❷ [배경] 레이어의 👁 을 끄면 제품 이미지만
분리된 것을 확인할 수 있습니다.

💧 Ctrl + J 를 누르면 선택 영역이 복사되면서
새 레이어가 생성됩니다.

채널을 활용한 누끼 따기

준비 파일 19/풀, 나무.jpg, 연기.jpg, 국수.jpg   완성 파일 19/연기 합성 완성.jpg

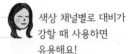

색상 채널별로 대비가 강할 때 사용하면 유용해요!

채널을 활용해 누끼를 따는 것이 생소할 수 있지만, 실무에서 많이 활용하는 방법입니다. 특히, 알파 채널에서 작업한 후 선택 영역을 레이어로 불러오는 방법을 많이 사용합니다.

🔵 알파 채널에 대한 자세한 설명은 17-7을 참고하세요.

✧✧지금 하면 된다! ⟩ 채널로 풀, 나무 이미지 선택하기

알파 채널을 활용한 누끼 작업은 나뭇잎, 나무 풍경처럼 디테일한 이미지를 선택해야 할 때 유용합니다. 각 채널을 클릭했을 때 나타나는 흑백의 대비를 이용하는 것이지요. 각 채널 중 가장 흑백 대비가 많은 채널을 사용하는 것이 좋습니다.

01
❶ Ctrl + O를 눌러 준비 파일 '풀, 나무.jpg'를 불러옵니다.
❷ [채널] 패널 탭을 선택합니다.

02 ❶ [파랑] 채널을 선택한 후 ❷ ⊞로 드래그해 복사합니다.
❸ [파랑 복사] 채널이 생겼습니다.

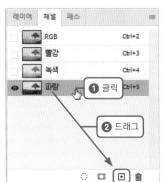

 │ 왜 [파랑] 채널을 선택하나요?

각 채널 중 가장 대비 효과가 큰 채널을 선택하는 것이 좋아요. 알파 채널에서는 흰색과 검은색으로만 구분하기 때문입니다. 이 이미지에서 가장 흑백의 대비가 높은 채널이 파랑이기 때문에 선택했습니다.

[빨강] 채널

[녹색] 채널

[파랑] 채널

03 흰색과 검은색 부분을 확실하게 구분하기 위해 대비를 주겠습니다.
❶ Ctrl + L 을 눌러 [레벨] 기능을 실행합니다.
중간 영역과 밝은 영역 슬라이드를 조절해 대비를 최대한 많이 줍니다.
❷ 중간 영역은 '0.01', ❸ 밝은 영역은 '170'으로 설정한 후 ❹ [확인]을 클릭합니다.

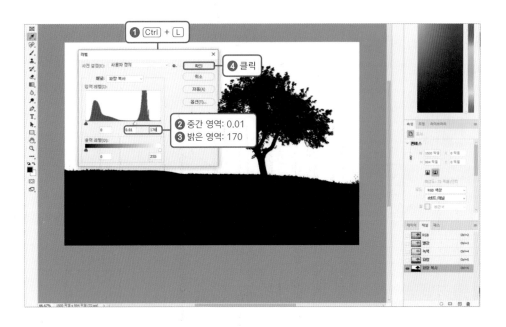

04 빠진 부분은 [브러시 도구 ✏️]로 섬세하게 작업하겠습니다.

① [브러시 도구 ✏️]를 선택한 후 ② 전경색을 [검은색]으로 설정합니다.

③ 브러시 크기는 '80px', ④ 종류는 [선명한 원], ⑤ 불투명도는 '100%'로 설정합니다.

⑥ 흰 점으로 보이는 부분을 브러시로 드래그해 검은색으로 칠합니다.

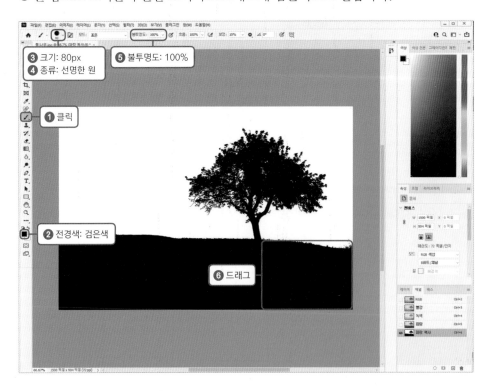

05 [파랑] 채널에서 영역을 조절해 됐으므로 실제 그림으로 돌아와 배경을 지워

보겠습니다.

[RGB] 채널을 클릭하면 원본 이미지 색상으로 돌아옵니다.

'RGB' 글자 부분을 클릭하세요!

06 이제 앞서 만들어 둔 채널을 활용해 영역을 선택해 보겠습니다.

❶ [레이어] 패널 탭을 선택한 후

❷ [선택 → 선택 영역 불러오기]를 선택합니다.

💧 **영문판** [Select → Load Selection]

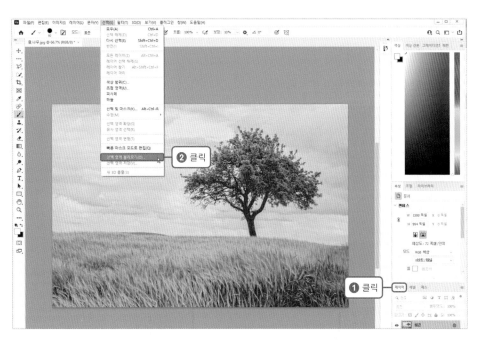

[선택 영역 불러오기] 대화상자에
서 ❶ [파랑 복사] 채널을 선택한 후
❷ [확인]을 클릭합니다.

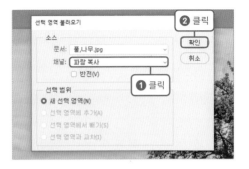

08 채널의 흰색 배경 부분이 선택 영역으로 나타납니다.

알파 채널의 선택 영역이
나타납니다.

아윤 쌤!
질문 있어요! | 왜 흰색 영역이 선택 영역으로 나타나나요?

채널에서는 흰색을 영역으로 인지하기 때문입니다. 레이어에서 불러오면 채널의 흰색
부분이 선택 영역으로 나타납니다.

채널의 흰색 바탕이 [레이어] 패널에서
선택 영역으로 나타납니다.

[채널] 패널의 모습

[레이어] 패널에서 채널 영역이 선택된 모습

09
❶ Ctrl + Shift + I 를 눌러 영역을 반전시킵니다.

❷ Ctrl + J 를 눌러 선택된 영역만 새 레이어로 복사합니다.

❶ Ctrl + Shift + I
❷ Ctrl + J

선택한 영역만 새 레이어로
복사됩니다.

10
[레이어] 패널에서 [배경] 레이어의 👁을 클릭해 해제하면 배경이 분리된 것
을 확인할 수 있습니다.

클릭

연기 이미지를 채널로 선택해 사용하기

회색은 흰색의 투명한 정도를 나타낸다고 설명한 것을 기억하나요? 이것이 바로 알파 채널의 큰 특징 중 하나입니다. 이 특징을 활용하면 연기 이미지를 자연스럽게 합성할 수 있습니다. 알파 채널이 연기 주변의 뿌옇게 흐린 부분까지 인식하고 영역을 선택해 주기 때문입니다.

01 ❶ Ctrl + O 를 눌러 준비 파일 '연기.jpg'를 불러옵니다.
❷ [채널] 패널 탭을 선택합니다.

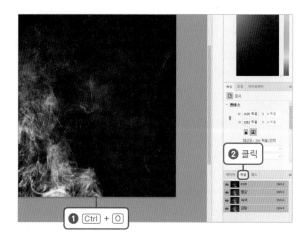

02 ❶ Ctrl 을 누른 채 [파랑] 채널 축소판을 클릭하면 흰색 연기 이미지가 선택됩니다.
❷ Ctrl + C 를 눌러 복사합니다.

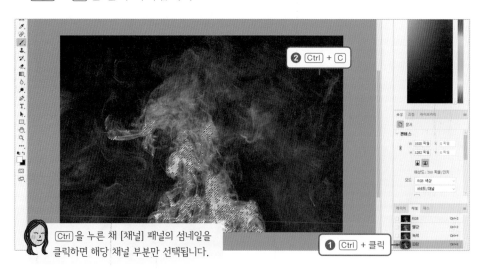

Ctrl 을 누른 채 [채널] 패널의 섬네일을 클릭하면 해당 채널 부분만 선택됩니다.

03
연기를 합성할 이미지를 불러오겠습니다.

❶ Ctrl + O 를 눌러 준비 파일 '국수.jpg'를 불러옵니다.

❷ [레이어] 패널 탭을 선택합니다.

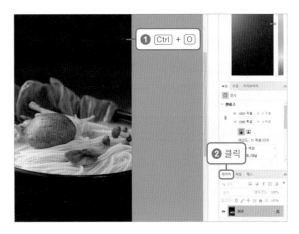

04
❶ Ctrl + V 를 눌러 연기 이미지를 붙여 넣습니다.

❷ Ctrl + T 를 눌러 자유 변형 모드로 만든 후 이미지를 적당한 위치에 배치하고 Enter 를 누릅니다.

05 음식 부분의 연기가 너무 과해 부자연스럽네요. 아랫부분의 연기를 살짝 지워 보겠습니다.

❶ [레이어 1]을 선택한 후 ❷ 불투명도를 '30%'로 설정하세요.

❸ [레이어 마스크 🔳]를 클릭하세요.

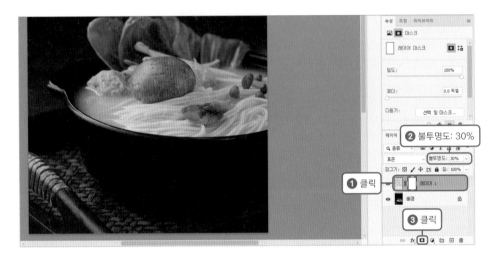

06 ❶ [브러시 도구 🖌]를 선택한 후 ❷ 크기는 '175px', ❸ 종류는 [부드러운 원], ❹ 불투명도는 '50%', ❺ 전경색은 [검은색]으로 설정합니다.

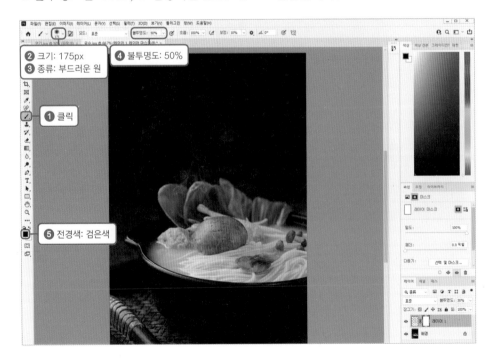

07 이미지의 아랫부분을 드래그해 연기가 자연스럽게 합성되도록 만드세요.

[펜 도구 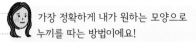]를 활용한 누끼 따기

준비 파일 19/컵.jpg

가장 정확하게 내가 원하는 모양으로
누끼를 따는 방법이에요!

[펜 도구 ✑]는 포토샵에서 가장 꼼꼼하게 누끼를 딸 수 있는 중요한 도구입니다. 입
문자는 익숙해지기까지 시간이 다소 걸리지만, 이 작업에 익숙해져야 디자인 작업을
하기 편리해지고 수준 높은 디자인 작업물을 만들어 낼 수 있습니다. [펜 도구 ✑]를
활용해 누끼 따는 방법을 알아보겠습니다.

지금
하면 된다! ▶ 컵 이미지 누끼 따기

01 ❶ Ctrl + O 를 눌러
준비 파일 '컵.jpg'을 불러옵니다.
❷ [펜 도구 ✑]를 선택한 후
❸ 종류를 [패스]로 설정하고
❹ [모양 결합 🖫]을 클릭합니다.
❺ 컵 이미지의 시작점을 클릭
합니다.

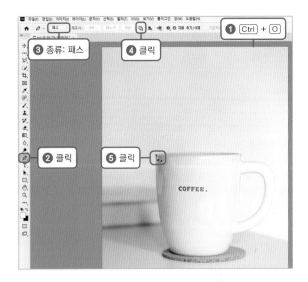

02 컵의 경계선을 따라 클
릭, 드래그해 방향 선을 곡선으
로 만듭니다.

💧 [펜 도구 ✑]로 패스를 그리는 자세한 설
명은 07-9절을 참고하세요.

03 다음 방향으로 가려면 방향 선을 수정해야 하네요.

❶ Alt 를 누른 채 마우스 커서를 방향 선 끝에 올려놓으면 커서의 모양이 [기준점 변환 도구 ⓝ]로 변합니다. 그 순간에 클릭하세요.

❷ 방향 점을 위로 드래그해 곡선의 모양을 잡으세요.

04 다음 지점을 마우스로 클릭, 드래그해 방향 선을 곡선으로 만들어 컵의 아랫 부분에 맞추세요.

05 ❶ 다음 지점을 마우스로 클릭합니다.
❷ Alt 를 누른 채 드래그해 곡선을 컵 모양에 맞춥니다.

06 손잡이 부분의 경계선을 따라 클릭, 드래그합니다.

 실수했다면 Ctrl + Z 를 눌러 실행을 취소하세요!

07

❶ 다음 지점을 클릭한 후 ❷ Alt 를 누른 채 기준점을 그다음 방향에 맞춰 변경하고 다시 클릭합니다.

❶ 클릭, 드래그

❷ Alt + 클릭, 드래그

클릭

08

❶ 경계 부분을 따라 클릭, 드래그한 후 ❷ 시작점을 클릭해 패스 선을 완료합니다.

09

패스로 컵의 경계를 선택했지만, 손잡이 안쪽 부분은 제외해야겠죠?
❶ [패스] 패널 탭을 선택한 후 ❷ 바탕의 아무곳이나 클릭하면 선택한 패스 점과 선들이 사라집니다. ❸ 그리고 다시 한번 [작업 패스] 레이어를 클릭하면 ❹ 패스 선만 활성화됩니다.

10 컵의 손잡이 안쪽은 선택에
서 제외해야겠죠? 옵션에서 [전면 모
양 빼기 ◻]를 클릭합니다.

11 ❶ 손잡이 안쪽 부분의 패스 시작점을 클릭한 후 ❷ 경계를 따라 클릭, 드래그
합니다.

12

❶ 경계 부분을 따라 다시 클릭, 드래그합니다. ❷ 방향 점을 [Alt] 를 누른 채 위로 드래그해 짧은 방향 선을 만들고 ❸ 클릭합니다.

13 패스 시작점을 클릭해 패스 선을 완성합니다.

14 이제 컵 이미지를 선택해 보겠습니다.

❶ Ctrl 을 누른 채 [패스 축소판]을 클릭합니다.

❷ 영역이 패스 선을 따라 선택됩니다.

15 ❶ [레이어] 패널 탭을 클릭한 후

❷ Ctrl + J 를 눌러 선택된 영역만 복사된 새 레이어를 만듭니다.
컵 이미지의 누끼 따기가 완성됐습니다.

19-4

머리카락 한 올 한 올 누끼 따기

준비 파일 19/머리카락.jpg

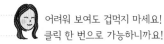 어려워 보여도 겁먹지 마세요!
클릭 한 번으로 가능하니까요!

인물 이미지에서 머리카락의 잔머리를 빠르게 선택하는 방법을 알아보겠습니다. 바로 [개체 선택 도구 [◉]]의 [가는 선 다듬기] 기능을 사용하면 됩니다. 이 기능을 사용하면 머리카락을 자동으로 인식해 클릭 한 번으로 선택할 수 있습니다. 이미지에 따라 정확도의 차이가 있긴 하지만, 잔머리카락까지 어느 정도 자연스럽게 자동으로 선택되기 때문에 꼭 필요한 기능이라고 할 수 있습니다.

지금 하면 된다! ▶ 복잡한 머리카락까지 영역 선택하기

01
❶ Ctrl + O 를 눌러 준비 파일 '머리카락.jpg'을 불러옵니다.
❷ [개체 선택 도구 [◉]]를 선택합니다.
❸ [선택 및 마스크...]를 클릭합니다.

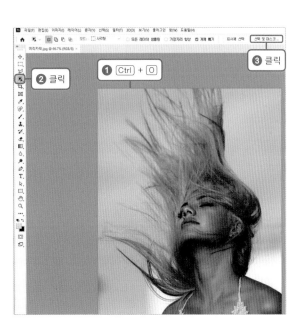

02 [선택 및 마스크 모드] 속성 패널이 나타납니다.

❶ 보기는 [오버레이], ❷ 불투명도는 '50%'로 설정합니다.

❸ [피사체 선택]을 클릭하면 피사체를 인식해 인물 부분에만 붉은색이 사라집니다.

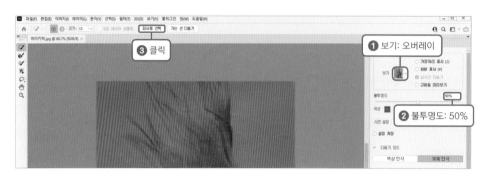

03 머리카락의 끝부분을 다듬기 위해 [가는 선 다듬기]를 선택합니다.

잔머리카락들이 자동으로 인식됩니다.

04

좀 더 디테일하게 선택하기 위해 ❶ [가장자리 다듬기 브러시 도구 🖌]를 선택합니다.

❷ 브러시의 크기를 '100px'로 설정하고 ❸ 머리카락의 끝부분을 드래그합니다.

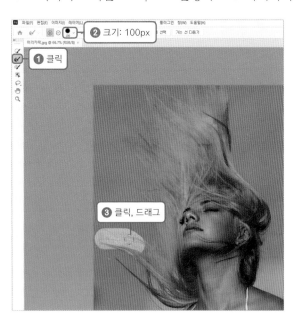

05

❶ Ctrl + + 를 눌러 확대합니다. 자세히 보면 머리카락에 붉은 부분이 채워져 있죠? 이 붉은 부분을 지워야 해요. ❷ [브러시 도구 🖌]를 선택한 후 ❸ 브러시의 크기를 '13px'로 설정하고 ❹ 머리카락에 붉은색이 있는 부분을 드래그해 색을 지웁니다.

💧 키보드의 [또는]를 눌러 브러시의 크기를 조절하면서 작업하세요.

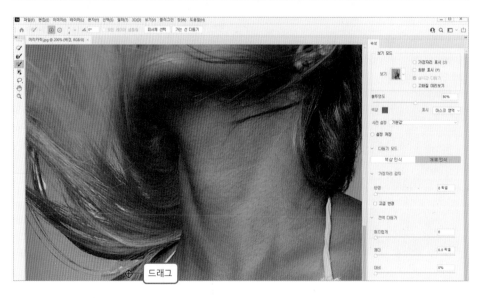

06 붉은색이 빠진 부분을 다시 칠하기 위해 옵션에서 ❶ ⊕ 를 선택합니다.
❷ 드래그하면 붉은 영역이 칠해집니다.

인물을 제외한 바탕 부분은 붉은색으로 채워 줘야 해요!

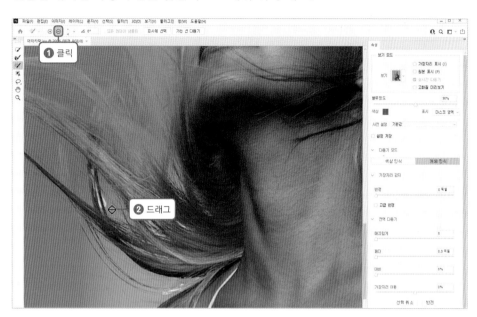

07 꼼꼼하게 체크했다면 ❶ 출력 위치를 [새 레이어]로 설정한 후
❷ [확인]을 클릭합니다.

 [선택 및 마스크 모드] 속성 패널이 궁금하다면? 포토샵 사전 - 패널 13 참고

도전! 실전 디자인 프로젝트
– 포토샵 실무 체험하기

포토샵으로
진짜 실무를 해볼 차례입니다.
포토샵을 배우긴 했지만 기능만 알고
실무에 어떻게 활용해야 할지 감이 오지 않는 분도 있고,
수많은 실무 디자인을 봤지만
어떻게 만들어야 하는지 막막한 분도 있을 거예요.
실전 프로젝트를 함께 실습하면서
디자인을 직접 완성해 보면 포토샵이 더욱
재미있어질 거예요! 천천히 즐기면서
끝까지 다 완성해 보세요!

[프로젝트 01] SNS 카드 뉴스 메인 디자인

[프로젝트 02] 유튜브 섬네일 디자인

[프로젝트 03] 온라인 홍보 이벤트 배너 및 팝업 디자인

[프로젝트 04] 제품 메인 디자인

[프로젝트 05] 디지털 아트워크 디자인

SNS 카드 뉴스 메인 디자인

긴 그림자를 활용한 카드 뉴스 디자인

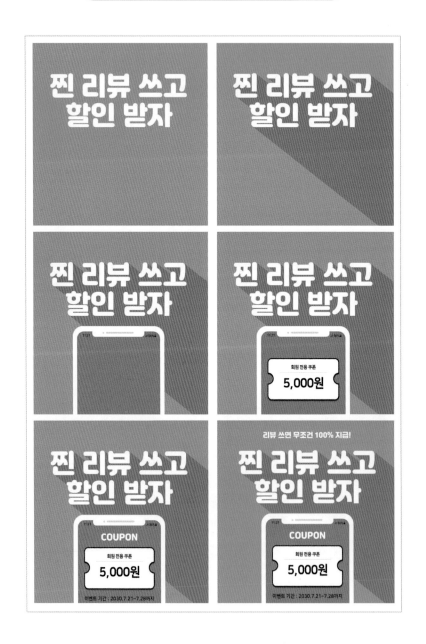

넷째마당

SNS 카드 뉴스

유튜브 섬네일

배너·팝업

제품 홍보 디자인

아트워크

동영상 강의

아윤 쌤의

**강의
노트** "그림자를 사용해 메인 문구를 강조해 보세요!"

메인 문구 뒤의 긴 그림자는 실무에서도 자주 사용하는 디자인이에요. 카드 뉴스, 배너, 이벤트 페이지, 포스터 등에 활용되고 있어서 여러분도 본 적이 있을 텐데요. 실무에서 긴 그림자 디자인을 많이 사용하는 이유는 메인 문구를 강조할 수 있기 때문이에요. 긴 그림자 디자인은 색상을 조화롭게 사용하는 게 가장 중요합니다. 색상을 어떻게 사용할지 잘 모르겠다면 배경 색상보다 살짝 진하게 사용하는 것이 가장 무난하게 적용할 수 있는 방법입니다.

주요 기능 [펜 도구 ✒️](136쪽), [브러시 도구 ✏️](176쪽), [문자 도구 T.](244쪽)
글꼴 여기어때 잘난체 OTF, 나눔스퀘어OTF

프로젝트 01-1

[1단계] 글자 뒤로 긴 그림자 만들기

준비 파일　프로젝트01/핸드폰이미지.jpg, 쿠폰.jpg
완성 파일　프로젝트01/리뷰 카드 뉴스 완성.jpg

지금 하면 된다! ➤ 글자를 브러시로 등록하고 긴 그림자 만들기

긴 그림자를 만들기 위해서는 가장 먼저 글자를 브러시로 만들어야 해요. 글자를 브러시로 등록하는 방법을 알아보겠습니다. 헷갈릴 수 있으니 차근차근 잘 따라 해보세요.

01 Ctrl + N을 누른 후
❶ 폭과 높이는 '1080픽셀', 해상도는 '72픽셀/인치', 색상 모드는 [RGB 색상]으로 설정하고 ❷ [만들기]를 클릭해 새 문서를 만듭니다.

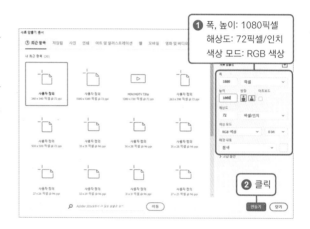

> ❶ 폭, 높이: 1080픽셀
> 해상도: 72픽셀/인치
> 색상 모드: RGB 색상
>
> ❷ 클릭

02 ❶ [문자 도구 T.]를 선택합니다.
❷ 글꼴은 [여기어때 잘난체 OTF], ❸ 크기는 '150pt', ❹ 행간은 '170pt', ❺ 색상은 [검은색], ❻ 정렬은 [중앙 정렬]로 설정하고 ❼ 문구 내용을 입력합니다.

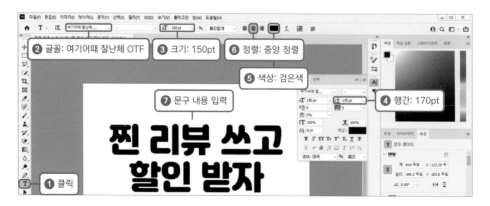

> ❷ 글꼴: 여기어때 잘난체 OTF　❸ 크기: 150pt　❻ 정렬: 중앙 정렬
> ❺ 색상: 검은색
> ❹ 행간: 170pt
> ❼ 문구 내용 입력
> ❶ 클릭

**찐 리뷰 쓰고
할인 받자**

넷째마당

SNS 카드 뉴스

유튜브 섬네일

배너·팝업

제품 홍보 디자인

이토워크

03 글자를 브러시로 만들겠습니다.

[레이어] 패널의 빈 곳을 클릭해 글자 입력을 마친 후 [편집 → 브러시 사전 설정 정의]
를 선택합니다.

🔵 영문판 [Edit → Define Brush Preset]

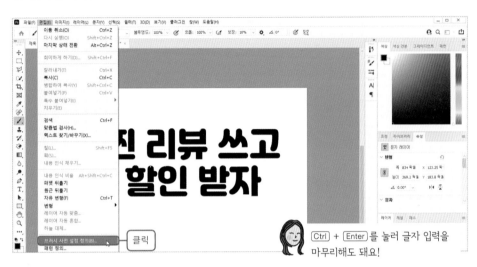

Ctrl + Enter 를 눌러 글자 입력을
마무리해도 돼요!

04 ❶ 브러시 이름에 '긴 그림자'를 입력한 후 ❷ [확인]을 클릭합니다.

❸ 글자가 브러시로 등록됩니다.

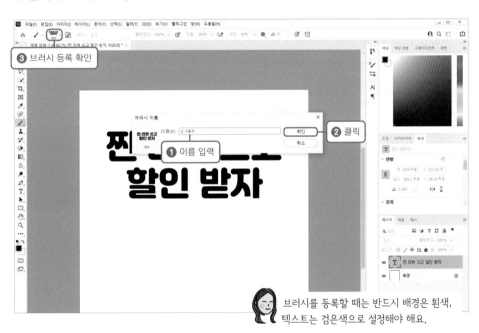

브러시를 등록할 때는 반드시 배경은 흰색,
텍스트는 검은색으로 설정해야 해요.

05

➊ [전경색]을 클릭한 후 색상 코드에 'ff816f'를 입력합니다.

➋ [배경] 레이어를 선택한 후 **➌** `Alt` + `Delete` 를 눌러 전경색을 채웁니다.

➍ [문자 도구 `T.`]를 선택한 후 **➎** [텍스트] 레이어를 선택   `Alt` + `Delete` 는 레이어를
전경색으로 칠하는 단축키입니다.
하고 옵션 바에서 **➏** 색상을 [흰색]으로 변경합니다.

06

➊ [브러시 도구 `✎`]를 클릭한 후 **➋** `☑` 을 클릭해 패널을 엽니다.

➌ 간격을 '1%'로 설정하고 **➍** `≫`를 클릭해 패널을 닫습니다.

➎ 전경색을 배경색보다 조금 진한 'ff533a'로 설정합니다.

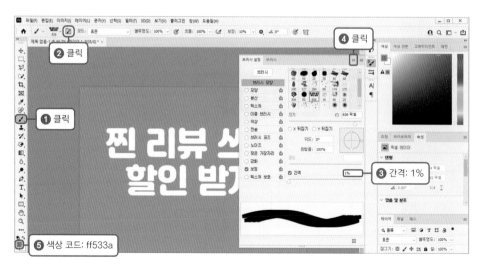

넷째마당

SNS 카드 뉴스

유튜브 섬네일

메뉴·판요

제품상호 디자인

아트워크

07

❶ [펜 도구 ✎]를 선택합니다.

❷ 모드를 [패스]로 설정하고 ❸ [모양 결합 ▣]을 선택합니다.

❹ 그림자의 시작점을 클릭한 후 ❺ 끝점을 클릭합니다.

[레이어] 패널에서 ❻ ▣를 클릭해 새 레이어를 추가합니다.

❼ 새로 추가한 레이어를 [텍스트] 레이어의 아래로 이동시킵니다.

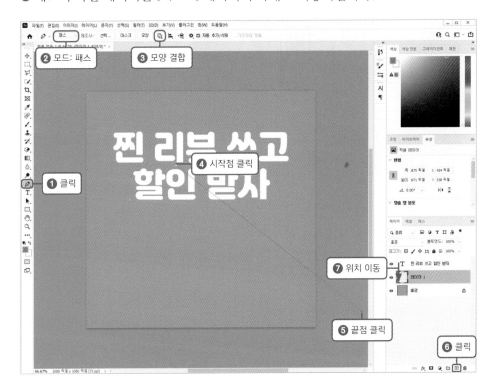

08

❶ 작업 화면을 마우스 오른쪽 버튼으로 클릭한 후

❷ [패스 획...]을 선택합니다.

❸ 도구를 [브러시]로 설정하고

❹ [확인]을 클릭합니다.

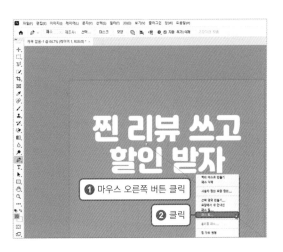

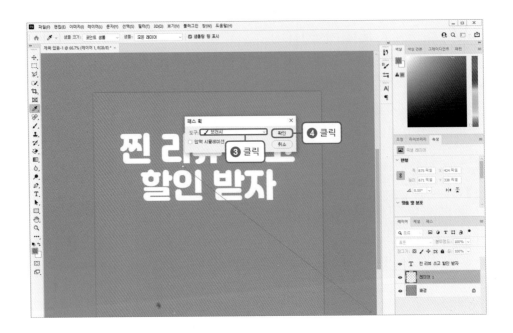

09 긴 그림자가 나타났습니다!

위치를 맞추기 위해 ❶ [이동 도구 ⊕]를 선택한 후 ❷ 그림자의 위치를 텍스트에 맞게 이동시켜 주세요.

[텍스트] 레이어가
움직이지 않게 잘 선택하세요!

넷째마당

SNS 카드 뉴스

유튜브 섬네일

메뉴·팝업

제품 홍보 디자인

이트워크

10 마지막으로 패스 선이 보이지 않게 설정하겠습니다.

❶ [패스] 패널 탭을 선택합니다. ❷ 패널의 빈 곳을 클릭하면 작업 패스 선택이 해제
되면서 패스 선이 보이지 않게 됩니다.

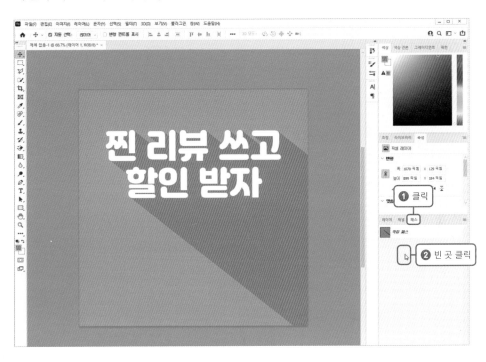

2단계 서브 문구 입력하고 완성하기

준비 파일 이어서 실습

완성 파일 프로젝트01/리뷰 카드 뉴스 완성.jpg

✨지금 하면 된다! ▶ 이미지 배치하고 서브 문구 입력하기

여백에 이미지와 서브 문구를 넣어 카드 뉴스를 완성해 보겠습니다. '리뷰에 대한 이벤트'라는 메시지를 전달하기 위해 휴대폰과 쿠폰 이미지를 사용해 시각적 정보를 더해 볼게요!

01 준비 파일 '핸드폰 이미지.jpg'를 작업 화면으로 드래그해 불러옵니다.
크기를 줄이고 위치를 잡은 후 Enter를 눌러 적용합니다.

02 같은 방법으로 준비 파일 '쿠폰.jpg'을 작업 화면으로 드래그해 불러옵니다.
크기를 줄인 후 핸드폰 이미지 위로 이동시키고 Enter를 눌러 적용합니다.

넷째마당

SNS 카드 뉴스

유튜브 섬네일

메뉴·탭 UI

지면 애드 디자인

이벤트 UI

03
❶ [문자 도구 ⊤.]를 선택한 후 ❷ 글꼴은 [여기어때 잘난체 OTF],
❸ 크기는 '50pt', ❹ 색상은 [흰색]으로 설정하고 ❺ 'COUPON'을 입력합니다.
❻ Ctrl + Enter 를 눌러 적용합니다.

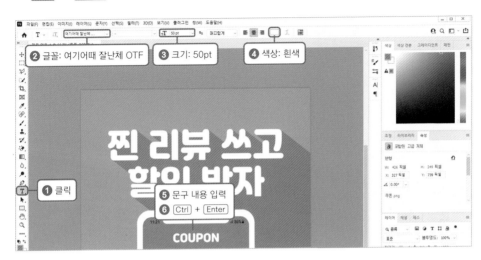

04
같은 방법으로 ❶ 이벤트 기간을 알리는 문구와 ❷ 서브 문구를 입력하면 카드
뉴스가 완성됩니다.

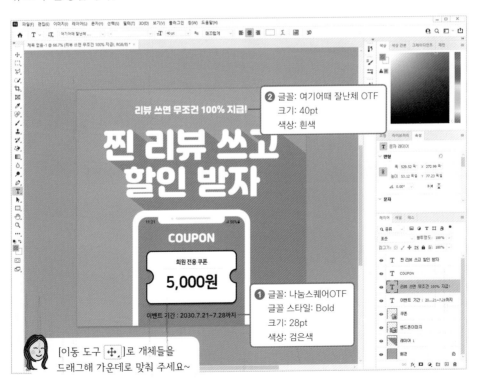

유튜브 섬네일 디자인

귀여운 텍스트를 활용한 여행 유튜브 섬네일

넷째마당

SNS 카드 뉴스

유튜브 섬네일

배너·광고

제품·홍보 디자인

아트워크

 동영상 강의

 아윤 쌤의
강의노트 "섬네일의 핵심은 눈길을 확 사로잡는 문구예요!"

'여행'이라는 단어를 들으면 설레고 신나지 않나요? 여행 정보를 알려 주는 유튜브 섬네일에 발랄하고 신나는 느낌의 텍스트를 사용하면 한층 즐겁고 밝은 느낌의 디자인을 만들 수 있어요. 또한, 젤리처럼 귀엽고 즐거운 느낌을 주는 역동적인 물결무늬를 텍스트에 사용해 명랑한 유튜브 섬네일 디자인을 만들어 보겠습니다. 이렇게 귀여운 텍스트로 디자인을 할 때는 동글동글하고 굵은 글꼴을 사용하는 것을 추천합니다.

주요 기능 레이어 스타일(323쪽), [문자 도구 T.](244쪽), 클리핑 마스크(339쪽), 문자 뒤틀기(255쪽), 파형 필터

글꼴 메이플스토리 OTF, KCC도담도담체

프로젝트 02-1

1단계 젤리 같이 톡톡 튀는 텍스트 문구 만들기

준비 파일 프로젝트02/전망대.jpg, 자동차.jpg
완성 파일 프로젝트02/전망대 추천 완성.jpg

지금 하면 된다! 〉 클리핑 마스크를 활용해 귀여운 텍스트 효과 만들기

클리핑 마스크를 응용해 말랑말랑한 젤리와 같은 귀여운 텍스트 효과를 만들어 보겠
습니다. 텍스트에 또 다른 재미를 주기 위해 필터를 사용해 물결무늬를 만들어 클리
핑 마스크로 적용해 볼게요.

01 Ctrl + N을 누른 후

❶ 폭은 '1280픽셀', 높이는
'720픽셀', 해상도는 '72픽셀/
인치', 색상 모드는 [RGB 색
상], 배경 내용은 [흰색]으로 설
정하고
❷ [만들기]를 클릭해 새 문서
를 만듭니다.

❶ 폭: 1280픽셀
 높이: 720픽셀
 해상도: 72픽셀/인치
 색상 모드: RGB 색상
 배경 내용: 흰색

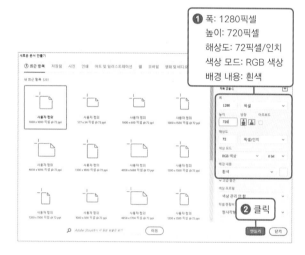

02 준비 파일 '전망대.jpg'
를 클릭, 드래그해 작업 화면으
로 불러옵니다.
크기를 캔버스 화면에 맞춘 후
Enter를 눌러 적용하세요.

전망대.jpg 불러오기

넷째마당

SNS 카드 뉴스

유튜브 썸네일

메뉴 팝업

제품 홍보 디자인

아트워크

03

❶ [문자 도구 T.]를 선택한 후 ❷ 글꼴은 [메이플스토리 OTF], ❸ 글꼴 스타일은 [Bold], ❹ 크기는 '110pt', ❺ 색상은 [검은색]으로 설정하고 ❻ 문구 내용을 입력합니다. ❼ 동일한 글꼴로 문구 내용을 하나 더 입력합니다.

이때 문구를 2개의 텍스트 레이어로 구분해 따로 입력해 주세요. 레이어 스타일을 각각 다르게 사용해야 하거든요.

04

❶ 서브 문구 내용을 입력한 후 ❷ 크기는 '45pt', ❸ 색상은 [흰색]으로 수정합니다.

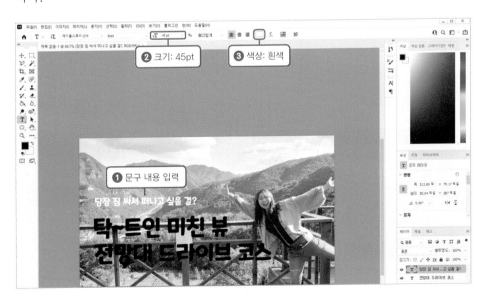

05 [레이어] 패널에서 ❶ [탁~트인 미친 뷰] 텍스트 레이어를 클릭합니다.
❷ **fx.** 를 클릭한 후 ❸ [그레이디언트 오버레이...]를 선택합니다.

06 ❶ [그레이디언트]를 선택한 후 ❷ 왼쪽에 있는 색상 정지점을 클릭합니다.
❸ 색상 코드에 ❹ 'ffd5ed'를 입력한 다음 ❺ [확인]을 클릭합니다.

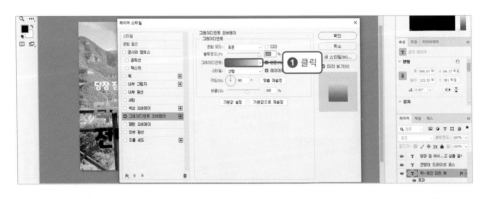

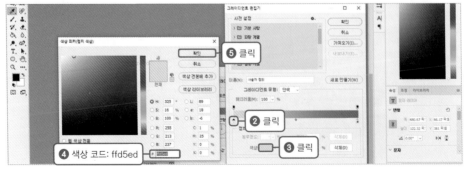

넷째마당

SNS 카드 뉴스

유튜브 섬네일

메뉴·팝업

제품 홍보 디자인

아트워크

07 ❶ 오른쪽에 있는 색상 정지점을 클릭한 후 ❷ 색상 코드에 ❸ '9b5cff'를 입력하고 ❹ [확인]을 클릭합니다. ❺ [그레이디언트 편집기] 대화상자에서도 [확인]을 클릭합니다. ❻ [반전]에 체크 표시를 한 후 ❼ [확인]을 클릭해 적용합니다.

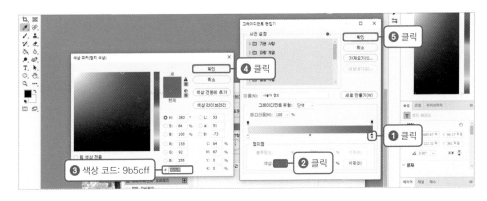

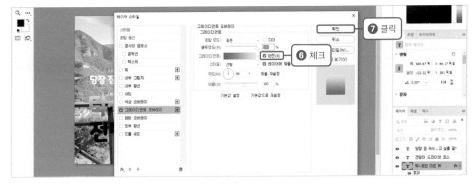

08 적용된 레이어 스타일 효과를 상위 텍스트 레이어로 복사하겠습니다.

❶ [레이어] 패널에서 [Alt]를 누른 채 [효과] 레이어 스타일을 클릭한 후

❷ 상위 텍스트 레이어로 드래그합니다.

레이어 스타일이 복사돼 '전망대 드라이브 코스' 문구에 적용됩니다.

09 그러데이션 색상을 변경하겠습니다.

❶ [전망대 드라이브 코스] 텍스트 레이어의 [그레이디언트 오버레이]를 더블클릭합니다.

❷ 창이 나타나면 [그레이디언트]를 클릭합니다.

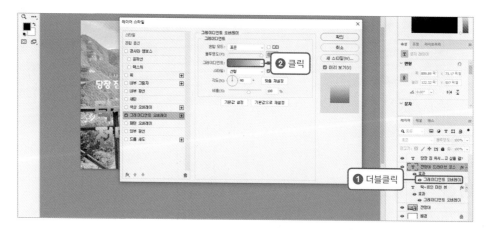

10 [그레이디언트 편집기] 대화상자에서 ❶ 왼쪽에 있는 색상 정지점을 클릭한 후 ❷ 색상 코드에 ❸ 'f7cb6b'를 입력하고 ❹ [확인]을 클릭합니다.

넷째마당

SNS 카드 뉴스

유튜브 섬네일

배너·팝업

제품홍보 디자인

이트워크

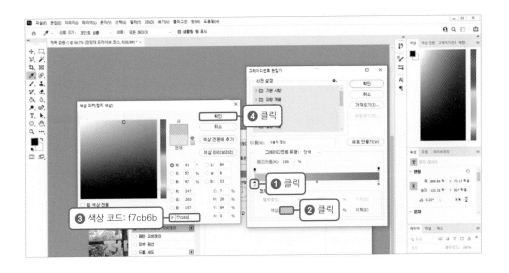

11 ❶ 오른쪽에 있는 색상 정지점을 클릭한 후 ❷ 색상 코드에 ❸ 'fba980'을 입력하고 ❹ [확인]을 클릭합니다.

❺ [그레이디언트 편집기] 대화상자에서도 [확인]을 클릭합니다.

❻ [그레이디언트 오버레이] 레이어 스타일에서 [확인]을 클릭합니다.

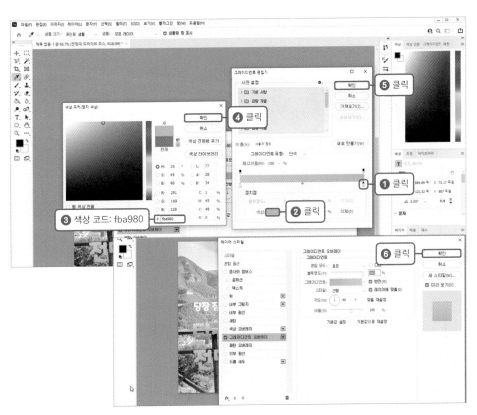

12

❶ `Shift`를 누른 채 [탁~트인 미친 뷰] 텍스트 레이어와 [전망대 드라이브 코스] 텍스트 레이어 2개를 선택하고 **❷** `Ctrl` + `G`를 눌러 그룹 레이어로 만듭니다. **❸** 그룹 레이어를 더블클릭해 이름을 '메인 문구'로 수정합니다.

넷째마당

SNS 카드 뉴스

유튜브 섬네일

배너·팝업

제품 홍보 디자인

아트워크

13 그룹 레이어에 레이어 스타일을 적용하겠습니다.

❶ [메인 문구] 그룹 레이어를 선택한 후 ❷ fx를 클릭해 ❸ [획...]을 선택합니다.

14 [획] 레이어 스타일의 옵션에서 ❶ 크기는 '5px', ❷ 위치는 [바깥쪽], ❸ 색상은 [검은색]으로 설정하고 ❹ [확인]을 클릭합니다.

2개의 텍스트 레이어에 동일한 [획] 레이어 스타일이 한 번에 적용됩니다.

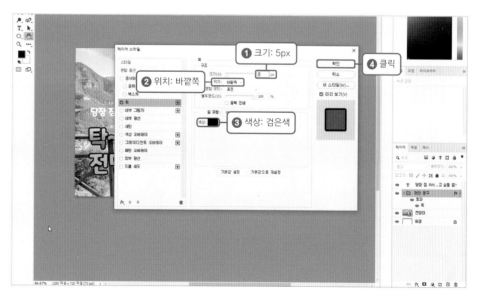

15

이번에는 브러시로 귀여운 텍스트 효과를 만들어 보겠습니다.
[레이어] 패널의 [레이어 추가 ⊞]를 클릭해 새 레이어를 추가합니다.

16

새로 추가한 레이어는 [클리핑 마스크 🔳]로 사용하겠습니다.
[레이어] 패널에서 Alt 를 누른 채 [메인 문구]와 [레이어 1]의 경계선을 클릭하면 클
리핑 마스크가 적용됩니다.

클리핑 마스크를 넣는 방법은
17-5절을 참고하세요~

넷째마당

SNS 카드 뉴스

유튜브 섬네일

메뉴판·쿠폰

제품 홍보 디자인

아트워크

17

❶ Ctrl 을 누른 채 + 를 눌러 화면을 확대합니다.

❷ [브러시 도구 ✏]를 선택한 후 ❸ 전경색을 [흰색]으로 설정합니다.

❹ 브러시의 종류는 [선명한 원], ❺ 크기는 '20px'로 설정합니다.

❻ 불투명도는 '100%'로 설정합니다.

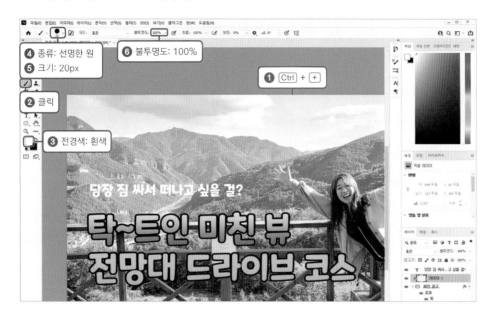

18

문구에 브러시를 적용해 볼게요.

❶ [브러시 도구 ✏]를 선택한 후 ❷ '탁' 글자의 왼쪽 위를 한 번 클릭해 원을 만듭니다.

❷ 나머지 텍스트에도 동일한 위치에 원을 만들어 주세요.

톡톡 튀는 젤리 같은 느낌을
낼 수 있어요!

19
아래 문구에도 동일한 위치에 [브러시 도구 ]를 사용해 원형을 만들어 주
세요. 텍스트가 젤리처럼 귀엽게 됐죠?

20
이번에는 물결무늬를 만든 후 클리핑 마스크로 넣어 포인트를 줄게요.

❶ Ctrl + N을 누른 후 ❷ 폭은 '900픽셀', ❸ 높이는 '200픽셀',

❹ 해상도는 '72픽셀/인치', ❺ 색상 모드는 [RGB 색상], ❻ 배경 내용은 [투명]을 선택

하고 ❼ [만들기]를 클릭해 새 문서를 만듭니다.

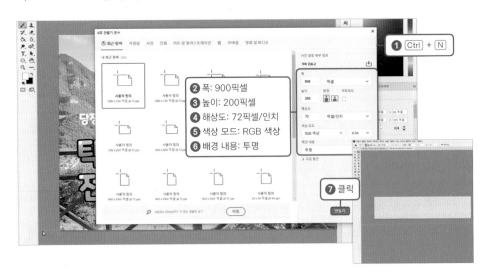

넷째마당

SNS 카드 뉴스

유튜브 섬네일

메뉴 판촉

제품 홍보 디자인

아트워크

21 ❶ 전경색의 색상 코드에 'ffe2b9'를 입력합니다.

❷ [사각형 선택 윤곽 도구 □]를 선택한 후 ❸ 클릭, 드래그해 사각형을 만듭니다.

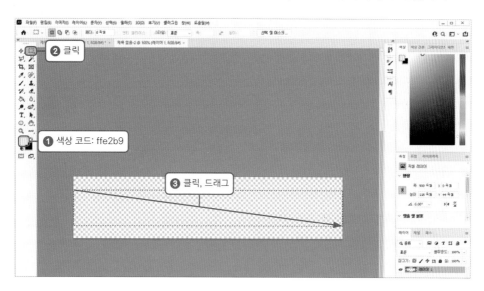

22 ❶ Alt + Delete 를 눌러 전경색을 채웁니다.

❷ Ctrl + D 를 눌러 선택 영역을 해제합니다.

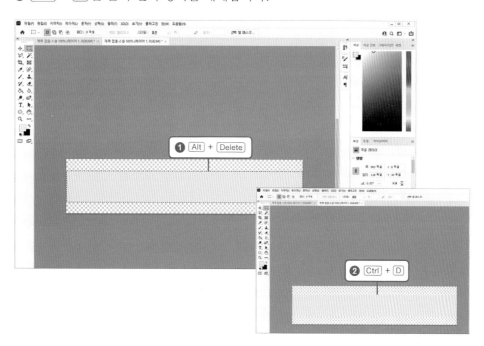

23 메뉴 바에서 [필터 → 왜곡 → 파형]을 선택합니다. ◆영문판 [Filter → Distort → Wave]

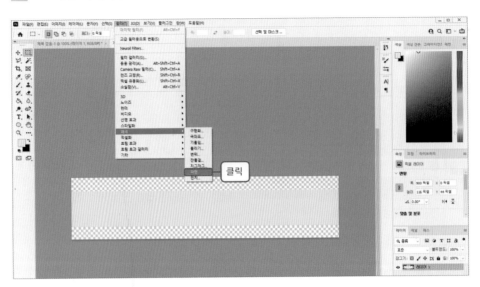

24 [파장]에서 아래의 드래그 점을 클릭한 후 왼쪽으로 드래그합니다.

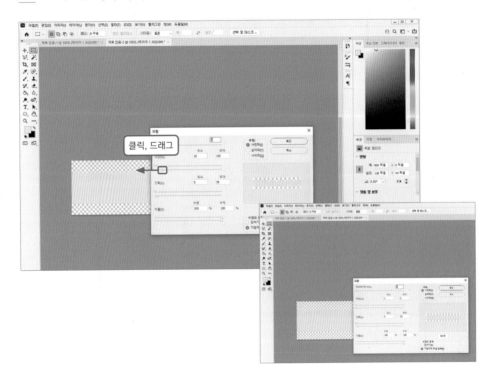

넷째마당

SNS 카드 뉴스

유튜브 섬네일

배너·팝업

제품 홍보 디자인

아트워크

25

❶ 다시 [파장]에서 위의 드래그 점을 클릭한 후 오른쪽으로 드래그하면 위아래의 드래그 점이 함께 움직입니다. 최소는 '93', 최대는 '94' 정도로 맞추세요.

❷ 아래의 [진폭]에서 아래 드래그 점을 왼쪽으로 드래그하면서 최대를 '15'로 설정합니다. ❸ [확인]을 클릭해 적용합니다.

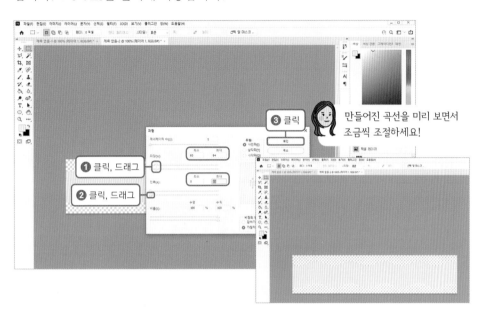

> 만들어진 곡선을 미리 보면서 조금씩 조절하세요!

26

❶ Ctrl + A 를 눌러 작업 화면 전체를 선택합니다.

❷ Ctrl + C 를 눌러 복사합니다.

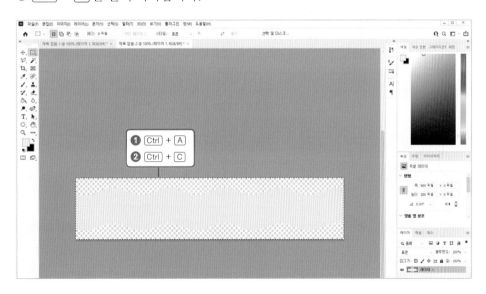

27

① 유튜브 섬네일 작업 화면으로 돌아와 Ctrl + V 를 눌러 붙여 넣으세요.

② [이동 도구 ⊹]를 선택해 **③** 아래 문구로 이동시킵니다.

④ [레이어] 패널에서 물결 이미지 레이어의 위치를 확인하세요.

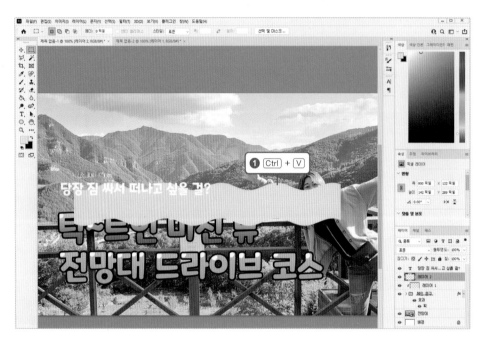

넷째마당

SNS 카드 뉴스

유튜브 섬네일

배너 광고

제품 홍보 디자인

이벤트 카드

28

Alt 를 누른 채 두 레이어의 경계선을 클릭해 [클리핑 마스크 ↲□]를 적용합니다.

29

검은색 테두리에 흰색 테두리를 한 겹 더 감싸겠습니다.

❶ Shift 를 누른 채 [메인 문구] 그룹 레이어와 [레이어 1], [레이어 2] 레이어를 선택한 후

❷ Ctrl + G 를 눌러 그룹 레이어로 만듭니다.

❸ 더블클릭해 이름을 '흰 테두리'로 변경합니다.

30 ① fx 를 클릭해 ② [획...]을 클릭합니다.

③ 크기는 '8px', ④ 색상은 [흰색]으로 설정하고 ⑤ [확인]을 클릭합니다.

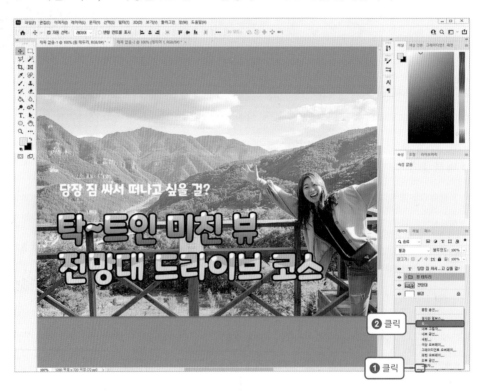

넷째마당

SNS 카드 뉴스

유튜브 섬네일

배너·팝업

제품 상세 디자인

아트워크

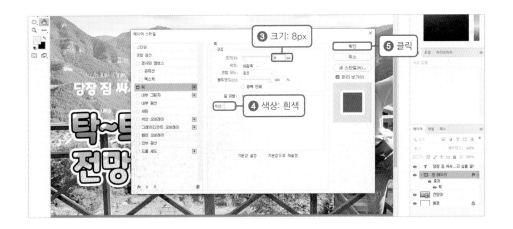

31 ❶ 서브 문구 텍스트 레이어를 클릭하세요.

❷ ⫚ 를 눌러 ❸ [획...]을 선택합니다.

❹ 크기는 '5px', ❺ 색상은 [검은색]으로 설정하고 ❻ [확인]을 클릭합니다.

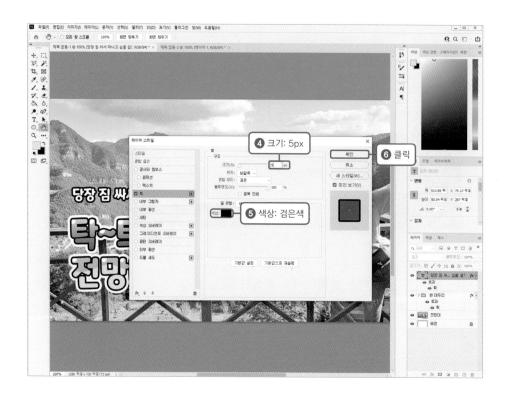

넷째마당

SNS 카드 뉴스

유튜브 섬네일

배너·팝업

제품 홍보 디자인

아트워크

프로젝트 02-2

2단계 자유롭게 휘어진 문구 만들기

준비 파일 이어서 실습

완성 파일 프로젝트02/전망대 추천 완성.jpg

✦지금 하면 된다! ▷ 텍스트 뒤틀어 문자를 재미있게 하기

말하는 듯한 내용의 문구를 더욱 재미있고 생기 있게 표현하기 위해 텍스트에 곡선 효과를 주겠습니다. 유튜브 섬네일이 좀 더 재미있게 표현될 거예요!

01 ❶ [문자 도구 T.]를 선택한 후 ❷ 문구 내용을 입력합니다.

❸ 글꼴은 [KCC도담도담체], ❹ 크기는 '45pt', ❺ 색상은 [흰색]으로 설정합니다.

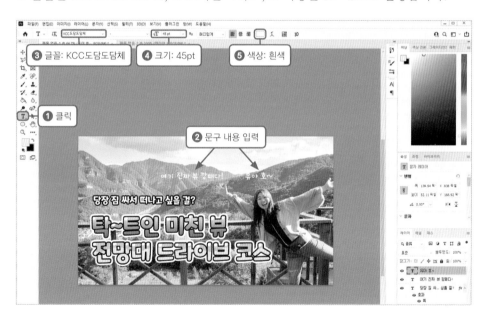

02 ❶ [여기 진짜 뷰 깡패다!] 텍스트 레이어를 선택한 후

❷ fx.를 클릭하고 ❸ [획...]을 클릭합니다.

❹ 크기는 '3px', ❺ 색상은 [검은색]으로 설정하고 ❻ [확인]을 클릭합니다.

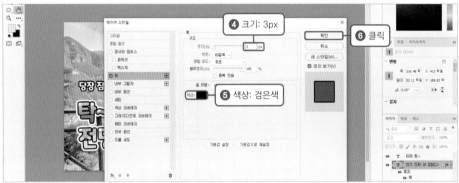

03

Alt 를 누른 채로 [효과] 레이어 스타일을 [유야 호~] 텍스트 레이어로 클릭,
드래그해 레이어 스타일을 복사합니다.

04

❶ [여기 진짜 뷰 깡패다!] 텍스트 레이어를 선택한 후

❷ Ctrl + T를 눌러 자유 변형 모드를 실행합니다.

❸ 회전하고 적당한 위치로 이동한 후 Enter를 눌러 적용합니다.

❹ [유야 호~] 텍스트 레이어도 동일한 방법으로 회전합니다.

05 ❶ [여기 진짜 뷰 깡패다!] 텍스트 레이어를 선택합니다.

❷ [문자 도구 T]를 선택한 후 ❸ 옵션 바에서 [뒤틀어진 텍스트 만들기 ⊥]를 클릭합니다.

06 ❶ 스타일은 [깃발], ❷ 구부리기는 '50'으로 설정하고 ❸ [확인]을 클릭하면 문구가 물결 모양처럼 변경됩니다.

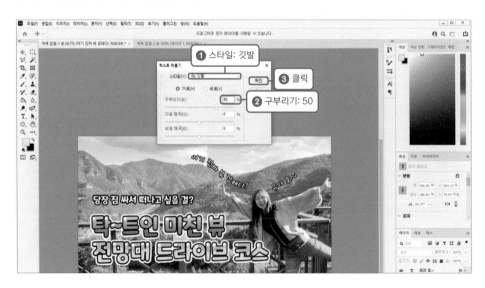

넷째마당

SNS 카드 뉴스

유튜브 섬네일

배너·팝업

제품 홍보 디자인

아트워크

07 ❶ [유야 호~] 텍스트 레이어를 선택합니다.

❷ [문자 도구 T]가 선택된 채 ❸ [뒤틀어진 텍스트 만들기 工]를 클릭합니다.

08 ❶ 스타일은 [깃발], ❷ 구부리기는 '-30'으로 설정하고 ❸ [확인]을 클릭합니다.
이전과 반대 방향으로 뒤틀어진 것을 확인할 수 있습니다.

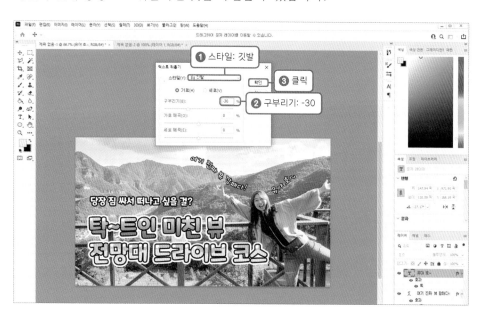

09 준비 파일 '자동차.jpg'를 작업 화면으로 드래그해 불러옵니다.

크기를 적당하게 맞춘 후 Enter 를 눌러 적용하세요.

10 [레이어] 패널에서 ❶ 📧 를 클릭한 후 ❷ [획...]을 클릭합니다.

❸ 크기는 '5px', ❹ 색상은 [흰색]으로 설정하고 ❺ [확인]을 클릭합니다.

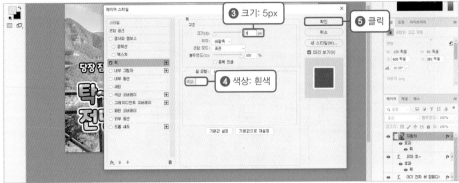

넷째마당

SNS 카드 뉴스

유튜브 섬네일

배너·팝업

제품 홍보 디자인

이벤트웹

11

테두리를 넣어 마무리하겠습니다. ❶ [사각형 도구 □]를 선택한 후 옵션 바에서 ❷ 칠은 [색상 없음], ❸ 획의 색상 코드는 'f7c270', ❹ 두께는 '5px'로 설정하고 ❺ 작업 화면을 클릭, 드래그해 사각형 테두리를 만듭니다.

❷ 칠: 색상 없음
❸ 획의 색상 코드: f7c270
❹ 두께: 5px

❶ 클릭

❺ 클릭, 드래그하기

12

❶ [패스 맞춤 ▙]을 클릭한 후 ❷ 맞춤 대상을 [캔버스]로 설정합니다. ❸ [수평 중앙 맞춤 ▜]을 클릭하고 ❹ [수직 가운데 맞춤 ▯]을 클릭해 테두리를 작업 화면의 중앙으로 맞추면 유튜브 섬네일이 완성됩니다.

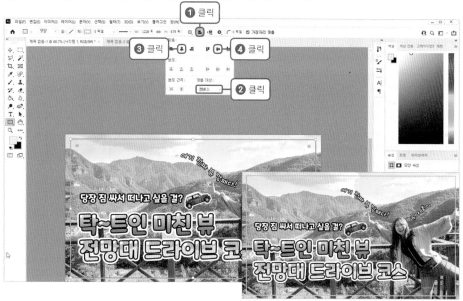

❶ 클릭

❸ 클릭   ❹ 클릭

❷ 클릭

온라인 홍보 이벤트 배너 및 팝업 디자인

새벽 배송 홍보 디자인

넷째마당

SNS 카드 뉴스

유튜브 섬네일

배너·팝업

제품 홍보 디자인

아트워크

 동영상 강의

 아윤 쌤의

강의 노트 "일러스트와 실사 사진을 디자인 소스로 활용해요!"

새벽 배송 홍보 배너를 일러스트 느낌이 나는 디자인으로 만들어 보겠습니다. 완성 이미지를 보면 알 수 있듯이 가로등, 자동차, 건물, 밤하늘 등 전부 각자의 디자인 소스를 가져와 조화롭게 배치하고 보정했답니다. 건물 이미지는 실사 이미지를 활용해 실루엣 그림처럼 편집해 사용했죠. 마지막으로 동틀녘의 새벽 느낌을 주기 위해 그러데이션 색상을 활용할 거예요. 밤에서 아침으로 시간이 흐르는 과정을 표현하기 위해 밤의 색상인 남색과 동틀녘을 표현하는 붉은 계열의 색상을 적절하게 사용하는 것이 포인트입니다.

주요 기능 [그레이디언트 도구 ▣](190쪽), [브러시 도구 ✎](176쪽), 색조/채도(224쪽),
블랜딩 모드(310쪽)

글꼴 빙그레 메로나체, 나눔스퀘어

프로젝트 03-1

1단계 새벽 느낌의 도시 배경 만들기

준비 파일 프로젝트03/밤하늘 별.jpg, 건물.jpg, 가로등.jpg, 반짝 효과.jpg, 배송 트럭.jpg

완성 파일 프로젝트03/새벽 배송 이벤트 완성.jpg

지금
하면 된다! 빌딩 이미지를 실루엣으로 만들어 새벽 도시 느낌의 배경 만들기

새벽 느낌을 주기 위해 그러데이션 색상을 응용해 보겠습니다. 그리고 도시를 표현
하기 위해 빌딩 사진을 실루엣처럼 만들어 배경에 사용하겠습니다.

01 Ctrl + N 을 누른 후
❶ 폭은 '900픽셀', 높이는 '1000
픽셀', 해상도는 '72픽셀/인치',
색상 모드는 [RGB 색상], 배경
내용의 색상 코드에 '0d2046'을
입력하고
❷ [만들기]를 클릭해 새 문서
를 만듭니다.

> ❶ 폭: 900픽셀
> 높이: 1000픽셀
> 해상도: 72픽셀/인치
> 색상 모드: RGB 색상
> 배경 내용 색상 코드: 0d2046

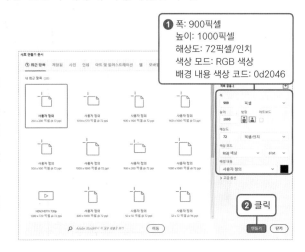

02 그러데이션의 범위를 적용할 사각형을 만들어 보겠습니다.

❶ [사각형 도구 ☐]를 선택하고 ❷ 작업 캔버스에 클릭, 드래그해서 사각형을 그립니다.

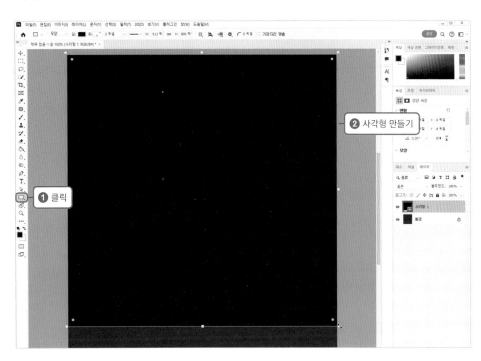

03 사각형에 그러데이션 효과를 넣어 새벽의 밤하늘 분위기를 조성해 보겠습니다. ❶ 옵션 바에서 획은 [색상 없음], ❷ 칠은 [그레이디언트]로 선택합니다.

04 그러데이션 색상을 편집하겠습니다.

❶ 왼쪽에 있는 색상 정지점을 더블클릭한 후 ❷ 색상 코드에 '2e5785'를 입력하고 ❸ [확인]을 클릭합니다.

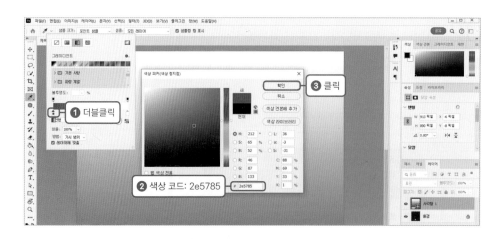

05 색상 정지점을 하나 더 추가하겠습니다.

❶ 원하는 위치를 클릭하면 색상 정지점이 생깁니다.

❷ 더블클릭한 후 ❸ 색상 코드에 'd17676'을 입력하고 ❹ [확인]을 클릭합니다.

06 ❶ 오른쪽에 있는 색상 정지점을 더블클릭한 후 ❷ 색상 코드에 '2e5785'를 입력하고 ❸ [확인]을 클릭합니다. ❹ 그런 다음 색상 정지점을 왼쪽으로 드래그합니다.

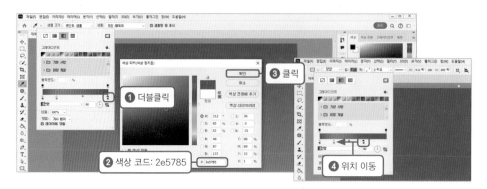

넷째마당

SNS 카드 뉴스

유튜브 섬네일

배너·팝업

제품 홍보 디자인

이트워크

07 그레이디언트가 적용된 밤하늘 배경이 완성되었습니다.

08 ❶ 준비 파일 '밤하늘 별.jpg'을 드래그해 작업 화면으로 불러옵니다.
크기를 캔버스 화면에 맞춘 후 (Enter)를 눌러 적용하세요.
❷ [레이어] 패널의 블렌딩 모드를 [밝게 하기]로 설정합니다.

09 준비 파일 '건물.jpg'을 드래그해 작업 화면으로 불러오세요. 크기를 캔버스 화면에 맞춘 후 Enter 를 눌러 적용합니다.

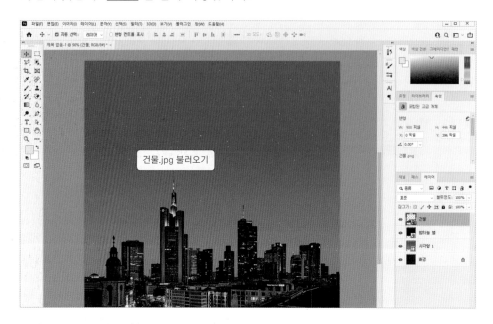

10 ❶ Ctrl + U 를 눌러 [색조/채도]를 실행합니다.

❷ 채도는 '-100', ❸ 밝기는 '-60'으로 설정하고 ❹ [확인]을 클릭합니다.

건물이 흑백으로 변경됐죠?

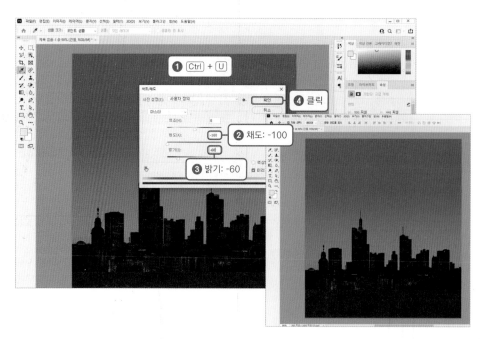

넷째마당

SNS 카드 뉴스

유튜브 섬네일

배너·팝업

제품 홍보 디자인

아트워크

11 이번에는 건물의 전체 색상을 보정하겠습니다.

❶ Ctrl + U 를 눌러 [색조/채도]를 다시 불러옵니다. ❷ [색상화]에 체크 표시를 한 후
❸ 색조는 '220', ❹ 채도는 '36', ❺ 밝기는 '10'으로 설정하고 ❻ [확인]을 클릭합니다.
[레이어] 패널에서 ❼ 불투명도를 '80%'로 설정합니다.

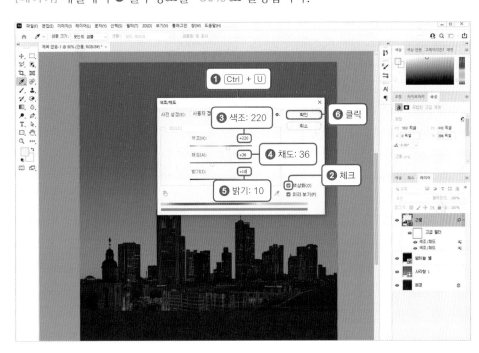

12 [레이어] 패널에서 ❶ Shift 를 누른 채 [사각형 1], [밤하늘 별], [건물] 레이어를 선택한 후 ❷ Ctrl + G 를 눌러 그룹 레이어로 만듭니다.
❸ 이름을 더블클릭해 '밤 도시'로 수정합니다.

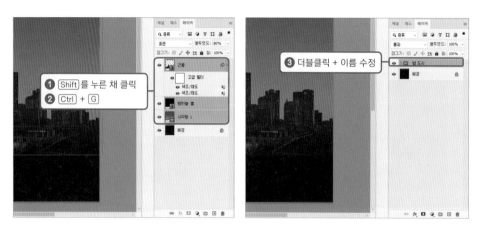

13 준비 파일 '배송 트럭.jpg'과 '가로등.jpg'을 드래그해 작업 화면으로 불러옵니다.
크기를 캔버스 화면에 맞춘 후 Enter 를 눌러 적용하세요.

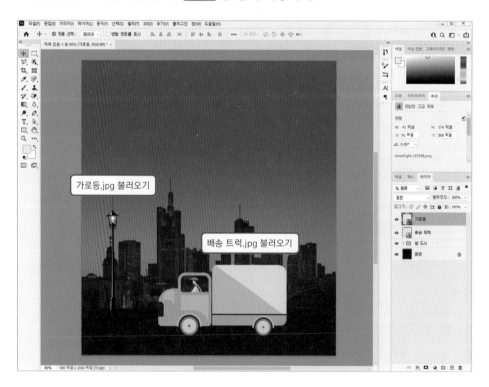

넷째마당

SNS 카드 뉴스

유튜브 섬네일

메뉴·팝업

제품 홍보 디자인

아트워크

프로젝트 03-2

2단계 자동차와 가로등에 빛 표현하기

준비 파일 이어서 실습

완성 파일 프로젝트03/새벽 배송 이벤트 완성.jpg

◇ 지금 하면 된다! 〉 자동차의 빛 효과 만들기

해가 아직 뜨지 않은 새벽이기 때문에 시야를 밝혀 주는 불빛이 필요하겠죠? 불빛을 만드는 방법도 종류에 따라 다양합니다. 먼저 그레이디언트와 레이어 마스크를 활용해 자동차 라이트 불빛을 만들어 볼 거예요.

01 시야를 밝혀 주는 자동차 라이트 빛을 만들어 보겠습니다.

❶ [사각형 도구 ▢]를 선택한 후 옵션 바에서 ❷ 획은 [색상 없음]으로 선택하고 ❸ [칠]을 클릭합니다.

02 ❶ [그레이디언트]를 선택한 후 편집을 편리하게 하기 위해 ❷ [기본 사항(Basics)] 에서 [검정, 흰색]을 선택해 기본 설정으로 변경합니다.

03 ❶ 왼쪽에 있는 색상 정지점을 더블클릭한 후

❷ 색상 코드에 'fffab0'을 입력하고 ❸ [확인]을 클릭합니다.

불투명도를 조절하기 위해 ❹ 왼쪽 위에 있는 불투명도 정지점을 클릭한 후 ❺ 불투
명도를 '10%'로 설정합니다.

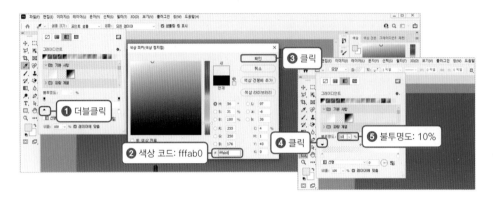

04 ❶ 오른쪽에 있는 색상 정지점을 더블클릭한 후

❷ 색상 코드에 'fffab0'을 입력하고 ❸ [확인]을 클릭합니다.

❹ 오른쪽 위에 있는 불투명도 정지점을 클릭한 후 ❺ 불투명도는 '80%', ❻ 각도는 '0'
으로 설정하고 [Enter]를 눌러 적용합니다.

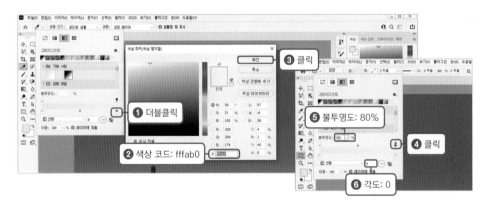

05 ❶ [Ctrl]을 누른 채 [+]를 눌러 화면을 확대합니다.

❷ 작업 캔버스를 클릭, 드래그해 사각형을 만듭니다.

넷째마당

SNS 카드 뉴스

유튜브 섬네일

메뉴·팝업

제품 홍보 디자인

이드워크

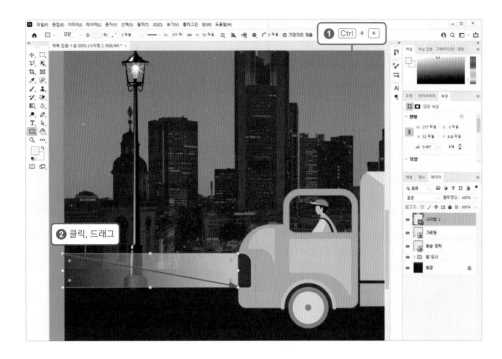

06 빛이 번지는 효과로 만들기 위해 패스 점을 수정하겠습니다.

❶ [직접 선택 도구 ▷]를 선택한 후 ❷ 왼쪽 위의 패스 점을 클릭합니다. 사각형 모서리
에서 선택한 패스 점 외에 다른 패스 점이 흰색으로 변경된 것을 확인할 수 있습니다.

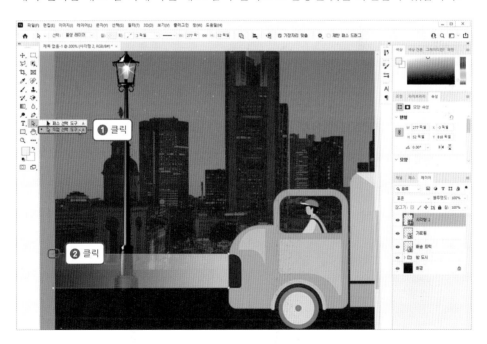

07

① 패스 점을 클릭한 후 위로 드래그합니다.

② 팝업 창이 나타나면 [예]를 누릅니다.

③ 왼쪽 아래의 패스 점도 클릭한 후 아래로 드래그해 빛이 퍼지는 모양으로 만듭니다.

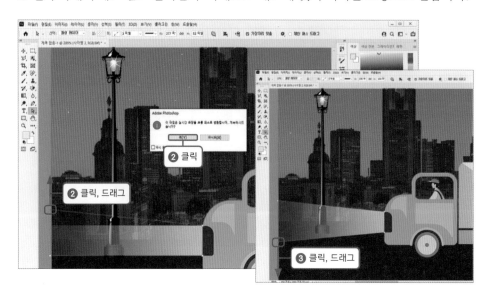

08

① [사각형 2] 레이어의 이름을 '자동차 라이트'로 수정합니다.

② ▣를 클릭해 [자동차 라이트] 레이어에 레이어 마스크를 만듭니다.

③ [브러시 도구 ✎]를 선택한 후 **④** 전경색을 [검은색]으로 설정합니다.

넷째마당

SNS 카드 뉴스

유튜브 섬네일

메뉴 · 팝업

제품 홍보 디자인

이륙워크

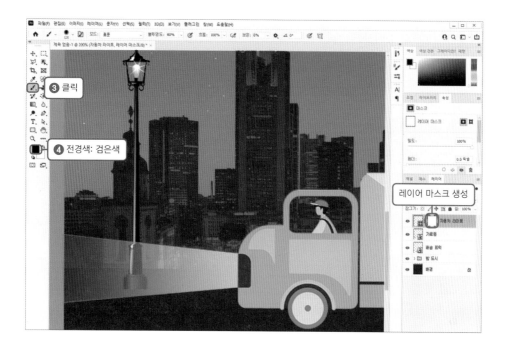

09 ❶ 브러시 옵션을 클릭합니다.

❷ 브러시의 종류는 [부드러운 원], ❸ 크기는 '70px', ❹ 불투명도는 '60%'로 설정합니다.

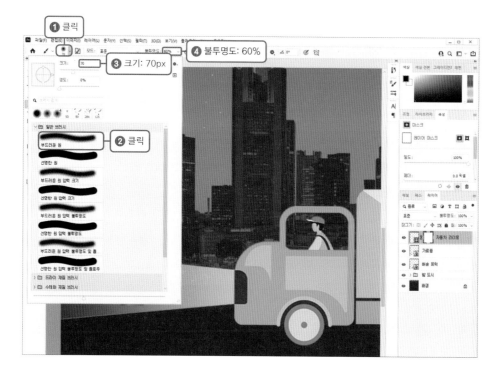

10 자동차 빛이 시작되는 곳을 클릭한 후 왼쪽으로 드래그합니다.

빛 효과가 좀 더 은은하게 표현됐습니다.

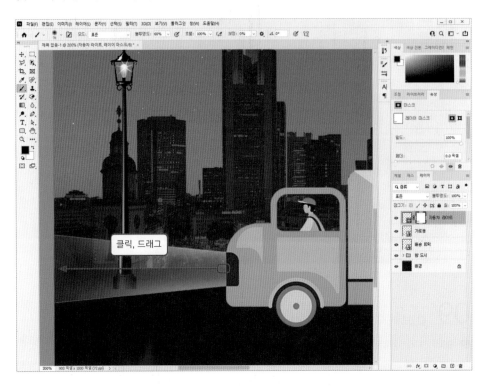

지금
하면 된다! › 가로등의 빛 효과 만들기

이번에는 가로등 불빛을 만들어 보겠습니다. 가로등 빛이 은은하게 퍼지는 느낌을
주기 위해 브러시를 사용하겠습니다.

01 ❶ Ctrl 을 누른 채 + 를 눌러 화면을 한 번 더 확대합니다.

❷ [레이어 추가 ⊞]를 클릭해 새 레이어를 만듭니다.

❸ 더블클릭한 후 레이어의 이름을 '가로등 불빛 01'로 수정합니다.

❹ [다각형 올가미 도구 ⋈]를 선택합니다.

❺ 클릭, 드래그하면서 램프의 빈 곳을 영역으로 선택합니다.

넷째마당

SNS 카드 뉴스

유튜브 섬네일

배너·팝업

제품 홍보 디자인

아트워크

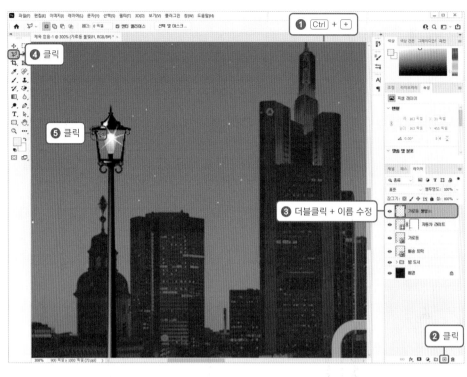

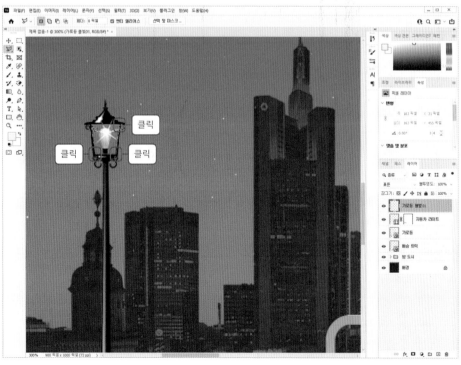

02 ❶ 전경색의 색상 코드에 'fff590'을 입력합니다.

❷ Alt + Delete 를 눌러 전경색을 채우고 ❸ Ctrl + D 를 눌러 선택 영역을 해제합니다.

03 [레이어] 패널에서 블렌딩 모드를 [어둡게 하기]로 설정합니다.

전구에만 노란 빛이 나도록 만들어졌죠?

넷째마당

SNS 카드 뉴스

유튜브 섬네일

배너·광고

제품 홍보 디자인

아트워크

04 이번에는 빛이 동그랗게 번지는 효과를 만들겠습니다.

❶ [레이어 추가 ⊞]를 클릭해 새 레이어를 만든 후

❷ 레이어의 이름을 더블클릭해 '가로등 빛번짐 01'로 수정합니다.

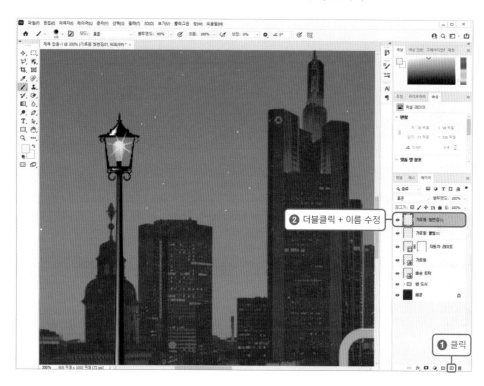

05 ❶ [브러시 도구 ✐]를 선택한 후 ❷ 브러시 옵션을 선택합니다.

❸ 브러시의 종류는 '부드러운 원', ❹ 크기는 '125픽셀', ❺ 경도는 '50%', ❻ 불투명도
는 '60%'로 설정합니다.

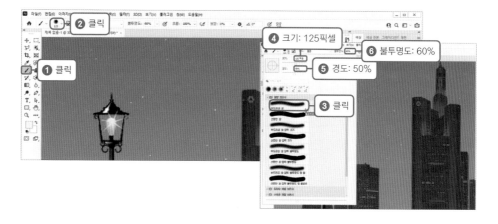

06 ❶ 가로등 램프를 클릭합니다.

❷ [가로등 빛번짐 01] 레이어를 [가로등] 레이어의 아래로 이동시킵니다.

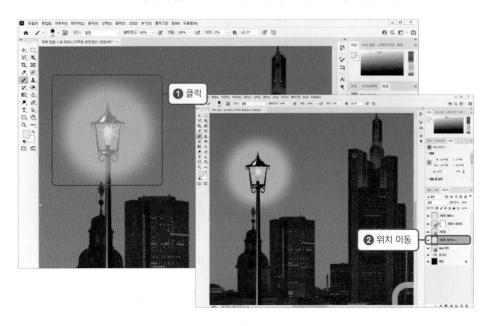

07 오른쪽에 가로등을 하나 더 만들겠습니다.

❶ Ctrl 을 누른 채 ─ 를 눌러 화면을 축소합니다.

❷ Ctrl 을 누른 채 [가로등 불빛 01], [가로등], [가로등 빛번짐 01] 레이어를 선택한 후

❸ Ctrl + J 를 눌러 복사합니다.

넷째마당

SNS 카드 뉴스

유튜브 섬네일

메뉴·팝업

제품 홍보 디자인

아트워크

08

❶ Ctrl + T 를 눌러 자유 변형 모드로 만듭니다.

❷ 클릭, 드래그해 복사된 가로등을 이동시킨 후 ❸ Enter 를 눌러 적용 완료합니다.

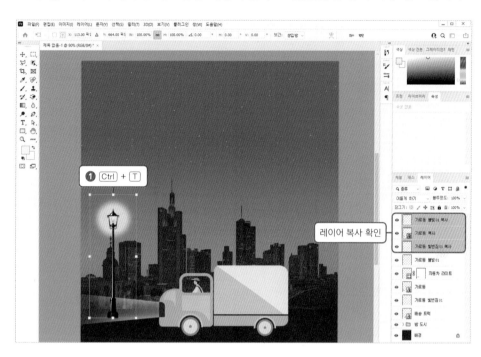

❶ Ctrl + T

레이어 복사 확인

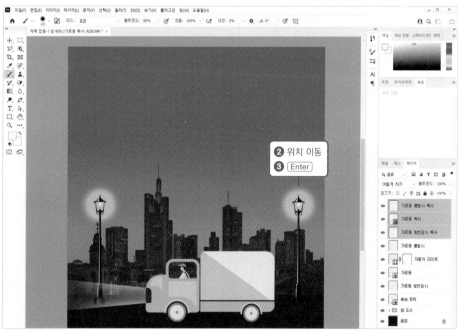

❷ 위치 이동

❸ Enter

09 ❶ Ctrl + G를 눌러 그룹 레이어로 만든 후
❷ 이름을 '가로등 복사'로 수정합니다.

10 ❶ 준비 파일 '반짝 효과.jpg'를 드래그해 작업 화면으로 불러옵니다.
❷ 크기를 캔버스 화면에 맞춘 후 ❸ Enter를 눌러 적용하세요.

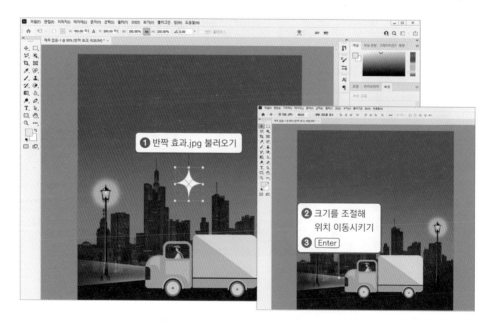

넷째마당

SNS 카드뉴스

유튜브 섬네일

배너 팝업

제품 홍보 디자인

아트워크

11 Ctrl + J 를 눌러 반짝 효과를 추가합니다.

Alt 를 누른 채 개체를 드래그해도 똑같이 복사됩니다!

12 ❶ Shift 를 누른 채 [반짝 효과] 레이어를 모두 선택하고 ❷ Ctrl + G 를 눌러 그룹 레이어로 만듭니다. ❸ 이름을 더블클릭해 '반짝 효과'로 수정합니다.

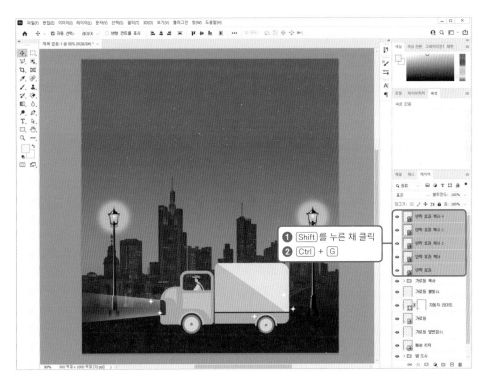

❶ Shift 를 누른 채 클릭
❷ Ctrl + G

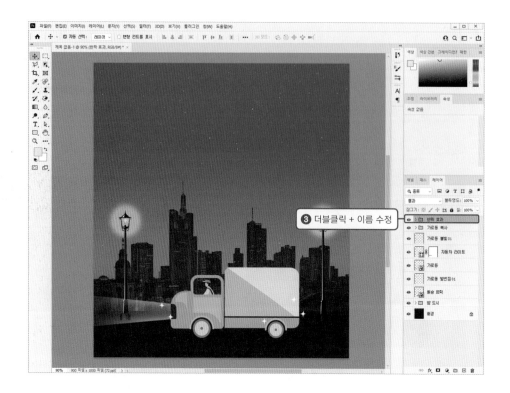

넷째마당

SNS 카드 뉴스

유튜브 섬네일

배너·팝업

제품 홍보 디자인

이트워크

프로젝트 03-3

3단계 높낮이를 넣은 문구 넣어 완성하기

준비 파일 이어서 실습
완성 파일 프로젝트03/새벽 배송 이벤트 완성.jpg

◇◇지금 하면 된다! > 메인 문구를 기울이고 높낮이 대비를 활용해 역동적으로 만들기

홍보 디자인에서는 최대한 메인 문구를 강조하고 눈에 띄게 하는 것이 중요합니다. 문구를 비스듬하게 기울이면 약간의 속도감이 표현됩니다. 여기에 높낮이 대비를 주면 역동적인 느낌으로 좀 더 개성 있게 만들 수 있습니다.

01 ❶ [문자 도구 T.]를 선택합니다.
❷ 글꼴은 [빙그레 메로나체], ❸ 글꼴 스타일은 [Bold], ❹ 글자 크기는 '170pt', ❺ 색상은 [흰색]으로 설정하고 ❻ 문구 내용을 입력합니다.

02 글자 높이를 조절하겠습니다. ❶ [문자 도구 T.]로 '새' 글자를 선택합니다.
❷ [문자 패널 📋]을 클릭해 [문자] 패널을 불러옵니다.
❸ 기준선 이동 설정에서 '38pt'를 입력하면 선택한 글자가 위로 올라갑니다.

03 02와 동일한 방법으로 ❶ '배' 글자를 선택한 후
❷ 기준선 이동 설정에 '38pt'를 입력해 글자를 위로 올립니다.
❸ Ctrl + Enter 를 눌러 적용합니다.

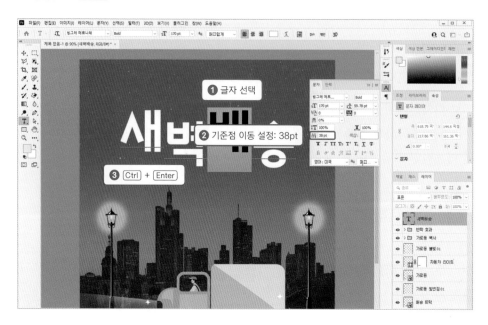

04 좀 더 역동적인 느낌을 표현하기 위해 글자를 기울이겠습니다.
Ctrl + T 를 눌러 자유 변형 모드로 만듭니다.

넷째마당

SNS 카드뉴스

유튜브 섬네일

떼돈 팝업

제품 홍보 디자인

아트워크

05

❶ [Ctrl]을 누른 채 자유 변형 모드의 가운뎃점을 클릭한 후
❷ 오른쪽으로 드래그해 글자를 기울이고 ❸ [Enter]를 눌러 적용합니다.

06

❶ [이동 도구 ✛]를 선택합니다.
❷ [맞춤 및 분포 •••]를 클릭한 후 ❸ 맞춤 대상은 [캔버스]를 선택하고
❹ [수평 중앙 맞춤 ✚]을 클릭하면 글자가 캔버스의 중앙으로 정렬됩니다.

07

❶ [새벽배송] 텍스트 레이어를 선택한 후
❷ fx 를 선택하고 ❸ [외부 광선...]을 클릭합니다.

08

❶ 혼합 모드는 [표준], ❷ 불투명도는 '20%', ❸ 색상은 [검은색],
❹ 스프레드는 '0%', ❺ 크기는 '10px'로 설정한 후 ❻ [확인]을 클릭합니다.
❼ [새벽배송] 레이어를 Ctrl 을 누른 채 클릭해 레이어 선택을 해제합니다.

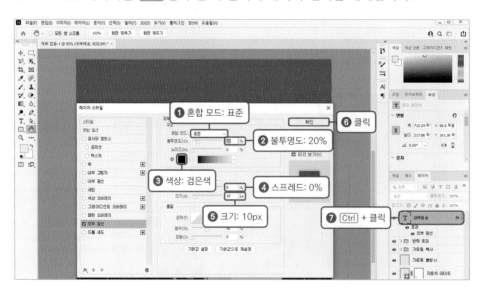

넷째마당

SNS 카드뉴스

유튜브 섬네일

웹툰·웹툰

제품 홍보 디자인

인트워크

09

❶ [문자 도구 🅣]를 선택합니다. ❷ 글꼴은 [빙그레 메로나체], ❸ 글꼴 스타일은 [Bold], ❹ 글자 크기는 '30pt', ❺ 색상 코드에 'faff3a'를 입력하고 ❻ 메인 문구 위에 서브 문구 내용을 입력합니다. ❼ 레이어 선택을 해제합니다.

10

❶ [문자 도구 🅣]를 선택합니다.

❷ 글꼴은 [나눔스퀘어], ❸ 글꼴 스타일은 [Regular], ❹ 글자 크기는 '25pt', ❺ 색상은 [흰색]으로 설정하고 ❻ 설명 문구 내용을 입력하면 홍보 디자인이 완성됩니다.

제품 메인 디자인

카페 음료 메인 홍보 디자인

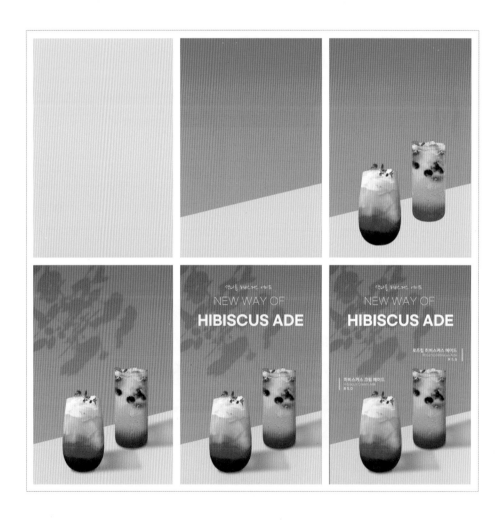

넷째마당

SNS 카드 뉴스

유튜브 섬네일

배너·팝업

제품 홍보 디자인

아트워크

 동영상 강의

아윤쌤의

강의 노트 "제품이 돋보이게 디자인하는 방법!"

제품을 디자인할 때는 먼저 제품의 특징을 파악해야 해요. 이번 실습에서는 히비스커스를 재료로 하는 2가지 음료를 소개합니다. 음료 색상이 붉은 색상이기 때문에 전체적인 디자인에도 붉은 계열을 사용할 거예요. 또한, 제품을 실물처럼 자연스럽게 표현하기 위해 유리잔 아래쪽에 그림자를 넣고, 역광에 의해 유리진에 생기는 그림자까지 만들어 보겠습니다. 조금 난이도가 있지만, 여러분이라면 충분히 따라 할 수 있을 거예요!

주요 기능 레이어 스타일(323쪽), 블렌딩 모드(310쪽), 가이드라인(304쪽), [사각형 도구 ▢](262쪽)
글꼴 G마켓 산스, 나눔손글씨 붓

프로젝트 04-1

1단계 제품 이미지 배치하고 그림자 넣기

준비 파일 프로젝트04/벽 이미지.jpg, 그림자.jpg, 히비스커스 크림 에이드.jpg, 로즈힙 히비스커스 에이드.jpg

완성 파일 프로젝트04/히비스커스 에이드 완성.jpg

**지금
하면 된다! ▸ 배경 디자인과 제품 이미지 배치하고 보정하기**

배경은 음료 색상과 유사한 색상으로 만들겠습니다. 그리고 컵에 담긴 음료 제품 이미지에 그림자를 자연스럽게 넣기 위해 필터와 레이어 마스크를 사용할게요.

01 Ctrl + N을 누른 후
❶ 폭은 '1000픽셀', 높이는 '1500픽셀', 해상도는 '72픽셀/인치', 색상 모드는 [RGB 색상], 배경 내용의 색상 코드는 'fcdacc'를 입력하고
❷ [만들기]를 클릭해 새 문서를 만듭니다.

❶ 폭: 1000픽셀
높이: 1500픽셀
해상도: 72픽셀/인치
색상 모드: RGB 색상
배경 내용: fcdacc

❷ 클릭

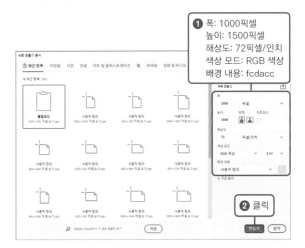

넷째마당

SNS 카드 뉴스

유튜브 섬네일

메뉴·팝업

제품 메인 디자인

이모티콘

02
❶ [사각형 도구 □]를 선택합니다.

❷ [칠]을 클릭한 후 ❸ [그레이디언트]를 선택합니다.

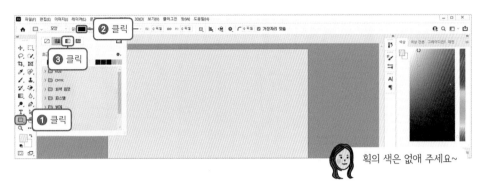

획의 색은 없애 주세요~

03
그레이디언트의 색상을 편집하겠습니다.

❶ 왼쪽에 있는 색상 정지점을 더블클릭한 후 ❷ 색상 코드에 'ff9797'을 입력하고

❸ [확인]을 클릭합니다.

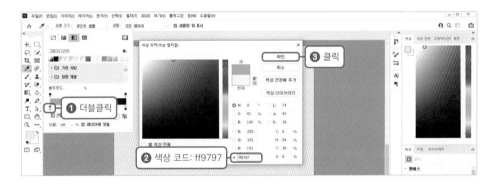

04
❶ 오른쪽에 있는 색상 정지점을 더블클릭한 후 ❷ 색상 코드에 'ff4e4e'를 입

력하고 ❸ [확인]을 클릭합니다.

05 클릭, 드래그해 사각형을 만듭니다.

06 ❶ [직접 선택 도구]를 선택한 후 ❷ 패스 점을 클릭, 드래그해 위로 이동시킵니다.

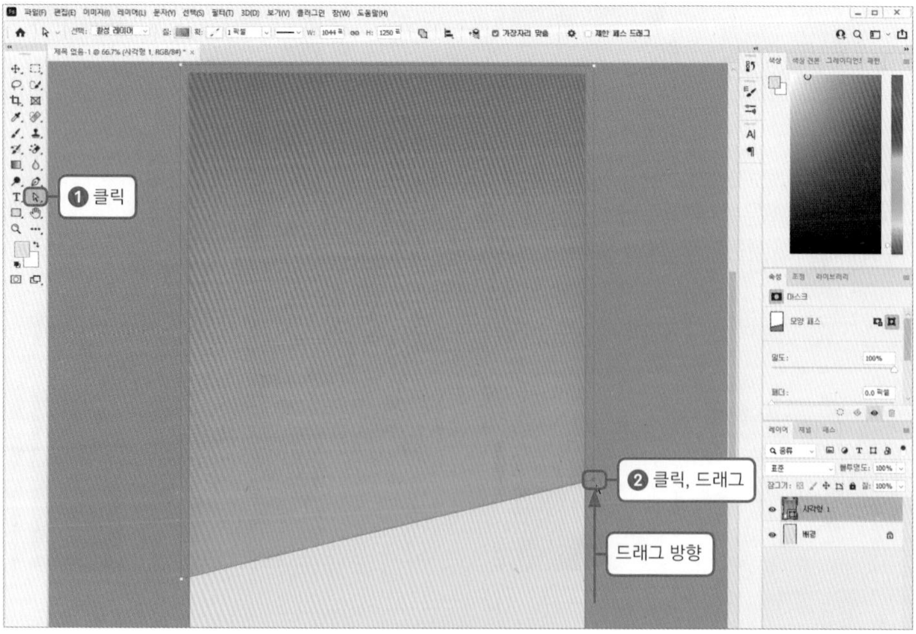

넷째마당

SNS 카드 뉴스

유튜브 섬네일

메뉴 팝업

제품 홍보 디자인

아트워크

07 준비 파일 '벽 이미지.jpg'
를 작업 화면으로 드래그해 불
러옵니다.
크기를 캔버스 화면에 맞춘 후
Enter 를 눌러 적용하세요.

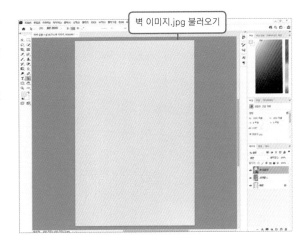

벽 이미지.jpg 불러오기

08 Alt 를 누른 채 [사각형 1] 레이어와 [벽 이미지] 레이어의 경계선을 클릭해
[클리핑 마스크 ⬛]를 적용합니다.

Alt + 클릭

09 ❶ 블렌딩 모드를 [색상 번]으로 설정한 후 ❷ 불투명도를 '40%'로 설정합니다.

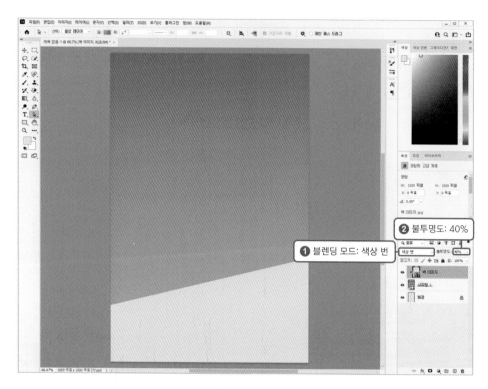

❷ 불투명도: 40%

❶ 블렌딩 모드: 색상 번

10 준비 파일 '히비스커스 크림 에이드.jpg'를 작업 화면으로 드래그해 불러옵니다. 크기를 캔버스 화면에 맞춘 후 Enter 를 눌러 적용하세요.

히비스커스 크림 에이드.jpg 불러오기

11 음료 이미지가 너무 어둡죠?

밝고 화사하게 보정하겠습니다. 메뉴 바에서
[이미지 → 조정 → 명도/대비...]를 선택합니다.

12 ❶ 명도는 '45', ❷ 대비는 '45'로 설정하고 ❸ [확인]을 클릭합니다.

13 [레이어] 패널의 아래쪽에 있는 ❶ *fx.* 를 클릭한 후 ❷ [내부 그림자...]를 선택

합니다.

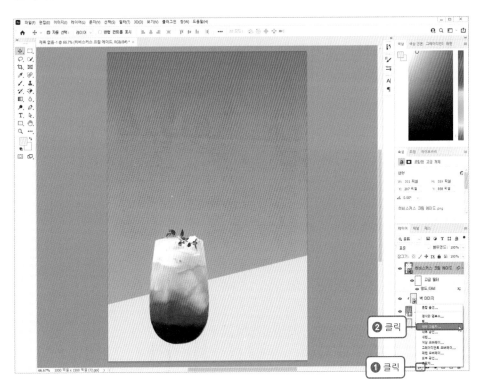

14 ❶ 혼합 모드는 [표준], ❷ 불투명도는 '40%', ❸ 각도는 '-70°', ❹ 거리는
'60px', ❺ 경계 감소는 '0%', ❻ 크기는 '40px'로 설정하고 ❼ [확인]을 클릭합니다.

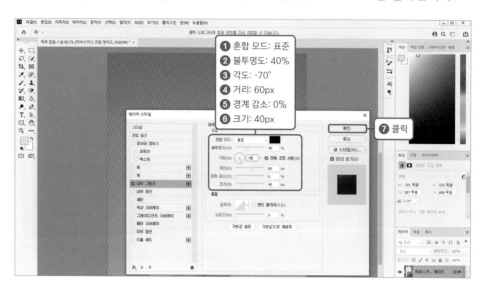

15 준비 파일 '로즈힙 히비
스커스 에이드.jpg'를 작업 화면
으로 드래그해 불러옵니다.
크기를 캔버스 화면에 맞춘 후
[Enter]를 눌러 적용하세요.

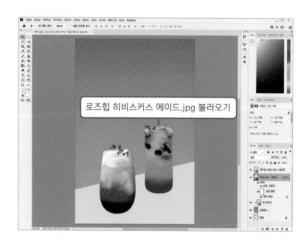

16 이미지를 밝고 화사하게 보정하
겠습니다.
메뉴 바에서 [이미지 → 조정 → 명도/대
비...]를 선택합니다.

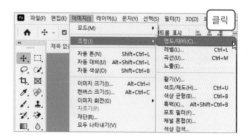

넷째마당

SNS 카드 뉴스

유튜브 섬네일

메뉴·팝업

제품 홍보 디자인

아트워크

17 ❶ 명도는 '25', ❷ 대비는 '20'을 입력한 후 ❸ [확인]을 클릭합니다.

18 [히비스커스 크림 에이드] 레이어에 적용된 레이어 스타일을 복사하겠습니다. [Alt]를 누른 채 [효과]를 클릭, 드래그해 복사 적용합니다.

효과가 복사되면서 내부 그림자가 자동으로 들어갑니다.

제품 이미지 아래에도 그림자를 넣어 보겠습니다.

01 ❶ [레이어 추가 ⊞]를 클릭해 새 레이어를 만든 후
❷ 더블클릭해 이름을 '그림자 01'로 수정합니다.

❸ [히비스커스 크림 에이드] 레이어의 아래로 이동합니다.

❹ [원형 선택 윤곽 도구 ◯]를 선택합니다.

02 ❶ Ctrl 을 누른 채 + 를 눌러 화면을 확대합니다.
❷ 클릭, 드래그해 그림자를 만들 원형 모양의 영역을 선택합니다.

넷째마당

SNS 카드 뉴스

유튜브 섬네일

배너·팝업

제품 홍보 디자인

이모티콘

03

① 전경색을 [검은색]으로 선택합니다.

② Alt + Delete 를 눌러 전경색을 채워 넣습니다.

③ Ctrl + D 를 눌러 선택 영역을 해제합니다.

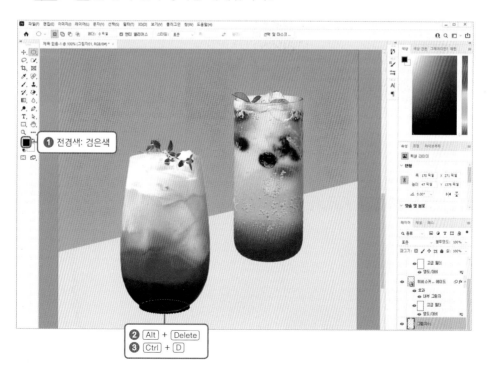

04 ❶ [필터 → 흐림 효과 → 가우시안 흐림 효과...]를 선택합니다.

❷ 반경은 '5.0'으로 설정하고 ❸ [확인]을 클릭합니다.

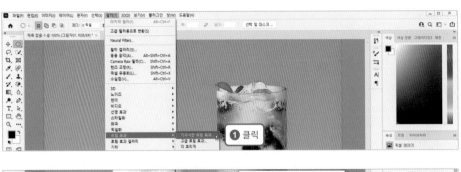

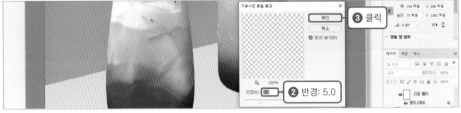

05 ❶ 불투명도는 '50%'로 입력합니다.

❷ Ctrl 을 누른 채 − 를 눌러 화면을 축소합니다.

컵 아래에 살짝 그림자가 생겼어요!

넷째마당

SNS 카드 뉴스

유튜브 섬네일

메뉴 팝업

제품 홍보 디자인

이벤트

06 그림자가 너무 작아 보이네요! 유리컵 모양을 따라 더 큰 크림자도 만들어 보겠습니다.

❶ [레이어 추가 ⊞]를 클릭해 새 레이어를 만든 후 ❷ 더블클릭해 이름을 '그림자 01-1'로 수정합니다. ❸ [그림자 01] 레이어의 아래로 이동합니다.

07 ❶ [다각형 올가미 도구 ⚡]를 선택합니다.

❷ 연속해서 클릭해 선택 영역을 만듭니다.

08

❶ 전경색의 색상 코드에 '7d2828'을 입력합니다.

❷ Alt + Delete 를 눌러 전경색을 채운 후 ❸ Ctrl + D 를 눌러 선택 영역을 해제합니다.

09

❶ [필터 → 흐림 효과 → 가우시안 흐림 효과...]를 선택합니다.

❷ 반경은 '10.0'으로 설정하고

❸ [확인]을 클릭합니다.

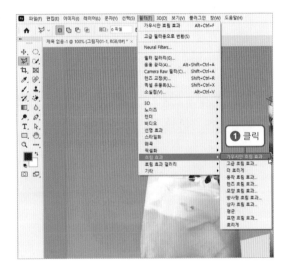

넷째마당

SNS 카드 뉴스

유튜브 섬네일

메뉴 팝업

제품 메인 디자인

아트워크

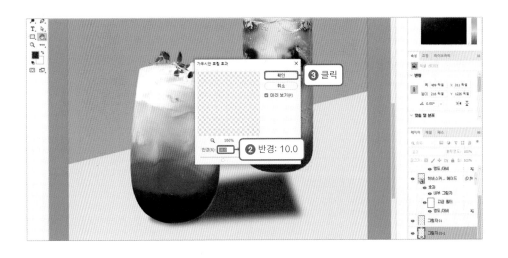

10 ❶ 불투명도를 '60%'로 설정합니다.

❷ [레이어 마스크 ▣]를 클릭해 레이어 마스크를 적용합니다.

11 그림자를 자연스럽게 만들어 보겠습니다.

❶ [브러시 도구 🖌]를 선택한 후 ❷ 브러시의 종류는 [부드러운 원], ❸ 크기는 '150px',
❹ 불투명도는 '50%'로 설정합니다.

❺ 전경색을 [검은색]으로 설정합니다.

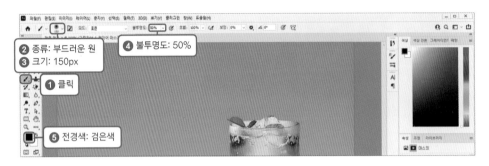

❷ 종류: 부드러운 원
❸ 크기: 150px
❹ 불투명도: 50%
❶ 클릭
❺ 전경색: 검은색

12 컵과 맞닿는 그림자 부분을 클릭합니다.

클릭

유리컵의 반사광을
표현해요!

넷째마당

SNS 카드 뉴스

유튜브 섬네일

배너 광고

제품 홍보 디자인

아트워크

13 옵션 바에서 ❶ 브러시 크기를 '400픽셀'로 수정합니다.

❷ 그림자 끝부분을 브러시로 2~3번 정도 클릭해 연하게 만듭니다.
끝부분으로 갈수록 그림자가 연하게 되도록 만들면 더 자연스러워집니다.

14 01~13을 반복해 오른쪽 음료의 아래에도 그림자를 넣습니다.

 혼자 하기 어렵다면 동영상 강의를 참고하세요!

⟡⟡ 지금 하면 된다! ⟩ 배경에 나뭇잎 그림자 넣기

마지막으로 배경에 나뭇잎 그림자를 넣어 보겠습니다.

01
❶ Ctrl을 누른 채 −를 눌러 화면을 축소합니다.

❷ [레이어] 패널에서 [벽 이미지]를 선택합니다.

02
준비 파일 '그림자.jpg'를 작업 화면으로 드래그해 불러옵니다.
크기를 캔버스 화면에 맞춘 후 Enter를 눌러 적용하세요.

그림자.jpg 불러오기

 레이어를 음료의 그림자보다 아래에 배치하세요~

넷째마당

SNS 카드 뉴스

유튜브 섬네일

배너·팝업

제품 홍보 디자인

아트워크

03 ❶ 블렌딩 모드를 [선형 번]으로 설정한 후 ❷ 불투명도에 '20%'를 입력합니다.

04 ❶ [레이어 마스크 ▣]를 클릭해 만듭니다.

❷ 전경색을 [검은색]으로 설정한 후 ❸ [브러시 도구 ✎]를 선택합니다.

❹ 브러시의 종류는 [부드러운 원], ❺ 크기는 '300px', ❻ 불투명도는 '50%'로 설정합니다.

05 작업 캔버스를 클릭, 드래그해 경계 부분을 자연스럽게 없앱니다.

클릭, 드래그해
경계 구분 지우기

넷째마당

SNS 카드 뉴스

유튜브 섬네일

배너·팝업

제품 홍보 디자인

이모티콘

프로젝트 04-2

2단계 홍보 내용 글자 작성하고 레이아웃 배치하기

준비 파일 이어서 실습

완성 파일 프로젝트04/히비스커스 에이드 완성.jpg

지금
하면 된다! 〉 메인 문구와 메뉴 이름 입력하고 배치하기

메인 문구와 서브 문구 내용을 입력하겠습니다. 그리고 메뉴 이름을 넣어 배치하겠습니다.

01

❶ [문자 도구 **T.**]를 선택합니다. ❷ 다음을 참고해 메인 문구를 입력합니다.
❸ 위에도 문구 내용을 입력합니다. ❹ 그 위에도 문구를 입력합니다.

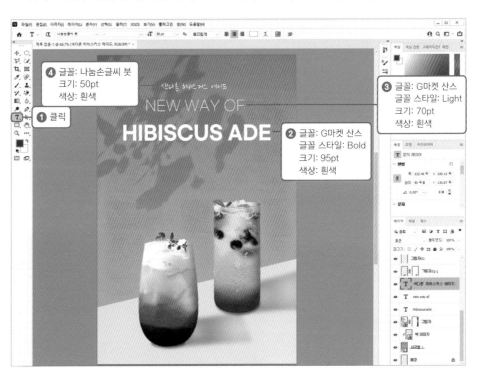

❹ 글꼴: 나눔손글씨 붓
크기: 50pt
색상: 흰색

❶ 클릭

❸ 글꼴: G마켓 산스
글꼴 스타일: Light
크기: 70pt
색상: 흰색

❷ 글꼴: G마켓 산스
글꼴 스타일: Bold
크기: 95pt
색상: 흰색

 스냅 기능을 사용하면
개체를 쉽게 가운데로 맞출 수 있어요~

02 ❶ 왼쪽 음료 위에 메뉴 이름과 가격을 입력합니다.

❷ 정렬을 [왼쪽 맞춤 ▤]으로 설정하고 ❸ [문자 패널 Ａ]을 클릭해 창을 나타나게 합니다.

❹ 글꼴은 [나눔스퀘어], ❺ 글꼴 스타일은 [Extrabold], ❻ 글자 크기는 '30pt', ❼ 행간은 '30pt'로 설정합니다.

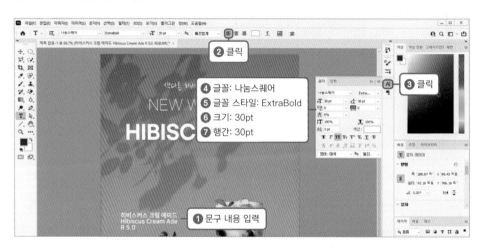

03 ❶ 'Hibiscus Cream Ade' 글자를 선택한 후

❷ 글꼴 스타일은 [Regular], ❸ 글자 크기는 '25pt'로 수정합니다.

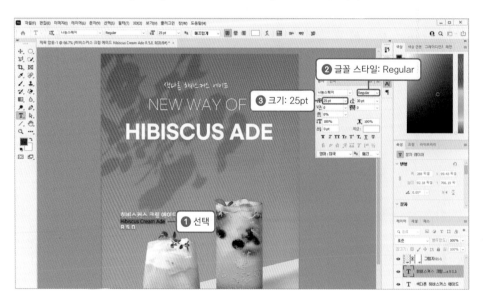

넷째마당

SNS 카드 뉴스

유튜브 섬네일

메뉴 팝업

제품 메인 디자인

아트워크

04 ❶ 'R 5.0' 글자를 선택한 후

❷ 글자 크기를 '25pt'로 수정하고 ❸ Ctrl + Enter 를 눌러 적용합니다.

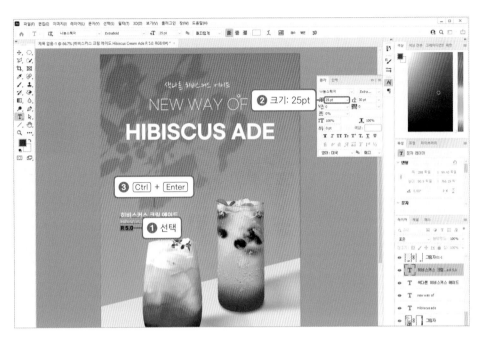

05 ❶ [선 도구 ☑]를 선택합니다.

❷ 칠은 [색상 없음], ❸ 획은 [흰색], ❹ 두께는 '3픽셀'로 설정하고

❺ 작업 캔버스 화면을 클릭, 드래그해 선을 만듭니다.

선을 그릴 때 Shift 를 누른 채 드래그하면
직선을 쉽게 그릴 수 있어요~

06 ❶ 오른쪽 음료 위에도 내용을 입력합니다.

❷ 정렬을 [오른쪽 맞춤 ▤]으로 설정한 후 ❸ 글꼴은 [나눔스퀘어], ❹ 글꼴 스타일은 [Extrabold], ❺ 글자 크기는 '30pt', ❻ 행간은 '30pt'로 설정합니다.

07 ❶ 'Rosehip Hibiscus Ade' 글자를 선택한 후

❷ 글꼴 스타일은 [Regular], ❸ 글자 크기는 '25pt'로 수정합니다.

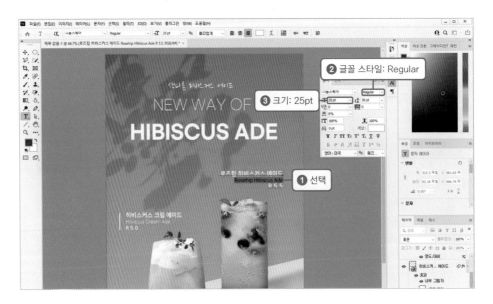

넷째마당

SNS 카드 뉴스

유튜브 섬네일

메뉴 판

제품 홍보 디자인

이벤트 웹

08 ❶ 'R 5.5' 글자를 선택한 후 ❷ 글자 크기를 '25pt'로 수정하고
❸ Ctrl + Enter 를 눌러 적용합니다.

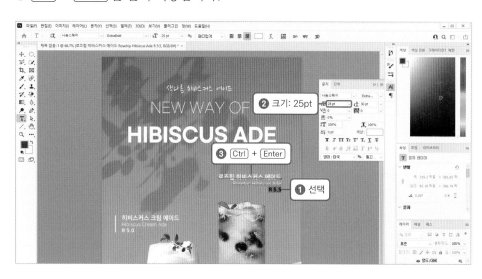

09 ❶ [선 도구 ✐]를 선택합니다.
❷ 칠은 [색상 없음], ❸ 획은 [흰색], ❹ 두께는 '3px'로 설정하고
❺ 작업 캔버스 화면을 클릭, 드래그해 선을 만들면 완성입니다.

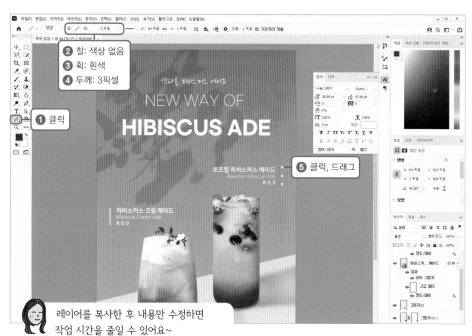

레이어를 복사한 후 내용만 수정하면
작업 시간을 줄일 수 있어요~
자세한 방법은 동영상 강의를 참고하세요!

디지털 아트워크 디자인

동화 같은 몽환적인 디지털 아트워크 디자인

넷째마당

SNS 카드 뉴스

유튜브 섬네일

배너·팝업

제품 홍보 디자인

아트워크

 동영상 강의

아윤 쌤의
강의노트 "포토샵으로 동화 같은 분위기를 표현해요!"

디지털 아트워크는 예술에 가깝다고 말할 수 있어요. 우리가 만들 실습 예제를 보면 동화 같고 몽환적인 느낌이 나죠? 디지털 아트워크 디자인은 가수들의 앨범 커버 디자인, 그래픽 디자인, 매트 페인팅, 웹 디자인, 포스터 등에서 활발하게 활용되고 있습니다. 디지털 아트워크는 처음에는 조금 어렵지만, 나중에는 틀에 박히지 않고 내 생각을 자유롭게 표현할 수 있어서 오히려 재미있을 거예요.

이번 실습에서는 전체 디자인에 맞춰 색상을 많이 보정할 거예요. 다양한 색상을 조화롭게 사용하면서 컬러 감각을 한층 더 업그레이드할 수 있습니다.

주요 기능 레이어 스타일(323쪽), 블렌딩 모드(310쪽), 색조/채도(224쪽), [브러시 도구 ✏️](176쪽), 레이어 마스크(342쪽)

프로젝트 05-1

1단계 몽환적인 배경 만들기

준비 파일 프로젝트05/밤하늘 별.jpg, 하늘01.jpg, 하늘02.jpg, 구름위.jpg, 산.jpg, 보름달.jpg, 배와 여자.jpg

완성 파일 프로젝트05/디지털 아트워크 완성.jpg

∻지금 하면 된다! ∻ 여러 이미지를 합성하고 색상 보정으로 몽환적인 배경 만들기

몽환적인 배경 이미지를 만들기 위해 4개의 이미지를 합성하겠습니다.
분홍, 보라, 파랑의 색감이 어우러지도록 보정해 동화 같은 느낌을 연출해 볼게요.

01 Ctrl + N 을 눌러 ❶
폭은 '1300픽셀', 높이는 '1800
픽셀', 해상도는 '72픽셀/인치',
색상 모드는 [RGB 색상], 배경
내용의 색상 코드는 'ad31f0'으
로 설정하고 ❷ [만들기]를 클릭
해 새 문서를 만듭니다.

> ❶ 폭: 1300픽셀
> 높이: 1800픽셀
> 해상도: 72픽셀/인치
> 색상 모드: RGB 색상
> 배경 내용의 색상 코드: ad31f0

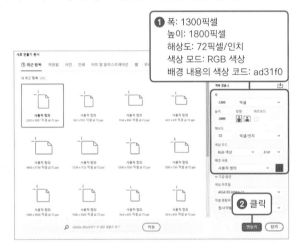

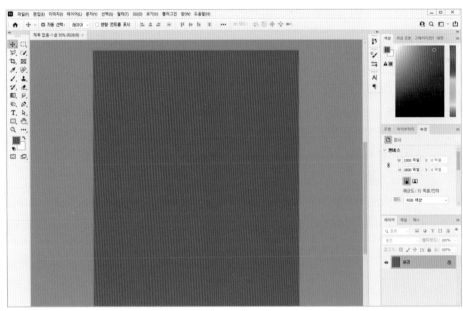

넷째마당

SNS 카드 뉴스

유튜브 섬네일

배너 팝업

제품 소개 디자인

아트워크

02 ❶ [사각형 도구 □]를 선택한 후 ❷ [그레이디언트]를 선택합니다.

03 ❶ 왼쪽에 있는 색상 정지점을 더블클릭합니다.
❷ 색상 코드에 '33f3ff'를 입력한 후 ❸ [확인]을 클릭합니다.
❹ 오른쪽으로 이동시킵니다.

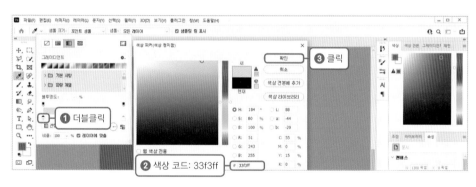

04
❶ 오른쪽에 있는 색상 정지점을 더블클릭합니다.

❷ 색상 코드에 '101660'을 입력한 후 **❸** [확인]을 클릭합니다.

❹ 왼쪽으로 이동한 후 **❺** 각도를 '90'으로 설정하고 **❻** Enter 를 누릅니다.

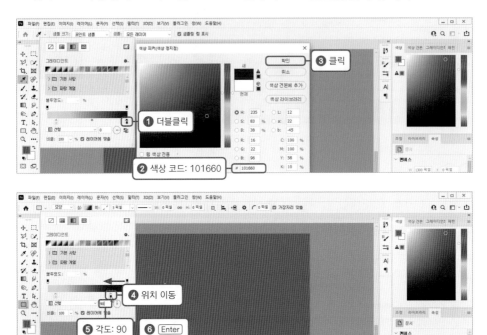

05
작업 화면을 클릭, 드래그해 사각형을 만듭니다.

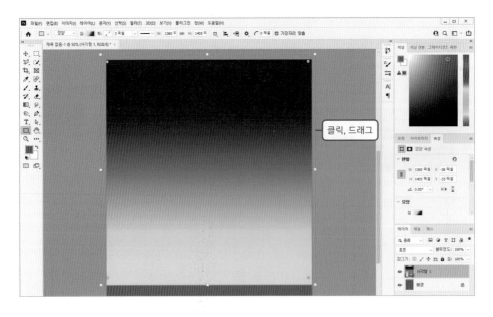

넷째마당

SNS 카드 뉴스

유튜브 섬네일

배너 팝업

제품 홍보 디자인

아트워크

06 준비 파일 '밤하늘 별.jpg'을 작업
화면으로 드래그해 불러오세요.
크기를 캔버스 화면에 맞춘 후 Enter 를
눌러 적용하세요.

밤하늘 별.jpg 불러오기

07 ❶ 블렌딩 모드를 [하드 라이트]로 변경합니다.
아래쪽의 보라색 부분에는 다른 이미지를 합성해 볼게요.
앞서 들어간 밤하늘 이미지를 가리기 위해 ❷ [레이어] 패널의 [레이어 마스크 ⬛]를
클릭해 만듭니다.

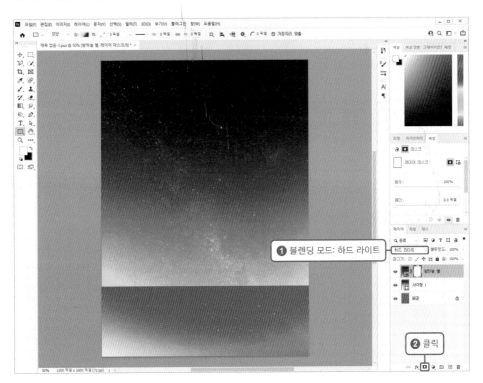

❶ 블렌딩 모드: 하드 라이트

❷ 클릭

08 ❶ [그레이디언트 도구 █]를 선택한 후 ❷ [그레이디언트 편집]을 클릭합니다.

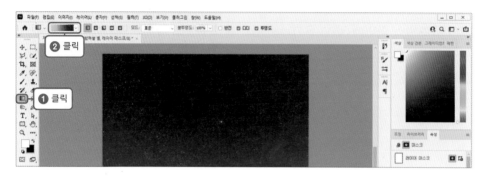

09 ❶ [기본 사항]에서 [검정, 흰색]을 선택한 후 ❷ [확인]을 클릭합니다.

10 작업 화면을 클릭, 드래그해 배경의 경계 부분까지 레이어 마스크로 지웁니다.

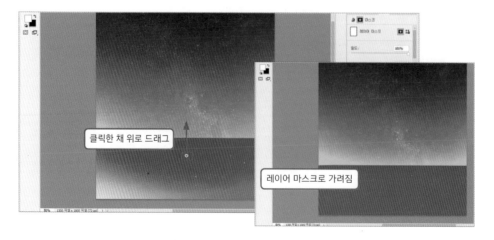

넷째마당

SNS 카드 뉴스

유튜브 섬네일

배너·팝업

제품홍보 디자인

아트워크

11 아래쪽은 구름 이미지를 합성할 게요.

준비 파일 '구름 위.jpg'를 작업 화면으로 불러온 후 크기를 캔버스 화면에 맞추고 (Enter)를 눌러 적용하세요.

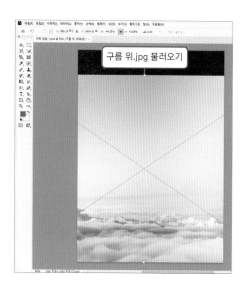

12 색상을 보정하겠습니다.

❶ (Ctrl) + (U)를 누른 후 [색조/채도] 대화상자에서 ❷ 색조는 '-70', ❸ 채도는 '-20', ❹ 밝기는 '-10'으로 설정하고 ❺ [확인]을 클릭합니다.

13 이번에는 반대로 위쪽을 가려야겠죠?

❶ [레이어 마스크 ▣]를 클릭해 만듭니다.

❷ [그레이디언트 도구 ▦]를 선택한 후 ❸ 클릭, 드래그해 윗부분을 레이어 마스크로 지웁니다.

❹ 블렌딩 모드를 [하드 라이트]로 설정하면 보랏빛의 구름이 완성됩니다.

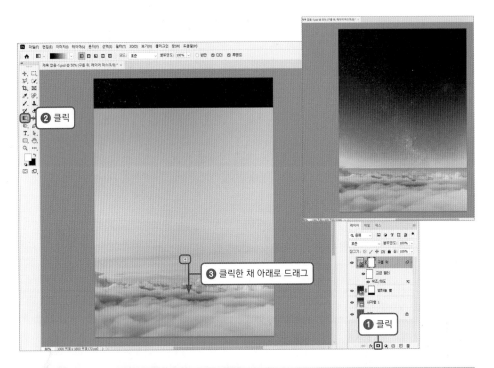

넷째마당

SNS 카드 뉴스

유튜브 섬네일

배너·광고

제품 홍보물 디자인

아트워크

14 하늘 위쪽에는 구름을 합성하겠습니다.

준비 파일 '하늘01.jpg'을 작업 화면으로 불러온 후 크기를 캔버스 화면에 맞추고 [Enter]를 눌러 적용하세요.

 이미지를 합성하고, 경계를 지우는 과정의 반복이에요!

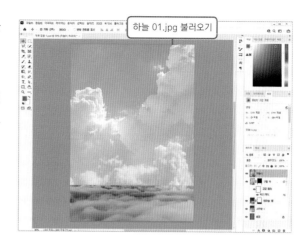

하늘 01.jpg 불러오기

15 ❶ 블렌딩 모드를 [스크린]으로 설정한 후 ❷ [레이어 마스크 ◻]를 클릭해 만듭니다.

❸ [브러시 도구 ✏]를 선택한 후 ❹ 브러시의 종류는 [부드러운 원], ❺ 크기는 '400px',

❻ 불투명도는 '50%'로 설정합니다.

❼ 전경색을 [검은색]으로 선택합니다.

❹ 종류: 부드러운 원
❺ 크기: 400px

❻ 불투명도: 50%

❸ 클릭

❼ 전경색: 검은색

❶ 블렌딩 모드: 스크린

❷ 클릭

16 클릭, 드래그해 경계 부분을 지웁니다.

클릭, 드래그로 경계 부분 지우기

17 ❶ [하늘01] 레이어의 축소판을 클릭한 후
❷ Ctrl + U 를 눌러 [색조/채도] 대화상자를 나타나게 합니다.
❸ [색상화]에 체크 표시를 한 후 ❹ 색조는 '270', ❺ 채도는 '67', ❻ 밝기는 '10'으로
설정하고 ❼ [확인]을 클릭합니다.

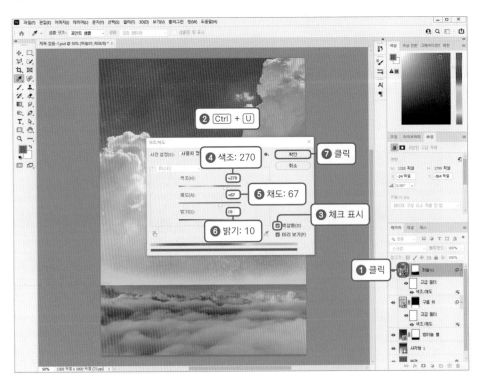

넷째마당

SNS 카드 뉴스

유튜브 섬네일

메뉴·팝업

제품 홍보 디자인

아트워크

18
준비 파일 '하늘02.jpg'
를 작업 화면으로 불러온 후
크기를 캔버스 화면에 맞추고
Enter 를 눌러 적용하세요.

하늘 이미지를 한 겹 더
덧대어 볼게요!

> 하늘 02.jpg 불러오기

19
❶ 블렌딩 모드를 [밝게 하기], ❷ 불투명도를 '70%'로 설정합니다.

> ❷ 불투명도: 70%
>
> ❶ 블렌딩 모드: 밝게 하기

20

❶ [레이어 마스크 ▣]를 클릭해서 만듭니다.

❷ [브러시 도구 ✐]를 선택한 후 ❸ 브러시의 종류는 [부드러운 원], ❹ 크기는 '400px',

❺ 불투명도는 '50%'로 설정합니다.

❻ 전경색을 [검은색]으로 설정합니다.

21

오른쪽에 있는 구름을 클릭, 드래그해 지웁니다.

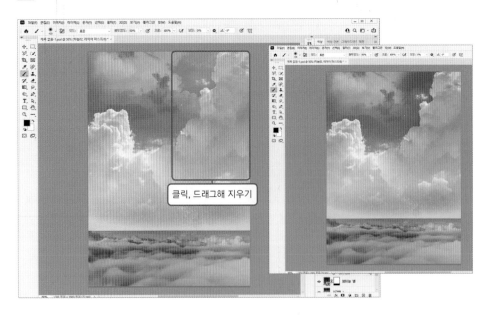

넷째마당

SNS 카드 뉴스

유튜브 섬네일

배너 광고

제품 홍보 디자인

아트워크

22 ❶ 배경 레이어를 제외하고 Shift 를 누른 채 클릭해 모두 선택합니다.

❷ Ctrl + G 를 눌러 그룹 레이어로 만든 후 ❸ 더블클릭해 이름을 '배경'으로 수정합니다.

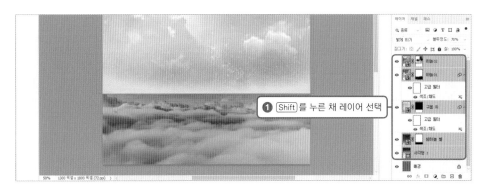

❶ Shift 를 누른 채 레이어 선택

❷ Ctrl + G
❸ 더블클릭 + 이름 수정

벌써 그럴듯한 하늘 아트워크
배경이 완성됐어요!

프로젝트 05-2

2단계 동화 같은 세상 표현하기

준비 파일 이어서 실습
완성 파일 프로젝트05/디지털 아트워크 완성.jpg

지금
하면 된다! ⟩ 이미지 소스를 활용해 동화 같은 세상 만들기

배경이 준비됐으므로 이미지 소스를 배치하고 완성해 보겠습니다.

01 준비 파일 '산.jpg'을 작업 화면으로 불러온 후 크기를 캔버스 화면에 맞추고 Enter 를 눌러 적용하세요.

02 색상을 분위기에 어울리게 조절해 볼게요.
❶ Ctrl + U 를 누릅니다. ❷ [색상화]에 체크 표시를 합니다.
❸ 색조는 '280', ❹ 채도는 '25', ❺ 밝기는 '0'으로 설정하고 ❻ [확인]을 클릭합니다.

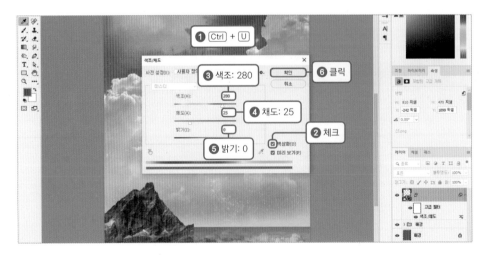

넷째마당

SNS 카드 뉴스

유튜브 섬네일

배너 광고

제품 이모지 디자인

아트워크

03 경계를 자연스럽게 만들어야겠죠?

❶ [레이어 마스크 ▣]를 클릭해 만듭니다.

❷ [브러시 도구 ✏️]를 선택한 후 ❸ 브러시의 종류는 [부드러운 원], ❹ 크기는 '100px',

❺ 불투명도는 '50%'로 설정합니다.

❻ 전경색은 [검은색]으로 설정합니다.

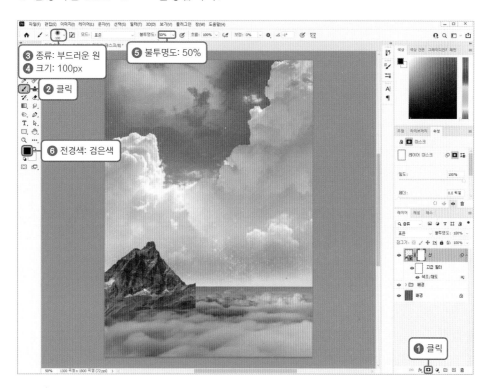

04 클릭, 드래그하면서 경계 부분을 자연스럽게 만듭니다.

브러시의 크기를 조절하면서 세밀하게 지웁니다.

클릭, 드래그해 자연스럽게 합성해 주세요.

키보드의 [⎡], [⎤]로 브러시의 크기를 조절할 수 있어요!

05

❶ `Ctrl` + `J`를 눌러 레이어를 복사합니다.

❷ 클릭, 드래그해 오른쪽으로 이동합니다.

06

❶ `Ctrl` + `T`를 눌러 자유 변형 모드를 만듭니다.

❷ 팝업 창이 나타나면 [확인]을 클릭합니다.

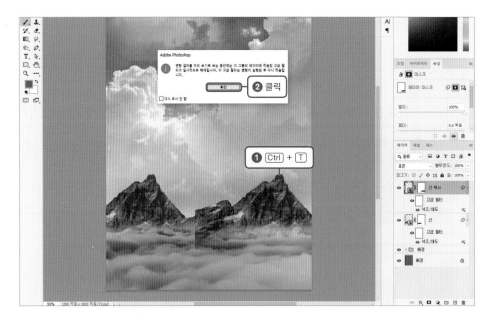

넷째마당

SNS 카드 뉴스

유튜브 섬네일

배너 광고

제품 홍보 디자인

아트워크

07 이미지를 기존보다 크게 조절한 후 Enter 를 눌러 적용합니다.

클릭, 드래그해 크기 확대 + Enter

08 ❶ [산 복사] 레이어 마스크 축소판을 클릭합니다.

❷ [브러시 도구 ✏️]를 선택한 후 ❸ 브러시 크기를 '250px'로 설정하고

❹ 경계 부분을 자연스럽게 지워 합성합니다.

❸ 크기: 250px

❷ 클릭

❶ 클릭

브러시가 과하게 칠해졌다면
전경색을 [흰색]으로 설정한 후
다시 클릭, 드래그하세요~

09 이미지 소스를 보정하려면 먼저 래스터화해야 합니다.

❶ [산] 레이어를 클릭한 후 ❷ [레이어 → 래스터화 → 레이어]를 선택해 일반 레이어로 만듭니다.

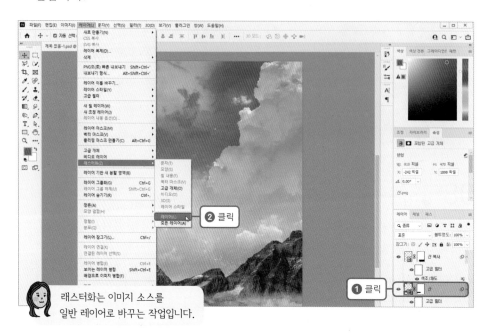

래스터화는 이미지 소스를 일반 레이어로 바꾸는 작업입니다.

10 ❶ [번 도구]를 선택한 후 ❷ 크기를 '150px'로 설정하고 ❸ 클릭해 이미지를 어둡게 만듭니다.

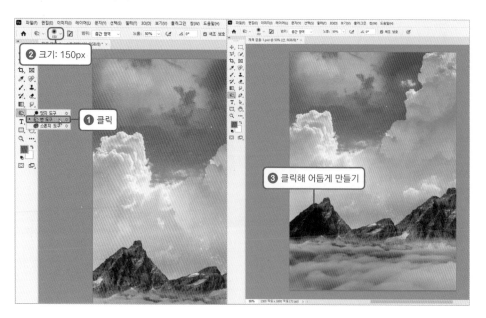

넷째마당

SNS 카드 뉴스

유튜브 섬네일

배너+팝업

제품 홍보 디자인

아트워크

11 ❶ [닷지 도구 🔍]를 선택합니다. ❷ 크기를 '125px'로 설정한 후 ❸ 클릭해
이미지를 밝게 합니다.

12 ❶ Ctrl + L 을 누릅니다.
❷ 중간 영역은 '0.82', ❸ 밝은 영역은 '220'으로 설정하고 ❹ [확인]을 클릭합니다.

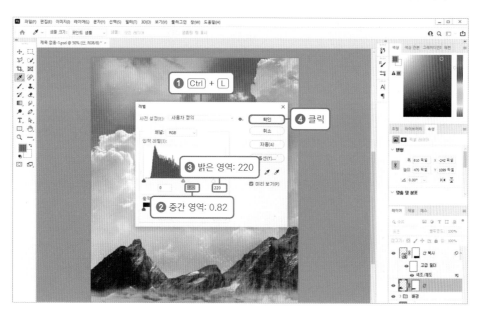

13 09~12를 반복해 [산 복사] 레이어도 명암을 살려 보정합니다.

14 이제 중심에 메인 소스인 달을 넣을 차례입니다.

❶ 준비 파일 '보름달.jpg'을 작업 화면으로 불러온 후 크기를 캔버스 화면에 맞추고
Enter 를 눌러 적용하세요. ❷ 레이어를 이동시킵니다.

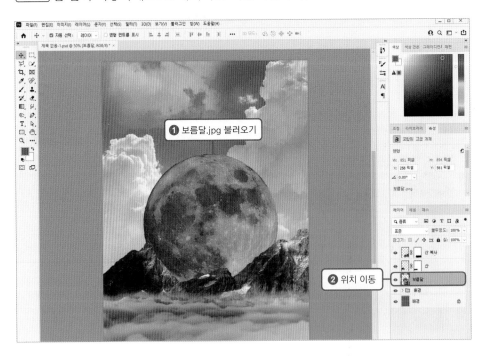

❶ 보름달.jpg 불러오기

❷ 위치 이동

넷째마당

SNS 카드 뉴스

유튜브 섬네일

배너 광고

제품 홍보 디자인

아트워크

15 ① Ctrl + U 를 누릅니다.

② [색상화]에 체크 표시를 한 후 ③ 색조는 '300', ④ 채도는 '30', ⑤ 밝기는 '35'로 설정하고 ⑥ [확인]을 클릭합니다.

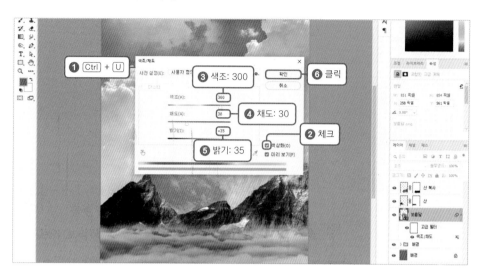

16 [레이어 → 래스터화 → 레이어]를 선택해 [보름달] 레이어를 래스터화합니다.

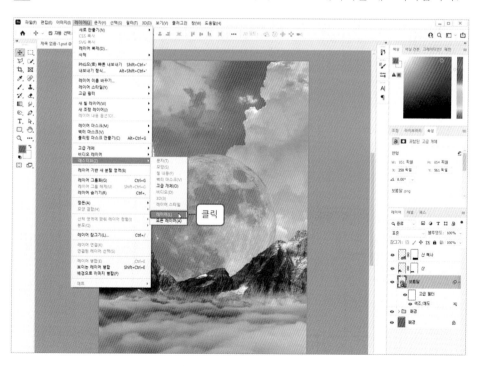

17

❶ Ctrl 을 누른 채 [보름달] 레이어의 섬네일을 클릭해 보름달 이미지를 선택합니다.

❷ [그레이디언트 도구 ▇]를 클릭한 후 ❸ [그레이디언트 편집]을 클릭합니다.

18

❶ [분홍] 폴더의 [분홍_03]을 선택한 후 ❷ [확인]을 클릭합니다.

❸ 모드는 [오버레이], ❹ 불투명도는 '90%'로 설정합니다.

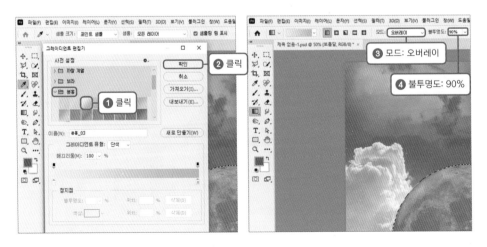

넷째마당

SNS 카드 뉴스

유튜브 섬네일

배너·팝업

제품홍보 디자인

아트워크

19

❶ 보름달의 선택 영역 부분을 클릭, 드래그하면 그레이디언트가 적용됩니다.

❷ Ctrl + D 를 눌러 선택 영역을 해제합니다.

❶ 클릭, 드래그

❷ Ctrl + D

분홍색 달로 바뀌었어요!

20 달빛을 더해 볼까요?

[레이어] 패널의 ❶ fx 를 클릭한 후 ❷ [내부 광선...]을 선택합니다.

❷ 클릭

❶ 클릭

21 ❶ 혼합 모드는 [표준], ❷ 불투명도는 '60%', ❸ 색상은 [흰색], ❹ 크기는 '60px' 로 설정합니다.

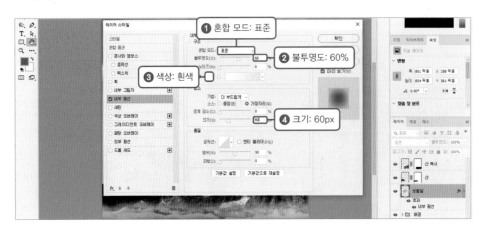

22 ❶ [외부 광선]을 클릭합니다.

❷ 혼합 모드는 [표준], ❸ 불투명도는 '50%', ❹ 색상은 [흰색], ❺ 스프레드는 '0%', ❻ 크기는 '60px'로 설정한 후 ❼ [확인]을 클릭합니다.

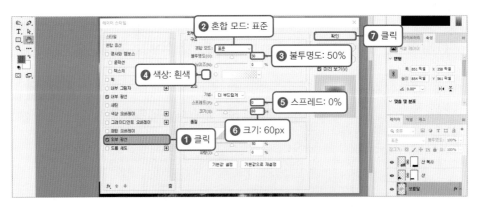

보름달이 훨씬 환해졌어요!

넷째마당

SNS 카드 뉴스

유튜브 섬네일

배너·팝업

제품 홍보 디자인

아트워크

23 이제 주변을 꾸며 볼게요.

❶ 준비 파일 '나무.jpg'를 작업 화면으로 불러온 후 크기를 캔버스 화면에 맞추고 Enter 를 눌러 적용하세요.

❷ 레이어를 이동시킨 후 ❸ Ctrl + J 를 눌러 레이어를 복사합니다.

24 ❶ Ctrl + T 를 눌러 자유 변형 모드를 만듭니다.

❷ 클릭, 드래그해 왼쪽으로 이동시킨 후

❸ 마우스 오른쪽 버튼을 클릭하고 ❹ [가로로 뒤집기]를 선택합니다.

25 가로로 뒤집어진 이미지의 크기를 조절하고 이동시켜 적당한 위치에 배치한 후 Enter 를 눌러 적용합니다.

26 마지막 이미지 소스인 '배와 여자.jpg'를 작업 화면으로 불러옵니다.
레이어 중 가장 위쪽에 올려놓으세요.

넷째마당

SNS 카드 뉴스

유튜브 섬네일

배너·팝업

제품 상세 디자인

아트워크

27 ❶ Ctrl + U 를 누릅니다.

❷ 색조는 '-30', ❸ 채도는 '15', ❹ 밝기는 '0'을 입력한 후 ❺ [확인]을 클릭합니다.

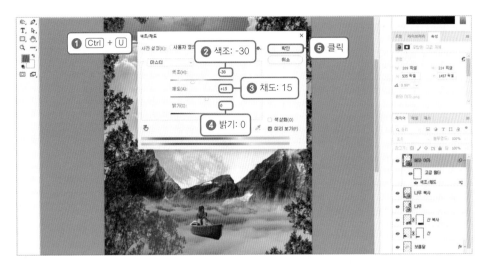

28 [레이어 → 래스터화 → 레이어]를 선택해 [배와 여자] 레이어를 래스터화합니다.

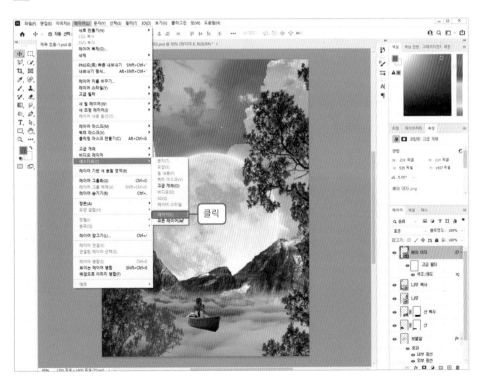

29 ❶ [번 도구 ⬭]를 선택한 후 ❷ 이미지를 클릭해 어둡게 만듭니다.

30 ❶ [레이어 마스크 ▣]를 클릭해 만듭니다.

❷ [브러시 도구 🖌]를 선택한 후 ❸ 브러시의 종류는 [부드러운 원], ❹ 크기는 '60px',
❺ 불투명도는 '50%'로 설정합니다.
❻ 전경색을 [검은색]으로 설정합니다.

넷째마당

SNS 카드 뉴스

유튜브 섬네일

메뉴·팝업

제품 상세 디자인

아트워크

31 ❶ Ctrl 을 누른 채 ＋ 를 눌러 확대합니다.

❷ 배의 아랫부분을 클릭해 구름 위에 배가 떠 있는 것처럼 자연스럽게 표현합니다.

❷ 배 아랫부분을 클릭, 드래그해 자연스럽게 만들어 주세요.

✧✦지금 하면 된다! 〉 빛나는 효과로 디테일을 더하기

01 ❶ Ctrl 을 누른 채 － 를 눌러 축소합니다.

❷ [레이어 추가 ⊞]를 클릭해 레이어를 만듭니다.

❸ 이름을 더블클릭해 '반짝효과01'로 수정합니다.

❹ [브러시 도구 ✎]를 선택합니다.

02 ❶ [브러시 옵션]을 클릭해 ❷ [특수 효과 브러시 → Kyle의 스패터 브러시 - 압력 컨트롤 02]를 선택합니다.

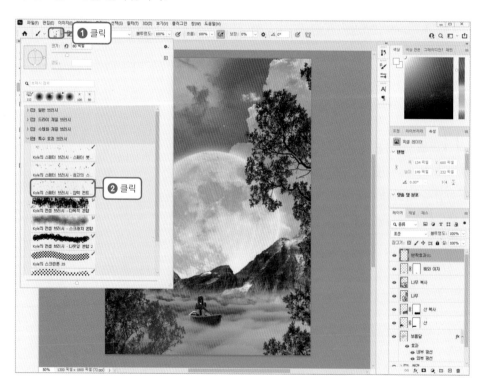

넷째마당

SNS 카드뉴스

유튜브 섬네일

배너 팝업

제품 에어브 디자인

아트워크

03 ❶ 크기는 '175px', ❷ 불투명도는 '100%'로 설정하고 ❸ 전경색은 [흰색]으로 설정합니다.

❹ 작업 화면을 클릭하면 브러시가 눈처럼 뿌려지듯이 적용됩니다.

❺ 자유롭게 원하는 곳에 클릭하면서 적용합니다.

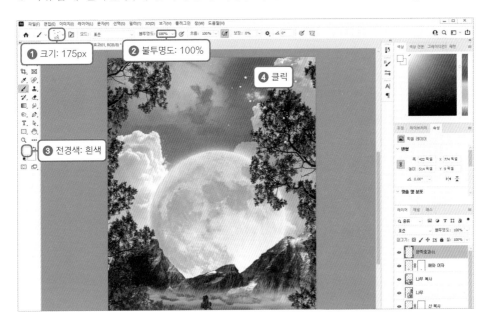

눈이 뿌려지듯이 반짝이는 효과가 나타나요!
너무 많이 넣기보다 은은하게, 크기를 조절해 표현해 보세요!

04 또 다른 반짝이는 브러시를 소개할게요!

❶ [레이어 추가 ⊞]를 클릭해 새 레이어를 만듭니다.

❷ 이름을 더블클릭해 '반짝효과02'로 수정합니다.

❸ [브러시 도구 🖌]를 선택합니다.

05 ❶ [브러시 옵션]을 클릭한 후 ❷ 브러시의 종류를 [레거시 브러시 → 종합 브러시 - 반짝이는 작은 별]로 선택합니다.

레거시 브러시를 설정하는 방법은
동영상 강의를 참고하세요!

넷째마당

SNS 카드 뉴스

유튜브 섬네일

배너 광고

제품 홍보 디자인

아트워크

06 ❶ 크기를 '150px'로 설정한 후 ❷ 화면을 클릭합니다.

❸ 원하는 곳을 자유롭게 클릭하세요.

❶ 크기: 150px

❷ 클릭

❸ 자유롭게 클릭해 브러시 적용하기

07 좀 더 반짝이도록 효과를 더해 볼까요?

❶ [반짝효과01] 레이어를 선택합니다. ❷ **fx** 를 클릭한 후 ❸ [외부 광선...]을 선택합니다.

❶ 클릭

❸ 클릭

❷ 클릭

08
❶ 혼합 모드는 [표준], ❷ 불투명도는 '30%', ❸ 색상 코드는 'ffea00', ❹ 스프레드는 '5%', ❺ 크기는 '15px'을 입력한 후 ❻ [확인]을 클릭합니다.

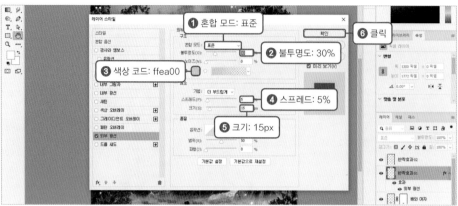

09
불투명도를 '80%'로 설정해 은은하게 표현합니다.

10
[반짝효과01]의 [효과]를 Alt 를 누른 채 [반짝효과02] 레이어로 클릭, 드래 그해 레이어 스타일을 복사합니다.

넷째마당

SNS 카드 뉴스
유튜브 섬네일
메뉴·팝업
제품 홍보 디자인
아트워크

11 적용된 효과를 수정하기 위해 ❶ [외부 광선]을 더블클릭합니다.

옵션에서 ❷ 불투명도는 '24%', ❸ 스프레드는 '3%', ❹ 크기는 '10px'로 입력한 후
❺ [확인]을 클릭합니다.

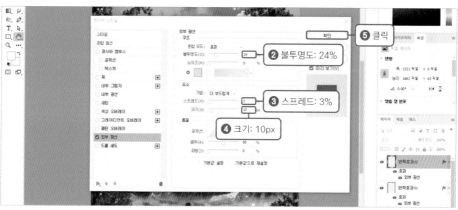

12 아트워크 디자인이 완성됐습니다.

찾기 쉬운
포토샵 사전

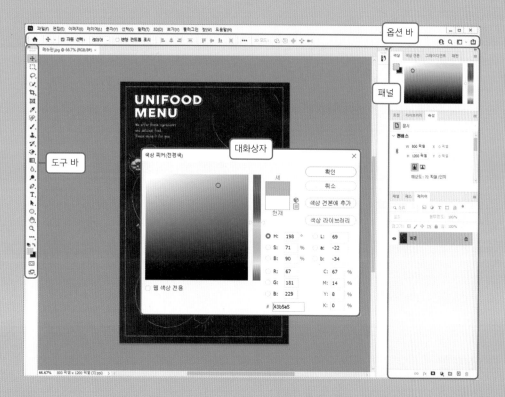

- 옵션 바
- 대화상자 창
- 패널
- 필수 단축키

옵션 바

01 [선택 도구] 옵션 바 · · · · · · · · · · · · · · · 567

02 [자르기 도구] 옵션 바 · · · · · · · · · · · · · 567

03 [브러시 도구] 옵션 바 · · · · · · · · · · · · · 569

04 [색상 대체 도구] 옵션 바 · · · · · · · · · · · 571

05 [혼합 브러시 도구] 옵션 바 · · · · · · · · · · 572

06 [그레이디언트 도구] 옵션 바 · · · · · · · · · 573

07 [흐림 효과 도구] 옵션 바 · · · · · · · · · · · 574

08 [선명 효과 도구] 옵션 바 · · · · · · · · · · · 574

09 [손가락 도구] 옵션 바 · · · · · · · · · · · · · 574

10 [닷지 도구] 옵션 바/[번 도구] 옵션 바 · · · 575

11 [스펀지 도구] 옵션 바 · · · · · · · · · · · · · 575

12 [스팟 복구 브러시 도구] 옵션 바 · · · · · · · 576

13 [복구 브러시 도구] 옵션 바 · · · · · · · · · · 576

14 [패치 도구] 옵션 바 · · · · · · · · · · · · · · · 577

15 [내용 인식 이동 도구] 옵션 바 · · · · · · · · 577

16 [적목 현상 도구] 옵션 바 · · · · · · · · · · · 577

17 [문자 도구] 옵션 바 · · · · · · · · · · · · · · · 578

18 [사각형 도구] 옵션 바 · · · · · · · · · · · · · 578

19 [다각형 도구] 옵션 바 · · · · · · · · · · · · · 579

20 [사용자 정의 모양 도구] 옵션 바 · · · · · · · 579

대화상자 창

01 [캔버스 크기] 대화상자 · · · · · · · · · · · · · 580

02 [색상 피커] 대화상자 · · · · · · · · · · · · · · 581

03 [그레이디언트 편집기] 대화상자 · · · · · · · 582

04 [모양 도구] 색상 편집 대화상자 · · · · · · · · 583

05 [픽셀 유동화] 대화상자 · · · · · · · · · · · · · 584

06 [색상 대체] 대화상자 · · · · · · · · · · · · · · 585

패널

01 [명도/대비] 패널 · · · · · · · · · · · · · · · · · 586

02 [레벨] 패널 · 587

03 [곡선] 패널 · 587

04 [노출] 패널 · 588

05 [색조/채도] 패널 · · · · · · · · · · · · · · · · · 588

06 [색상 균형] 패널 · · · · · · · · · · · · · · · · · 589

07 [흑백] 패널 · 589

08 [포토 필터] 패널 · · · · · · · · · · · · · · · · · 590

09 [선택 색상] 패널 · · · · · · · · · · · · · · · · · 590

10 [그레이디언트 맵] 패널 · · · · · · · · · · · · · 591

11 [문자] 패널 · 592

12 [단락] 패널 · 594

13 [선택 및 마스크 모드] 속성 패널 · · · · · · · 594

필수 단축키

· 596

옵션 바

01 [선택 도구 ⬚] 옵션 바

❶ **영역 선택하기**: 선택 영역의 유형을 선택합니다. [새 선택 영역], [선택 영역에 추가], [선택 영역에서 빼기], [영역 교차]로 총 4가지 유형이 있습니다.

❷ **페더(Feather)**: 선택 영역에 맞춰 이미지의 가장자리를 부드럽게 표현하는 기능입니다. 수치를 넣어 사용하며 값이 클수록 가장자리가 부드러워집니다. 수치는 0~225까지 입력할 수 있습니다.

❸ **앤티 앨리어스(Anti-alias)**: 원이나 부드러운 곡선을 그릴 때 나타나는 계단 현상을 최소화해 부드럽게 표현합니다.

❹ **스타일(Style)**: 비율이나 크기를 지정해 영역을 선택할 때 사용하는 기능입니다.

❺ **크기 지정**: 스타일에서 고정비나 크기 고정을 선택할 때 활성화됩니다.

❻ **선택 및 마스크(Select and Mask)**: 배경과 이미지를 분리할 때 사용합니다. 특히 가장자리를 깔끔하게 다듬어 주는 기능입니다.

02 [자르기 도구 ⬚] 옵션 바

❶ **비율(Preset)**: 다양한 비율을 선택해 자릅니다.

❷ **가로·세로**: 가로·세로 값을 직접 입력해 자릅니다.

❸ **지우기(Clear)**: 입력된 값을 초기화합니다.

④ 똑바르게 하기(Straighten): 비스듬하게 기울어진 이미지를 똑바로 변경합니다.

⑤ 오버레이 옵션(Overlay Options): 다양한 구도를 미리 확인합니다.

⑥ 추가 자르기 옵션 설정(Set Additional Crop Options): 자르기를 사용할 때 미리 보이는 옵션을 설정합니다. 일반적으로 초기에 설정된 상태로 사용합니다.

⑦ 자른 픽셀 삭제(Delete Cropped Pixels): 체크 표시한 상태로 자르면 잘린 이미지가 영구 삭제됩니다.

[자른 픽셀 삭제]에 체크 표시를 하고 이미지를 잘랐을 경우

[자르기 도구 🔲]를 클릭해 방금 자른 부분을 되살리려고 해도 잘려 나간 이미지가 이미 삭제돼 복원되지 않습니다.

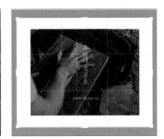

체크 표시 후 [자르기 도구] 사용   잘린 부분이 사라짐

[자른 픽셀 삭제]에 체크 표시를 하지 않고 이미지를 잘랐을 경우

[자르기 도구 🔲]를 다시 클릭하면 잘린 이미지 영역이 영구 삭제되지 않았다는 것을 확인할 수 있습니다. 영역을 다시 조정하면 복원할 수 있습니다.

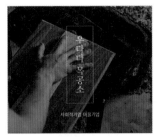

체크 표시 해제 후 [자르기 도구] 사용   잘린 부분 복원 가능

03 [브러시 도구 ✏️] 옵션 바

❶ **브러시 설정**: 클릭하면 브러시의 크기, 경도(브러시 경계를 부드럽게 하는 정도), 종류를 설정할 수 있습니다.

❷ **[브러시 설정] 패널 전환**: 클릭하면 [브러시 설정] 패널이 나타납니다. [브러시 설정] 패널에서는 브러시 설정보다 다양한 설정을 할 수 있습니다.

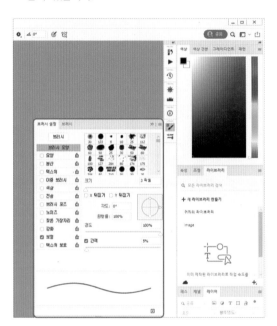

❸ **모드(Mode)**: 브러시의 색상과 배경 이미지를 혼합해 특수 효과처럼 사용합니다. 모드는 총 29개이며 각 모드별로 브러시의 명도, 색상, 명암 등을 활용해 혼합합니다.

❹ **불투명도(Opacity)**: 브러시의 투명도를 조절합니다. 값을 낮출수록 브러시가 투명해집니다. 불투명도 조절은 이미지를 합성할 때 자주 사용하니 주의 깊게 봐 두세요.

❺ **태블릿 펜 압력 불투명도**: 태블릿 펜의 압력에 따라 브러시의 불투명도를 조절합니다. 힘을 많이 주면 투명도가 낮아지고 적게 주면 높아집니다.

❻ **흐름(Flow)**: 브러시로 획을 그릴 때 연속해 찍히는 브러시 자국의 농도를 조절합니다. 불투명도와 흐름을 비슷하다고 생각할 수 있지만, 브러시로 획을 그릴 때 브러시의 농도 표현에서 차이가 납니다. 즉, 흐름을 낮추면 브러시의 농도가 연하게 그려지고 높이면 진하게 그려집니다.

흐름 100%로 설정한 모습

흐름 1%로 설정한 모습

❼ **에어브러시 스타일 강화:** 마우스를 누르고 있는 동안 브러시가 스프레이처럼 흩뿌려집니다. 일반적인 브러시가 아닌 거친 느낌의 브러시를 표현하고 싶을 때 사용합니다. 예를 들어 [드라이 재질 브러시 → KYLE 보너스 청키 목탄색] 브러시를 선택한 후 [에어브러시 스타일 강화]를 클릭하고 마우스를 길게 누르면 색이 클릭하는 지점을 중심으로 자동으로 흩뿌리면서 채워집니다.

일반 설정으로 브러시를 사용한 모습

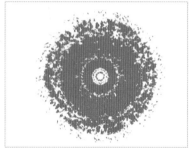
[에어브러시 스타일 강화] 후 브러시를 사용한 모습

❽ **보정:** 마우스로 드래그하면서 브러시 획을 그릴 때 손의 떨림으로 라인이 울퉁불퉁하게 표현되는 것을 보정해 줍니다. 0~100까지 설정할 수 있고 설정값을 높일수록 선이 곧게 그려집니다.

❾ **보정 옵션:** 보정 기능의 옵션을 선택할 수 있습니다. 기본적으로 [획 캐치업], [확대/축소 조정] 기능에 체크 표시가 돼 있습니다. 이 옵션만 사용해도 충분합니다.

❿ **브러시 각도 설정:** 브러시의 각도를 조절합니다.

⓫ **브러시 압력 제어:** 브러시의 압력에 따른 브러시의 두께를 제어합니다. 태블릿 펜 사용자들이 많이 사용하는 기능입니다.

⓬ **대칭 그리기 옵션 설정:** 선택하면 그림을 대칭으로 그릴 수 있는 다양한 옵션이 나타납니다.

04 [색상 대체 도구] 옵션 바

❶ **모드:** 색상을 혼합할 방식을 선택합니다.

원본 이미지

색조(Hue): 기본 색상을 변경합니다. 색상을 미세하게 변경할 때 사용합니다.

채도(Saturation): 기본 채도를 변경합니다. 색의 강도를 낮추거나 색을 완전히 제거할 때 사용합니다.

색상(Color): 색조와 채도는 변경할 수 있지만, 밝기는 변경할 수 없습니다. 가장 많이 사용하는 모드입니다.

광도(Luminosity): 이미지의 색상과 채도에 전경색의 명도값을 적용합니다. 원래 색상의 밝기를 새 색상의 밝기와 단순히 일치시킵니다. 색상과 채도에는 영향을 받지 않습니다.

❷ **샘플링 옵션:** [색상 대체 도구 ✏️]로 드래그하면서 칠할 때 전경색을 샘플링하는 옵션입니다.

- 🖌️ **계속(Contiguous):** 전체 이미지에 전경색을 연속적으로 적용합니다. 색을 전체 이미지에 알맞게 혼합해 채색합니다.

- 🖌️ **한 번(Once):** 최초에 클릭한 샘플 색상에 대체된 색이 적용됩니다. 따라서 드래그하면 처음에 클릭했을 때 대체된 색상으로만 혼합해 채색합니다.

- 🖌️ **배경 색상과 견본(Background Swatch):** 배경색으로 지정한 색과 비슷한 색상을 인식해 전경색으로 혼합해 채색합니다.

❸ **제한:** 이미지에 적용할 색상의 범위를 결정합니다.

- **인접하지 않음(Discontiguous):** [인접(Contiguous)]과 반대되는 개념으로, [색상 대체 도구 ✏️] 중앙의 십자선 마우스 커서에 해당하지 않아도 동그란 브러시 크기 영역의 색상도 변경됩니다.

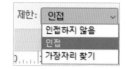

- **인접(Contiguous):** 기본 설정이며 [색상 대체 도구 ✏️] 중앙의 십자선 마우스 커서가 클릭된 부분만 색상이 대체됩니다.

- **가장자리 찾기(Find Edge):** 가장자리를 더 정확하게 감지해 색상을 대체합니다.

❹ **허용치:** 전경색의 색상이 대체되는 범위를 설정합니다. 낮출수록 색상이 더 흐리게 적용되고, 높일수록 색상이 더 선명하게 적용됩니다.

❺ **앤티 앨리어스:** 색상이 대체될 때 경계 부분의 부드러운 정도를 설정합니다. 체크 표시를 하면 영역 주변의 가장자리를 부드럽게 표현되고, 체크 표시를 해제하면 영역 주변의 가장자리가 거칠게 표현됩니다.

05 [혼합 브러시 도구 ✏️] 옵션 바

❶ **현재 브러시 불러오기:** 브러시에 사용할 전경색을 선택합니다.

❷ **각 획 처리 후 브러시 불러오기:** 옵션을 선택하고 사용하면 이미지에 전경색이 함께 혼합됩니다. 보통 기본 설정은 [각 획 처리 후 브러시 불러오기 ✏️]와 [각 획 처리 후 브러시 정리하기 ✏️] 옵션 2개가 체크돼 있습니다. 두 옵션을 사용하면 이미지와 전경색이 함께 혼합됩니다.

❸ **각 획 처리 후 브러시 정리하기:** 옵션을 선택하고 사용하면 전경색과 상관없이 이미지만을 혼합합니다.

❹ **유용한 혼합 브러시 혼합:** [드라이], [습함], [축축함] 등의 혼합 모드를 선택할 수 있습니다. 선택하는 모드에 따라 옆의 항목이 변합니다.

❺ **축축함(Wet):** 브러시가 캔버스에서 선택하는 페인트의 양을 조절합니다. 설정값이 높을수록 페인트 줄무늬가 더 길게 생성됩니다.

❻ **불러오기(Load):** 저장소에서 불러오는 페인트의 양을 지정합니다. 불러오기 비율이 낮을수록 페인트 획이 빨리 건조됩니다.

❼ **혼합(Mix):** 캔버스 배경 이미지의 색상과 전경색이 섞이는 비율을 말합니다. 혼합을 100%로 설정하면 캔버스 배경 이미지의 색상이 더 많이 섞이고 혼합을 0%로 설정하면 브러시에 설정된 전경색이 더 많이 섞여서 나타납니다.

⑧ 모두 샘플링(Sample All Layers): 체크 표시를 한 후에 사용하면 현재 캔버스 이미지 배경에 나타나는 색상을 전부 혼합합니다. 새 레이어를 먼저 만들고 사용하면 캔버스에 보이는 이미지의 색상을 그대로 섞어서 새 레이어로 채색됩니다.

06 [그레이디언트 도구 🔲] 옵션 바

❶ 그레이디언트 편집: 포토샵에서 미리 정해 놓은 그레이디언트의 유형을 선택할 수 있습니다.

❷ 그레이디언트 종류: 그레이디언트를 사용할 때 채워질 형태를 선택합니다.

🔲 선형   🔲 방사형   🔲 각진형

🔲 반사형   🔲 다이아몬드형

❸ 모드(Mode): 이미지에 그레이디언트를 적용할 때의 합성 방식을 선택합니다.

❹ 불투명도(Opacity): 이미지에 그레이디언트를 적용할 때 불투명도를 조절해 배경과 그레이디언트가 자연스럽게 보이도록 합니다.

❺ 반전(Reverse): 그레이디언트의 색을 서로 뒤바꿔 적용합니다.

❻ 디더(Dither): 그레이디언트를 채색할 때 색상이 부드럽게 표현되도록 합니다.

❼ 투명도(Transparency): 레이어에 투명도 표현 여부를 설정합니다. 체크 표시를 해제하면 투명도를 설정한 부분이 모두 불투명하게 표현됩니다.

07 [흐림 효과 도구 ⬭] 옵션 바

❶ ⬚ **브러시 크기**: 브러시의 크기 및 모양을 설정합니다.

❷ ⬚ **브러시 설정**: 클릭하면 브러시를 디테일하게 설정할 수 있는 [브러시] 패널이 나타납니다.

❸ **모드(Mode)**: 흐리게 만들 때 이미지와 혼합할 특수 효과를 설정합니다. 각 모드별로 밝게 또는 어둡게 하기도 하며, 채도를 높이거나 낮추기도 합니다.

❹ **강도(Strength)**: 블러가 적용되는 강도를 설정합니다. 숫자가 작을수록 투명하게 적용됩니다.

❺ **각도(Angle)**: 브러시 모양의 각도를 설정합니다. 각도에 따라 브러시 모양이 회전돼 적용됩니다.

❻ **모든 레이어 샘플링(Sample All Layers)**: 모든 레이어에 브러시 효과를 적용합니다. 체크 표시를 해제하면 선택한 레이어에만 브러시가 적용됩니다.

08 [선명 효과 도구 △] 옵션 바

기본 항목은 [흐림 효과 도구 ⬭] 옵션 바와 거의 동일하지만, 추가된 기능이 하나 있습니다.

세부 사항 보호(Protect Detail): 선명 효과를 사용하되 픽셀 손상을 최소화하는 기능입니다. 체크 표시를 해제하면 좀 더 선명한 효과를 사용할 수 있지만 이미지가 많이 손상된다는 단점이 있습니다. 따라서 기본적으로 [세부 사항 보호]에 체크 표시한 상태로 사용합니다.

09 [손가락 도구 ⬭] 옵션 바

기본 항목은 [흐림 효과 도구 ⬭] 옵션 바와 거의 동일하지만, 추가된 기능이 하나 있습니다.

손가락 페인팅(Finger Painting): 전경색을 함께 사용합니다. 체크 표시를 하면 전경색이 사용되면서 밀림 현상을 표현합니다. 마치 손가락에 전경색 물감을 찍고 문지르는 것과 같습니다. 강도를 100%로 설정하고 사용하면 전경색만 사용됩니다.

10 [닷지 도구 🔍] 옵션 바 / [번 도구 ✋] 옵션 바

[닷지 도구 🔍]와 [번 도구 ✋]의 옵션 바는 동일합니다. 동전의 앞뒤 면과 같은 원리이기 때문이에요.

❶ **범위(Range):** 적용할 밝기를 조절하는 곳으로, 범위에는 [어두운 영역], [중간 영역], [밝은 영역]이 있습니다.

- **어두운 영역(Shadows):** 이미지의 어두운 톤을 중심으로 색상의 명도를 강조합니다. [닷지 도구 🔍] 에서는 밝게, [번 도구 ✋]에서는 어둡게 적용합니다.
- **중간 영역(Midtone):** 이미지의 중간 톤을 중심으로 색상의 명도를 강조합니다. [닷지 도구 🔍]에서 는 밝게, [번 도구 ✋]에서는 어둡게 적용합니다.
- **밝은 영역(Highlights):** 이미지의 밝은 톤을 중심으로 색상의 명도를 강조합니다. [닷지 도구 🔍]에 서는 밝게, [번 도구 ✋]에서는 어둡게 적용합니다.

❷ **노출(Exposure):** 밝기의 양을 조절합니다. 수치가 높을수록 양이 진하게 적용돼 [닷지 도구 🔍]는 더 밝아지고, [번 도구 ✋]는 더 어두워집니다.

❸ **색조 보호(Protect Tones):** 밝은 영역과 어두운 영역의 색상 톤을 보호하면서 효과를 적용합니다. 자연스러운 보정을 위해 기본적으로 체크 표시한 상태로 사용합니다.

11 [스펀지 도구 ⚫] 옵션 바

기본 항목은 [닷지 도구 🔍], [번 도구 ✋]와 동일하지만, 다른 기능이 1가지 있습니다.

활기(Vibrance): 이미지에서 밝은 부분에서 어두운 부분까지 농도가 변하는 단계를 '계조'라고 합니다. 계조의 단계가 많을수록 밝기 변화가 자연스럽게 이어져 이미지가 충실하게 표현됩니다.
[활기] 옵션에 체크 표시를 하면 채도 변화가 심한 부분에 [스펀지 도구 ⚫]를 사용할 때 계조 손실을 최소화해 이미지를 보호합니다.

계조의 단계가 많은 경우: 변화의 단계가 자연스럽고 부드럽게 표현됩니다.

계조의 단계가 적은 경우: 변화의 단계가 부자연스럽게 표현됩니다.

12 [스팟 복구 브러시 도구 ✐] 옵션 바

❶ **유형:** 브러시로 기능을 사용할 때 자동으로 맞출 기준을 선택합니다. 유형에는 [내용 인식], [텍스처 질감 만들기], [근접 일치]가 있습니다.

• **내용 인식(Content-Aware):** 불필요한 요소를 제거하고 주변 이미지의 명암, 질감, 색상을 자동으로 인식합니다. 따라서 이 요소들을 복제, 혼합해 자연스럽게 적용합니다.

• **텍스처 만들기(Create Texture):** 적용할 주변 이미지를 자동으로 인식한 후 텍스처 질감으로 만들어 적용합니다.

• **근접 일치(Proximity Match):** 적용할 이미지 주변의 색과 밝기에 맞춰 이미지가 복제 및 혼합돼 적용됩니다.

❷ **모든 레이어 샘플링(Sample All Layers):** 모든 레이어에 브러시 효과를 적용합니다. 체크 표시를 해제하면 선택한 레이어에만 브러시를 적용합니다.

13 [복구 브러시 도구 ✐] 옵션 바

❶ **소스(Source):** 이미지에 적용할 방식을 말합니다. 소스에는 [샘플]과 [패턴]이 있습니다.

• **샘플:** 샘플 이미지를 직접 선택해 사용합니다. [샘플]을 선택한 후 Alt 를 누른 채 이미지를 클릭하면 이미지가 복제되고, 한 번 더 클릭하면 붙여 넣기됩니다.

• **패턴:** 이미지에 원하는 패턴을 사용합니다. [패턴]을 선택하면 포토샵에 저장된 패턴 중에서 원하는 패턴을 선택하고 그 패턴과 이미지를 합성해 적용합니다.

❷ **맞춤(Aligned):** 드래그하면서 [복구 브러시 도구 ✐]를 사용할 때 '복사한 위치'와 '브러시로 적용할 위치'를 일정한 간격으로 유지합니다. 즉, 브러시의 움직임을 따라 복제할 샘플 이미지도 이동하면서 바뀌어 추출됩니다.

❸ **레거시 사용(Use Legacy):** CC 2015 이전 버전의 기능을 사용하고 싶을 때 [레거시 사용] 옵션을 사용합니다. 레거시 옵션을 사용할 경우 처리 결과가 빠르지만, 덜 부드럽게 표현되고 투박한 느낌과 브러시 모양의 흔적이 남습니다. 레거시 옵션을 사용하지 않을 경우 부드럽게 표현되고 브러시 모양의 흔적이 남지 않는 차이점이 있습니다. 기본적으로는 레거시 옵션을 거의 사용하지 않습니다.

❹ **샘플:** 적용할 레이어의 범위를 설정합니다.

• **현재 레이어(Current Layer):** 현재 레이어에 적용합니다.

• **현재 이하:** 현재 레이어를 포함한 아래 레이어에만 적용합니다.

• **모든 레이어:** 모든 레이어에 적용합니다.

❺ **확산(Diffusion):** 브러시로 적용할 때 픽셀의 확산 정도를 설정합니다. 기본값은 '5'입니다.

14 [패치 도구 ◯.] 옵션 바

❶ 패치(Patch): 복제할 때 대체할 합성 방식을 선택합니다.

• 표준(Normal): 일반적으로 많이 사용하는 방식으로, 복제한 주변 이미지의 색상과 혼합해 합성합니다.

• 내용 인식(Content-Aware): 내용 인식 기능을 사용해 복제합니다. [표준]은 대체하는 기존 이미지와 혼합해 합성하지만, [내용 인식]은 기존에 있던 이미지와 상관없이 합성합니다.

❷ 소스(Source): 영역을 선택한 후 이동하면 '이동한 부분의 이미지'가 복제됩니다.

❸ 대상(Destination): 영역을 선택한 후에 이동하면 '영역으로 선택한 이미지'가 이동되면서 복제됩니다.

❹ 투명(Transparent): 이미지에 복제돼 대체되는 곳에 투명도를 적용해 기존 이미지와 대체하는 이미지를 합성합니다.

❺ 패턴 사용(Use Pattern): 대체할 이미지를 합성할 때 패턴도 함께 적용해 합성합니다.

15 [내용 인식 이동 도구 ✕.] 옵션 바

❶ 모드: 이미지를 대체하는 방식을 선택합니다. 모드에는 [이동]과 [확장]이 있습니다.

• 이동: 선택한 이미지를 이동하고 기존에 이미지가 있던 주변을 인식해 자연스럽게 배경을 대체합니다.

• 확장: 선택한 이미지를 복제해 사용합니다. 선택한 이미지는 이동하지 않고 복제해 동일한 부분의 개수를 늘려 확장하는 개념입니다.

❷ 구조(Structure): 원본 이미지 구조를 보존하는 정도를 조절하는 기능으로, 1~7의 수치로 입력합니다. 기본값은 '4'입니다.

❸ 색상(Color): 원본 이미지의 색상을 수정하는 정도를 조절하는 기능으로, 1~10의 수치로 입력합니다. 기본값은 '0'입니다.

❹ 놓을 때 변형(Transform On Drop): 체크 표시를 한 후에 사용하면 선택 영역을 드래그해 이동할 위치로 이동하고 마우스를 손에서 뗐을 때 영역 주변으로 변형 틀이 나타나 크기나 기울기를 조절할 수 있습니다.

16 [적목 현상 도구 ⁺◉.] 옵션 바

❶ 눈동자 크기(Pupil Size): 적목 현상을 제거할 눈동자의 크기를 설정합니다. 수치가 높을수록 눈동자의 범위를 넓게 인식합니다.

❷ 어둡게 할 양(Darken Amount): 적목 현상을 제거할 때 눈동자의 어두워지는 정도를 설정합니다. 수치가 높을수록 더 어두워집니다.

17 [문자 도구 T.] 옵션 바

① **텍스트 방향**: 문자를 입력할 방향을 설정합니다. 가로, 세로 중에서 설정할 수 있으며 기본은 가로 방향으로 설정돼 있습니다.

② **글꼴**: 글자의 종류를 선택합니다.

③ **글꼴 스타일**: 글자의 두께나 기울기를 설정합니다. 가능한 글꼴 스타일은 글꼴마다 다릅니다.

④ **글자 크기**: 글자의 크기를 설정합니다.

⑤ **앤티 앨리어스**: 문자의 외곽 경계선을 거칠게 할 것인지, 부드럽게 할 것인지를 설정합니다.

⑥ **문자 정렬**: 문자를 정렬합니다. 왼쪽, 가운데, 오른쪽 중에서 설정합니다.

⑦ **문자 색상**: 문자의 색상을 설정합니다.

⑧ **문자 뒤틀기**: 텍스트를 다양한 모양으로 왜곡해 사용합니다.

⑨ **문자 패널**: 문자 설정을 패널 창으로 불러와 문자와 문단의 옵션을 설정합니다.

18 [사각형 도구 ▢.] 옵션 바

① **종류**: [모양 도구 ▢.]의 스타일을 선택합니다. [모양(Shape)], [패스(Path)], [픽셀(Pixels)] 중에서 선택합니다. 기본 사용은 [모양]입니다.

② **칠(Fill)**: 도형의 면 색상을 설정합니다.

③ **획(Stroke)**: 도형의 테두리 선 색상을 설정합니다.

④ **획 두께**: 획의 두께를 설정합니다.

⑤ **획 옵션**: 획의 종류와 다양한 옵션을 설정합니다. 획 옵션에는 [실선], [파선], [점선]이 있습니다.

⑥ **W·H**: 가로·세로의 크기를 조절합니다.

⑦ **패스 작업**: 도형의 합치기, 빼기, 교차, 제외 기능을 설정합니다.

- ▢ **새 레이어**: 새로운 레이어가 생성되면서 도형을 만듭니다.

- ▢ **모양 결합**: 2개 이상의 도형이 있을 때 한 레이어로 합칩니다.

- ▢ **전면 모양 빼기**: 2개 이상의 도형을 겹쳐 만들면 겹쳐진 부분을 포함해 앞쪽에 그려진 도형 부분이 제외됩니다.

- ▢ **모양 영역 교차**: 2개의 도형이 겹친 상태라면 교차한 부분만 남깁니다.

- ▢ **모양 오버랩 제외**: 2개의 도형이 겹친 상태라면 교차한 부분만 지우고 나머지는 살립니다.

⑧ **패스 맞춤**: 1개의 레이어에 생성된 도형을 정렬합니다.

⑨ **패스 배열**: 1개의 레이어에 생성된 도형의 순서를 배치합니다.

⑩ **패스 옵션**: 형태에 좀 더 구체적인 옵션을 설정합니다. [모양 도구]의 모양별로 설정할 수 있는 옵션이 조금씩 다릅니다. 다음은 [사각형 도구 □]의 패스 옵션입니다.

- **두께, 색상**: 도형을 만들 때 나타나는 패스 선의 두께와 색상을 설정합니다.
- **제한 없음**: 도형을 만들 때 마우스를 움직이는 대로 자유롭게 만듭니다.
- **정사각형**: 선택하면 마우스를 어떻게 움직이든 정사각형으로 만들어집니다.
- **크기 고정**: 크기의 숫자값을 직접 입력해 만듭니다.
- **비율**: 사각형을 입력한 비율에 맞춰 만듭니다.

⑪ **반경 설정**: 숫자를 입력해 도형의 모서리 부분을 둥글게 만듭니다. 수치를 높일수록 모서리가 둥글어집니다.

19 [다각형 도구 ○] 옵션 바

면의 수 설정: [다각형 도구 ○]의 면의 수를 입력해 오각형, 육각형 등을 만들 수 있습니다.

20 [사용자 정의 모양 도구 ⬥] 옵션 바

[사용자 정의 모양 도구 ⬥] 옵션 바에서 모양을 클릭하면 포토샵에서 제공하는 다양한 모양이 나타납니다. 원하는 모양을 선택한 후 작업 화면을 클릭, 드래그하면 선택한 모양을 만들 수 있습니다.

대화상자 창

01 [캔버스 크기] 대화상자

❶ **현재 크기(Current Size):** 현재 캔버스의 크기와 용량이 표시됩니다.

❷ **새로운 크기(New Size):** 새로운 크기를 설정합니다.

❸ **폭(Width):** 가로 너비를 조절합니다.

❹ **높이(Height):** 세로 길이를 조절합니다.

❺ **상대치(Relative):** 옵션에 체크 표시를 하면 폭과 높이에 입력한 값만큼 캔버스가 커집니다.

❻ **기준(Anchor):** 캔버스가 확장되는 방향을 선택합니다.

❼ **캔버스 확장 색상:** 캔버스를 확장할 때 배경에 칠할 색상을 설정합니다.

02 [색상 피커] 대화상자

전경색 또는 배경색을 클릭하면 [색상 피커(전경색)] 대화상자가 나타납니다. [색상 피커(전경색)] 대화상자에서 원하는 색상을 선택하면 선택한 색상으로 변경됩니다.

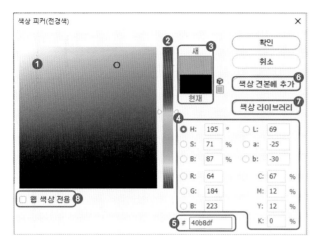

❶ 색상 필드(Color Field): 색상의 채도와 명도를 나타냅니다. 원하는 색상을 클릭해 선택합니다.

❷ 색상 슬라이더(Color Slider): 색상의 색조를 나타냅니다. 원하는 색상을 클릭하면 슬라이더가 이동하면서 선택됩니다.

❸ 현재 색상과 새로운 색상: 아랫부분은 색상 피커를 열기 전에 설정된 색상을 의미합니다. 색상 필드에서 원하는 색상을 클릭하면 윗부분에 새로운 색상이 나타나므로 그 전의 색상과 비교하면서 선택할 수 있습니다.

❹ 색상 모드 색상값: 선택한 색상의 RGB, HSB, Lab, CMYK 색상 모드 색상값이 표시됩니다. 각 색상 모드에 대한 설명은 05-1을 참고하세요.

　🔹 Lab는 RGB와 CMYK에 좌우되지 않고 독립적으로 색상을 표현합니다. 그래서 RGB와 CMYK 모두 포함할 수 있는 색상 범위를 가진 색상 모드입니다.

❺ 웹 색상 코드: RGB를 이용한 웹 색상 코드를 나타냅니다. 16진법(6자리)으로 나타내며 00~ff까지 입력할 수 있습니다. 앞부분에는 #을 쓰고 6자리의 숫자를 조합해 웹 색상 코드로 나타냅니다. #000000은 가장 어두운 검은색, #ffffff는 가장 밝은 흰색입니다.

❻ 색상 견본에 추가(Add to Swatches): 선택한 색상을 [색상 견본] 패널에 추가할 수 있습니다. 자주 사용하는 색상이라면 [색상 견본] 패널에 추가하는 것이 좋습니다.

❼ 색상 라이브러리(Color Libraries): 인쇄물을 제작할 때 [색상 라이브러리]를 클릭해 색상을 선택하면 편리합니다.

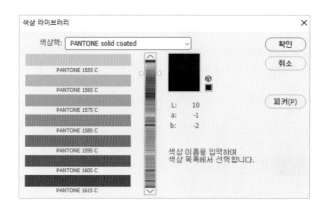

아윤 쌤!
질문 있어요! | 팬톤이 무엇인가요?

팬톤 컬러라는 말을 들어 봤나요? 팬톤은 미국의 팬톤(Pantone) 사에서 제작해 발표한 색상표입니다. 인쇄할 때 우리가 고민해 결정한 색상으로 인쇄하면 생각한 것과 다른 색상으로 인쇄되는 경우가 있습니다. 그래서 보편적인 색상을 사용할 수 있도록 컬러의 기준을 마련한 것이 바로 '팬톤 컬러'입니다. 팬톤 사와 어도비 사의 협업을 통해 어도비 응용 프로그램에서 팬톤의 [색상 라이브러리]를 사용할 수 있도록 한 것입니다.

❽ 웹 색상 전용(Only Web Color): 체크 표시하면 웹 환경에서 안전하게 표현할 수 있는 색상으로 제한돼 표시됩니다. [웹 색상 전용]은 작업물을 웹에 노출하기 어렵거나 민감한 작업일 때만 사용합니다. 간단하게 '웹에서 안전하게 사용하는 제한된 색상을 선택하는 기능'이라고 생각하면 됩니다.

03 [그레이디언트 편집기] 대화상자

[그레이디언트 편집]을 클릭하면 그레이디언트 편집기에서 다양한 옵션을 더 많이 설정할 수 있습니다.

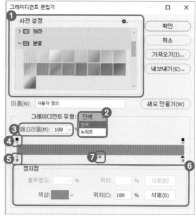

❶ **사전 설정(Preset):** 그레이디언트 색 조합을 색 계열별로 정리해 제공합니다. 원하는 그레이디언트 색이 조합된 스타일을 선택해 사용합니다.

❷ **그레이디언트 유형(Gradient Type)**

- **단색:** 원색을 단순하게 그대로 사용합니다.
- **노이즈:** 복잡한 형태의 그레이디언트를 견본으로 사용합니다.

❸ **매끄러움(Smoothness):** 전체적인 색상 변화를 부드럽게 표현합니다.

❹ █ **불투명도 정지점:** 그레이디언트 양끝의 불투명도를 조절하는 곳입니다. 아이콘을 클릭하면 아래에 있는 [정지점 편집]에서 불투명도를 조절할 수 있습니다. 색상은 선택할 수 없습니다. 아이콘을 드래그하면 정지점의 위치도 옮길 수 있습니다.

❺ █ **색상 정지점:** 정지점 구간의 색상을 선택하는 곳입니다. 아이콘을 클릭한 후 아래의 [정지점 편집]에서 색상을 선택합니다. 아이콘을 드래그해 그레이디언트의 시작과 끝 위치도 설정할 수 있습니다.

❻ **정지점 편집:** [█ 불투명도 정지점]과 [█ 색상 정지점]을 편집할 수 있습니다. [█ 불투명도 정지점]을 클릭하면 [불투명도] 항목이 활성화되고 [색상] 항목은 비활성화됩니다. [█ 색상 정지점]을 클릭하면 [색상] 항목이 활성화되고 [불투명도] 항목은 비활성화됩니다.

❼ █ **중간점:** 중간점을 드래그해 양쪽 색상이 변화하는 구간의 비율을 조절합니다.

04 [모양 도구 ▢] 색상 편집 대화상자

❶ ▨ : 선택하면 색상을 사용하지 않습니다. 투명으로 표현됩니다.

❷ ▦ : 도형에 하나의 색상을 사용합니다. 기본적으로 단색이 설정돼 있습니다.

❸ ▣ : 그레이디언트를 사용합니다.

❹ ▦ : 원하는 패턴을 채워 사용합니다.

❺ ▢ : 원하는 색상을 선택합니다.

❻ **최근 사용한 색상:** 최근에 사용한 색상이 나열됩니다.

❼ **견본 색상:** 자주 사용하는 색상을 저장한 후 기본 견본 색상을 표시합니다. 사용자가 색상을 추가하거나 삭제할 수 있습니다.

05 [픽셀 유동화] 대화상자

❶ **뒤틀기 도구** 🖐️ : 이미지를 문지르듯 뒤틀어 주는 도구입니다.

❷ **재구성 도구** 🖌️ : 작업을 되돌려서 복구하는 도구입니다.

❸ **매끄럽게 도구** 🖌️ : [뒤틀기 도구 🖐️]를 사용한 후 이미지 가장자리를 문지르면 경계 부분이 부드러워집니다.

❹ **시계 방향 돌리기 도구** 🌀 : 누르고 있으면 이미지가 시계 방향으로 회전하면서 뒤틀어집니다.

❺ **오목 도구** ❄️ : 크기를 줄이는 도구입니다.

❻ **볼록 도구** ◈ : 크기를 늘리는 도구입니다.

❼ **왼쪽 밀기 도구** 🏁 : 클릭, 드래그하면서 이미지를 한쪽으로 미는 도구입니다.

❽ **마스크 고정 도구** 🖌️ : 레이어 마스크와 유사한 기능입니다. 이미지 부분을 칠하고 다른 부분을 보정하면 마스크로 칠한 부분은 변형되지 않고 보존됩니다.

❾ **마스크 고정 해제 도구** 🖌️ : [마스크 고정 도구 🖌️]로 칠한 부분을 지우는 기능입니다.

❿ **얼굴 도구** 👤 : 자동으로 얼굴을 인식해 보정해 주는 도구입니다.

⓫ **손 도구** ✋ : 화면을 이동하는 도구입니다.

⓬ **돋보기 도구** 🔍 : 화면을 확대 또는 축소합니다.

06 [색상 대체] 대화상자

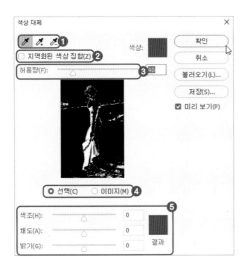

❶ [스포이드 도구]: 색상을 대체할 샘플 색상을 선택합니다.

- 🖉 **기본 도구**: 색상을 한 번 선택합니다.

- 🖉 **추가 도구**: 색상 영역을 추가로 선택합니다.

- 🖉 **제외 도구**: 선택된 색상 영역을 추가로 제거합니다.

❷ **지역화된 색상 집합(Localize Color Clusters)**: 이미지와 인접한 비슷한 색상을 더 정확하게 선택할 수 있습니다.

❸ **허용량(Fuzziness)**: 색상 대체 영역의 범위를 슬라이더로 지정합니다. 값을 올릴수록 비슷한 색상까지 대체 영역 범위에 포함시킵니다.

❹ **선택/이미지(Selection/Image)**: 미리 보기 화면에서 선택 영역을 흰색으로 볼 것인지, 원본 이미지로 볼 것인지를 선택할 수 있습니다.

❺ **색조/채도/밝기(Hue/Saturation/Lightness)**: 색상, 채도, 밝기를 슬라이더로 조절해 변경합니다.

패널

01 [명도/대비 ☀] 패널

❶ **자동(Auto):** 클릭하면 명도와 대비를 이미지에 적절하도록 자동으로 조절해 적용합니다.

❷ **명도(Brightness):** 이미지의 밝기를 조절합니다. 보통 슬라이더를 오른쪽으로 움직여 밝게 적용합니다.

❸ **대비(Contrast):** 이미지의 선명도를 조절합니다. 보통 슬라이더를 오른쪽으로 움직여 선명하게 적용합니다.

❹ **레거시 사용(Use Legacy):** 체크 표시를 하면 이미지 전체의 명암 차이가 줄어듭니다.

02 [레벨 ▦] 패널

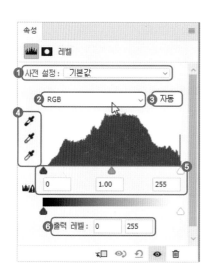

❶ **사전 설정(Preset):** 레벨값을 사전에 설정해 둔 종류 중에서 선택해 적용합니다.

❷ **채널(Channel):** RGB의 각 채널별로 레벨을 적용합니다.

❸ **자동(Auto):** 클릭하면 이미지에 적절하도록 레벨을 자동으로 조정해 적용합니다.

❹ **샘플링 스포이드:** 이미지 특정 부분을 클릭해 색상을 검은색, 회색, 흰색으로 보정합니다.

❺ **입력 레벨(Input Levels):** 히스토그램으로 나타내며, 어두운 영역, 중간 영역, 밝은 영역으로 구성돼 있습니다. 3개의 슬라이더로 각 영역의 밝기를 입력 레벨로 조절합니다.

❻ **출력 레벨(Output Levels):** 이미지 전체의 채도를 조절합니다. 출력 레벨은 어두운 영역과 밝은 영역 슬라이더 2개로 구성됩니다.

03 [곡선 ▦] 패널

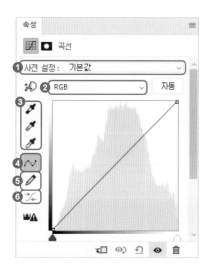

❶ **사전 설정(Preset):** 곡선값을 사전에 설정해 둔 종류 중에서 선택해 적용합니다.

❷ **채널(Channel):** 레벨을 RGB의 각 채널별로 적용합니다.

❸ 이미지를 직접 클릭해 곡선을 적용합니다.

- 🖋 **검은 점 설정:** 이미지의 가장 어두운 부분, 즉 검은색의 기준점이 될 부분을 클릭합니다. 클릭한 기준점에 맞춰 어두운 레벨의 명도와 대비가 자동으로 조절됩니다.

- 🖋 **회색 점 설정:** 주로 색상 교정에 사용되는 옵션으로, 중간 색조가 될 부분을 클릭합니다. 회색 음영 이미지에는 사용할 수 없습니다.

- 🖋 **흰 점 설정:** 화이트 밸런스를 조정할 때 사용합니다. 이미지에서 가장 밝은 부분, 즉 흰색의 기준점이 될 부분을 클릭합니다.

❹ **점으로 편집해 곡선 수정:** 곡선을 조절하는 기본 기능입니다. 조절점을 클릭, 드래그해 곡선 커브를 조절합니다.

❺ **그려서 곡선 수정:** 곡선값을 연필로 그려 조절합니다.

❻ **입력/출력:** 곡선값이 표시되며, 수치를 입력해 조절합니다. 보통은 먼저 조절점으로 곡선의 기본값을 설정하고 세밀하게 보정을 조절할 때 수치를 입력합니다.

04 [노출 ▣] 패널

❶ **노출**: 빛의 양을 조절합니다.

❷ **오프셋**: 노출값을 상쇄해 명도 대비를 강하게 또는 약하게 조절합니다.

❸ **감마 교정**: 명도 대비를 조절합니다.

05 [색조/채도 ▦] 패널

❶ **사전 설정(Preset)**: 색조·채도 값을 사전에 설정해 둔 종류 중에서 선택해 적용합니다.

❷ **마스터(Master)**: 색상을 채널별로 보정합니다.

❸ **색조(Hue)**: 색조를 조절해 색상을 변경합니다.

❹ **채도(Saturation)**: 채도를 조절합니다.

❺ **명도(Lightness)**: 밝기를 조절합니다.

❻ **스포이드**: 마스터 외에 다른 채널을 선택했을 때 사용할 수 있는 기능입니다. 스포이드로 이미지의 특정 부분을 클릭한 후 슬라이더를 조절하면 스포이드로 클릭한 색상 부분만 변경됩니다.

❼ **색상화(Colorize)**: 이미지 전체를 단색으로 변경합니다.

06 [색상 균형 ⚖] 패널

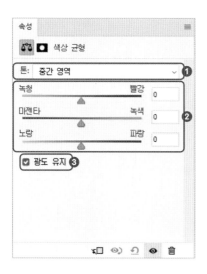

❶ **톤(Tone):** 이미지 색상의 톤 균형을 선택해 색상을 조절합니다. [어두운 영역], [중간 영역], [밝은 영역] 중 하나를 선택해 색상을 조절할 수 있습니다.

❷ **색상:** 색상의 균형을 조절하는 슬라이더로 보색 색상을 기준으로 조절합니다.

❸ **광도 유지(Preserve Luminosity):** 이미지에 너무 큰 왜곡이 없도록 명도와 대비를 조절합니다.

07 [흑백 ◧] 패널

❶ **사전 설정(Preset):** 색조·채도값을 사전에 설정해 둔 목록 중에서 선택해 적용합니다.

❷ **색조(Tint):** 단색으로 변경해 사용합니다.

❸ **색상 슬라이더:** 이미지 색상별로 조절합니다. 빨강 계열이 많은 이미지라면 [빨강 계열] 슬라이더의 이동에 영향을 많이 받습니다. 따라서 이미지에 어떤 색상이 있는지 염두에 두고 조절해 사용해야 합니다.

08 [포토 필터 📷] 패널

❶ **필터(Filter):** 다양한 필터 종류를 선택할 수 있습니다. [Warming Filter], [Cooling Filter]는 실제 렌즈에 장착하는 컬러 필터의 특징을 따라 적용합니다.

❷ **색상(Color):** 원하는 특정 색을 선택해 적용합니다.

❸ **밀도(Density):** 색의 진하기를 나타냅니다. 100%로 설정하면 색의 밀도가 가장 진하게 적용됩니다.

09 [선택 색상 ◩] 패널

❶ **색상(Colors):** 빨강, 노랑, 녹색, 녹청, 파랑, 마젠타, 흰색, 중간색, 검정 총 9개의 색상 채널로 구성돼 있습니다. 이 중에서 색상을 조절할 채널 색상을 선택한 후 [색상 슬라이더]로 조절합니다.

❷ **색상 슬라이더:** 각 색상 채널별로 녹청(Cyan), 마젠타(Magenta), 노랑(Yellow), 검정(Black) 색상을 조절할 수 있습니다. 각 슬라이더를 조절해 채널별 색상을 조절합니다.

❸ **상대치(Relative):** 원본 이미지의 색상을 상대적인 기준으로 적용합니다.

❹ **절대치(Absolute):** 원본 이미지에 적용되는 색상에 절대적인 채널값을 적용합니다.

10 [그레이디언트 맵 ] 패널

① **그레이디언트 색상(Gradient Mapping):** 그레이디언트 색상을 편집하는 곳입니다. 색상을 직접 선택할 수 있습니다.

② **디더(Dither):** 색상을 부드럽게 표현합니다.

③ **반전(Reverse):** 그레이디언트에서 선택한 색상을 반대로 적용합니다.

파란색 톤

보라색 톤

노란색 톤

11 [문자] 패널

[문자 도구 T.]의 옵션 바에 옵션이 함축돼 있다면 더 자세한 다양한 옵션을 [문자] 패널에서 설정합니다.

❶ 글꼴: 글자의 종류를 선택합니다.

❷ 글꼴 스타일: 글자의 두께나 기울기를 설정합니다. 글꼴 스타일은 글꼴마다 다릅니다.

❸ 글자 크기: 글자의 크기를 설정합니다.

❹ 행간 설정: 문장의 위아래 간격을 설정합니다.

❺ 커닝 문자 간격: 글자의 모양에 따라 적당한 간격을 조절해 시각적으로 매끄럽게 보이도록 합니다. 조절할 문자 사이에 마우스 커서가 깜박거리도록 활성화한 후 수치를 입력하면서 조절합니다.

❻ 자간 설정: 글자와 글자 사이의 간격을 조절합니다.

❼ 선택 문자 비율 설정: 두 글자 사이에 마우스 커서를 올려놓고 간격을 설정합니다. 1~100까지 숫자를 입력해 조절합니다.

❽ 세로 비율: 문자의 세로 비율을 조절합니다.

❾ 가로 비율: 문자의 가로 비율을 조절합니다.

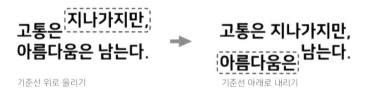

❿ 기준 설정: 문자의 높낮이 기준을 설정합니다.

고통은 지나가지만, 아름다움은 남는다.

기준선 위로 올리기

고통은 지나가지만, 아름다움은 남는다.

기준선 아래로 내리기

⓫ 문자 색상: 문자의 색상을 설정합니다.

⓬ 글자 스타일 변환: 입력한 글자를 진하게, 기울이기, 대문자, 위 첨자, 아래 첨자, 밑줄, 취소선을 적용합니다.

⓭ 오픈 타입: 영문 서체를 사용할 때 설정합니다. 표준 합자, 작은 대문자, 분수 등 특수 문자나 기호 등과 같은 옵션을 적용합니다.

⓮ 언어 설정: 입력하는 문자의 언어를 설정합니다.

⓯ 앤티 앨리어스: 문자의 외곽선을 처리하는 방법을 지정합니다. 거칠게 표현할 것인지, 부드럽게 표현할 것인지를 선택합니다.

12 [단락] 패널

❶ **문자 정렬**: 문자의 정렬 방식을 설정합니다. 왼쪽, 중앙, 오른쪽 3가지 종류 중에서 선택합니다.

❷ **단락 정렬**: 문자의 단락을 정렬합니다. 왼쪽, 중앙, 오른쪽 3가지 종류 중에서 선택합니다.

❸ **단락 좌우 여백**: 단락의 들여쓰기를 설정합니다. 입력한 수치만큼 오른쪽 들여쓰기, 왼쪽 들여쓰기됩니다.

❹ **첫 줄 들여쓰기 여백**: 단락의 첫 줄 들여쓰기를 설정합니다.

❺ **단락 상하 여백**: 단락의 위아래 여백을 설정합니다.

❻ **하이픈 넣기**: 문장을 입력할 때 한 줄에 단어가 들어가지 못해 잘릴 경우에 사용합니다.

13 [선택 및 마스크 모드] 속성 패널

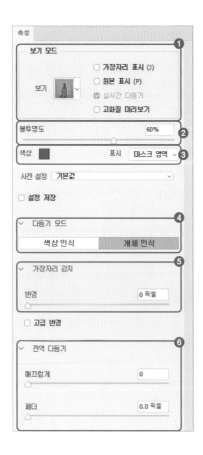

❶ **보기 모드**: 선택 영역의 보기 모드를 선택할 수 있습니다.

• **어니언 스킨**: 선택한 영역을 제외하고 다른 영역을 투명하게 봅니다.

• **개미들의 행진**: 선택 영역을 표준 선택 테두리로 표시합니다.

• **오버레이**: 선택한 영역을 빠른 마스크 보기로 설정합니다. 기본 색상은 빨간색입니다. 색상은 원하는 대로 변경할 수 있습니다.

• **검정 바탕**: 검은색 배경 위에 선택 영역을 봅니다.

• **흰색 바탕**: 흰색 배경 위에 선택 영역을 봅니다.

• **흑백**: 선택 영역을 흑백 마스크로 봅니다.

• **레이어 바탕**: 선택 영역을 마스크로 보며, 선택 영역을 제외한 영역은 투명하게 봅니다.

• **가장자리 표시**: 다듬기 영역을 표시합니다.

• **원본 표시**: 기존의 선택 영역을 표시합니다.

• **고화질 미리 보기**: 변경 사항의 정확한 미리 보기를 렌더링합니다. 이 옵션을 선택하면 이미지 작업 도중 마우스 왼쪽 버튼을 클릭하면 고해상도 미리 보기를 볼 수 있습니다. 이 옵션을 선택 해제하면 마우스 버튼을 누르고 있더라도 저해상도 미리 보기가 표시됩니다.

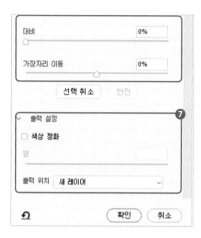

❷ **불투명도:** [보기 모드]에 대한 투명도, 불투명도를 설정합니다. [보기 모드] 선택에 따라 불투명도 옵션이 존재하지 않을 수도 있습니다.

❸ **색상:** [보기 모드]를 [오버레이]로 선택했을 때 사용하는 옵션입니다. 색상을 변경할 수 있습니다.

❹ **다듬기 모드:** 개체를 어떤 기준으로 선택할 것인지를 정합니다.

• **색상 인식:** 개체의 색상별로 인식해 선택합니다.

• **개체 인식:** 개체 모양을 인식해 선택합니다.

❺ **가장자리 감지:** 선택 영역의 가장자리를 다듬는 옵션입니다.

• **반경:** 가장자리 다듬기가 발생하는 선택 테두리의 크기를 결정합니다. 가장자리를 선명하게 나타내려면 반경값을 낮게 설정하고, 부드럽게 나타내려면 높게 설정합니다.

• **고급 반경:** 선택 영역의 가장자리 둘레에 가변 폭의 다듬기 영역을 둘 수 있습니다. 선택 영역에 머리나 어깨가 포함된 인물일 경우에 특히 유용합니다.

❻ **전역 다듬기:** 입력한 문자를 정렬합니다. 왼쪽, 가운데, 오른쪽 중에서 설정합니다.

• **매끄럽게:** 선택 테두리에서 불규칙한 영역을 줄여 매끄러운 윤곽선을 만듭니다.

• **페더:** 선택 항목과 주변 픽셀 간 변환을 흐리게 나타냅니다.

• **대비:** 이 값을 높이면 선택 항목 테두리를 따라 부드러운 가장자리가 더 급격하게 변환됩니다. 일반적으로 [고급 반경] 옵션과 [다듬기 모드]를 사용하는 게 더 효과적입니다.

❼ **출력 설정:** 선택한 영역을 레이어로 생성할 때 어떤 유형으로 할 것인지를 선택합니다.

• **색상 정화:** 색상의 언저리를 근처의 선택된 픽셀 색으로 대체합니다. 색상 대체 강도는 선택 항목 가장자리의 부드러운 정도에 비례합니다. 슬라이더를 조정해 정화 강도를 변경할 수 있습니다.

• **출력 위치:** 선택한 영역을 레이어 패널에서 어떻게 생성할 것인지를 선택합니다. 기본적으로 [선택], [레이어 마스크], [새 레이어]를 가장 많이 사용합니다.

필수 단축키

포토샵에서 자주 사용하는 필수 단축키를 소개합니다. 단축키를 사용하면 작업 시간을 크게 줄일
수 있답니다. 계속해서 사용하다 보면 자연스럽게 익혀질 것이니 너무 걱정하지 마세요!

💧 포토샵의 단축키는 한글로 설정된 경우에는 적용되지 않습니다. 반드시 영문으로 전환한 후 단축키를 눌러야 기능을
실행할 수 있습니다. 만약 단축키를 눌러도 제대로 반응하지 않는다면 한글로 돼 있지는 않은지 확인해 보세요!

01 파일 관리 단축키

새 파일 만들기 ★	Ctrl + N
파일 불러오기	Ctrl + O
파일 저장하기	Ctrl + S
다른 이름으로 저장하기	Ctrl + Shift + S
웹용으로 저장하기	Ctrl + Shift + Alt + S

Mac을 사용하고 있다면
이렇게 대체해 주세요!
Ctrl → Command
Alt → Option
Delete → Backspace
Enter → Return

02 화면 설정 단축키

캔버스 크기 설정하기	Ctrl + Alt + C
눈금자 나타내기/숨기기	Ctrl + R
가이드라인 나타내기/숨기기	Ctrl + ;

03 선택 및 편집 단축키

이동 도구 ⊹	V		붙여 넣기	Ctrl + V
전체 선택 ★	Ctrl + A		자유 변형 모드 ★	Ctrl + T
선택 해제하기 ★	Ctrl + D		화면 확대	Ctrl + +
다시 선택하기	Ctrl + Shift + D		화면 축소	Ctrl + −
선택 영역 반전하기 ★	Ctrl + Shift + I		화면 이동하기 (손 도구 ✋)	Spacebar + 드래그
복사하기	Ctrl + C		실행 취소	Ctrl + Z
잘라내기	Ctrl + X		다시 실행	Ctrl + Shift + Z

04 채색 단축키

전경색 채우기	Alt + Delete
배경색 채우기	Ctrl + Delete
전경색/배경색 전환하기	X
브러시 도구 ✏	B
브러시 크기 조절하기	[,]

05 색 보정 단축키

명도 조절하기 - Level	Ctrl + L
명도 조절하기 - Curves	Ctrl + M
색조/채도 조절하기 - Hue/Saturation	Ctrl + U
색상 밸런스	Ctrl + B

06 문자/레이어 단축키

문자 도구 T	T
문자 입력 후 적용 완료 ★	Ctrl + Enter
새 레이어 만들기	Ctrl + Alt + Shift + N
선택 영역/레이어 복사하기 ★	Ctrl + J
레이어 그룹화하기	Ctrl + G
레이어 그룹 해제하기	Ctrl + Shift + G

〈한글〉

ㄱ

가이드라인	304
개체 선택 도구**	124, 429
곡률 펜 도구	140
곡선	219, 586
그레이디언트 도구	190, 572, 581
그레이디언트 맵	235, 590
기준점 삭제 도구	142
기준점 추가 도구	141

ㄴ

내용 인식 이동 도구	209, 576
노출	221, 587
누끼	404
뉴럴 필터**	105, 267

ㄷ

다각형 도구	262, 578
다각형 올가미 도구	123, 156
단락	251, 593
단일 열 선택 윤곽 도구	113
단일 행 선택 윤곽 도구	113
닷지 도구	203, 574

ㄹ

레벨	218, 586
레이어	61
레이어 마스크	342
레이어 스타일	323

ㅁ

명도/대비	217, 585
문자 도구	244, 577, 591
문자 마스크 도구	252

ㅂ

반전	231
배경 지우개 도구	188
번 도구	204, 574
벡터	75, 261
복구 브러시 도구	206, 575
복제 도장 도구	213
분할 영역 도구	165
분할 영역 선택 도구	168
브러시 도구	176, 568
블렌딩 모드	310
비트맵	75
빠른 마스크 모드	128, 405
빠른 선택 도구	126, 156

ㅅ

사각형 도구	262, 577, 582
사각형 선택 윤곽 도구	113, 566
사용자 정의 모양 도구	262, 578
삼각형 도구	262
새 파일	47
색상 균형	226, 588
색상 대체	236, 584
색상 대체 도구	181, 570
색상 범위	132
색조/채도	224, 587
선 도구	262
선명 효과 도구	202, 573
선택 및 마스크	429, 593
선택 색상	234, 589
섬네일	446
손 도구	303
손가락 도구	202, 573
스팟 복구 브러시 도구	205, 391, 575
스펀지 도구	204, 574
스포이드 도구	199

** 표시된 항목은 포토샵 CC 2022 버전부터 추가된 신기능입니다.

ㅇ	
아트워크	528
알파 채널	353
어두운 영역/밝은 영역	222
연필 도구	178
올가미 도구	122
원근 자르기 도구	164
원형 선택 윤곽 도구	113
웹용으로 저장	167
이동 도구	109

ㅈ	
자동 선택 도구	127
자동 지우개 도구	189
자르기 도구	163, 566
자석 올가미 도구	123
자유 변형 모드	145
자유 형태 펜 도구	139
저장	56
적목 현상 도구	212, 576
전경색/배경색	172, 580
조정	215
지우개 도구	186
직접 선택 도구	141

ㅊ	
채널	347, 410
채널 혼합	230
초점 영역	134

ㅋ	
카드 뉴스	88, 436
캔버스	52, 579
클리핑 마스크	339

ㅌ	
타원 도구	262
텍스트 뒤틀기	255

ㅍ	
패스	136
패스 선택 도구	141
패치 도구	207, 576
패턴	195
페인트 통 도구	192
펜 도구	136, 264, 420
포스터화	232
포토 필터	228, 589
픽셀 유동화	384, 583
필터	266
필터 갤러리	273

ㅎ	
한계값	233
혼합 브러시 도구	182, 571
확대/축소	302
확장자	58
환경 설정	299
활기	223
회전	149
흐림 효과 도구	201, 573
흑백	227, 588

〈영어〉

CMYK	76
RGB	76

함께 보면 좋은 책!

디자이너, 마케터, 콘텐츠 제작자라면 꼭 봐야 할 입문서!
각 분야 전문가의 노하우를 담았다

된다!
포토샵&일러스트레이터
— 오늘 바로 되는 입문서

유튜브 섬네일부터 스티커 제작까지!
기초부터 중급까지 실무 예제 총망라!

박길현, 이현화 지음 | 504쪽 | 22,000원

된다!
일러스트레이터
— 오늘 바로 되는 입문서

배너 디자인부터 캐릭터 드로잉까지
기본부터 하나하나 실습하며 배운다!

모나미, 김정아 지음 | 344쪽 | 18,000원

도전! 크리에이터

유튜브를 처음 시작하는 분들을 위한 추천 도서!
컴퓨터를 잘 다루지 못해도 걱정하지 마세요. 차근차근 알려드려요

된다!
김메주의 유튜브 영상 만들기

예능 자막부터 비밀스러운 광고 수익까지!
초보자도 하루 안에 유튜버 된다!

김혜주 지음 | 400쪽 | 18,000원

4년 연속
베스트셀러

된다!
7일 프리미어 프로 유튜브 영상 편집

브이로그, 예능부터 홍보 영상까지
수백 명 수강생이 원하던 예제를 모두 담았다!

김예지 지음 | 440쪽 | 22,000원

나도 한번
해볼까?

나만의 캐릭터 만들기부터 **일러스트 드로잉까지!**
초등학생부터 대학생, 직장인까지 모두 도전해 보세요

된다!
귀염뽀짝 이모티콘 만들기

나는 내가 만든 이모티콘으로 카톡한다!
카톡, 라인, 네이버에 승인받는 영업 비밀 공개!

정지혜 지음 | 328쪽 | 15,000원

아이패드 드로잉 & 페인팅
with 프로크리에이트

디즈니, 블리자드, 넷플릭스에서 활약하는
프로 작가 8명의 기법을 모두 담았다!

3dtotal Publishing 지음 | 김혜연 옮김 | 216쪽 | 20,000원